浙江省市场监督管理局项目
——“‘品字标’品牌人才培养”研究成果

“品字标浙江制造”区域公共品牌建设

李正卫　王飞绒 等 编著

图书在版编目(CIP)数据

“品字标浙江制造”区域公共品牌建设 / 李正卫等编著. —杭州:浙江大学出版社,2021.12

ISBN 978-7-308-20764-5

Ⅰ. ①品… Ⅱ. ①李… Ⅲ. ①品牌战略—研究—浙江 Ⅳ. ①F279.23

中国版本图书馆 CIP 数据核字(2020)第220578号

“品字标浙江制造”区域公共品牌建设

李正卫 王飞绒 等编著

责任编辑 朱 玲
责任校对 傅宏梁
封面设计 春天书装
出版发行 浙江大学出版社
(杭州市天目山路148号 邮政编码310007)
(网址:http://www.zjupress.com)
排　　版 杭州朝曦图文设计有限公司
印　　刷 杭州高腾印务有限公司
开　　本 787mm×1092mm 1/16
印　　张 17
字　　数 380千
版 印 次 2021年12月第1版 2021年12月第1次印刷
书　　号 ISBN 978-7-308-20764-5
定　　价 55.00元

前 言

21世纪以来，全球制造业发展经历了重大变革，“工业4.0”正在重塑全球制造业，诸多发达国家纷纷实施“再工业化”战略，致力于在制造业国际新格局中抢占先机，与此同时，中国制造业也正从高速增长转向高质量发展。面对制造业百年未有之大变局，为进一步打造全球制造业高地，以浙江为重要窗口展示中国制造力量，浙江省委、省政府审时度势，秉持“干在实处、走在前列、勇立潮头”的浙江精神，持续加强品牌、标准、质量建设，全面推进浙江制造业的高质量发展。2013年，浙江省在传承中国传统工匠精神的基础上，充分借鉴德国制造、瑞士制造等经验，创新性地提出“品字标浙江制造”区域公共品牌建设。2014年，国家认证认可监督委员会批复同意开展“浙江制造”综合认证，“品字标浙江制造”区域公共品牌建设正式启动。

“品字标浙江制造”通过构建“好企业、好产品、好服务”标准体系，由“浙江制造”国际认证联盟成员机构，对符合高标准、高品质要求的产品进行“品字标”认证，以先进标准引领企业质量提升，致力于打造一批在国内外市场上具有强劲竞争力的浙江制造高端产品。截至2020年8月，全省已累计发布“品字标浙江制造”（B标准）1670项，发放“品字标浙江制造”认证证书1333张，培育“品字标浙江制造”品牌产品1897个，授权“品字标浙江制造”企业1065家，“品字标浙江制造”“自我声明”企业422家，此外，通过“一次认证，多国证书”的方式，在获得“品字标浙江制造”认证证书的同时，企业还获得了国际认证证书152张。在“品字标浙江制造”区域公共品牌强效赋能下，一批批优秀企业和优质产品不断涌现，有力推动了浙江制造业转型升级和高质量可持续发展。

为了进一步宣传“品字标浙江制造”区域公共品牌，让更多的人认识和了解“品字标浙江制造”，2019年，受浙江省市场监督管理局资助，我们开始组织撰写本书和另一本有关“品字标浙江制造”品牌建设的图书——《区域公共品牌打造：基于“品字标浙江制造”的研究》。本书共分五章，在介绍“品字标浙江制造”区域公共品牌的缘起、发展概况和目前取得的成就基础上，对“品字标浙江制造”区域公共品牌标准研制和认定的主要流程进行解读，接着以案例的形式分析企业贯标“品字标浙江制造”助力高质量发展的情况，最后，阐述“品字标浙江制造”的品牌宣传推广与延展。本书是第一部比较系统地介绍“品字标浙江制造”的图书，在内容安排上，一方面辅之以大量鲜活的企业案例，另一方面则结合相关理论予以阐述，使得本书既具有一定的实践性，也具有一定的理论性。

本书是很多人协同努力的成果。李正卫负责本书统筹和审核以及第一、第二和第三章的编著工作，王飞绒负责第四章和第五章的编著工作，叶凯负责本书的文字校核，博士研究生郑雅丹、李文馨、赵鑫同学以及硕士研究生邹靓婧、丁雅琦、曾紫薇、邱陈烨、陈亚明、叶丹红、张玥、郑俊城、吴昊天、计彬颖等同学参与了本书的编著工作，收集并整理了大量的资料和文献。本书在写作过程中经历了多轮讨论、修改、再讨论、再修改，浙江省市场监督管理局质量发展处组织了多次专家讨论和论证，金华职业技术学院、义乌工商职业技术学院、浙江机电职业技术学院、浙江金融职业学院、浙江经贸职业技术学院、浙江省品牌建设联合会、“浙江制造”国际认证联盟、浙江蓝箭万帮标准技术有限公司、浙江方圆检测集团股份有限公司等单位的多位领导和专家对本书的框架及内容提出了很多宝贵意见。感谢浙江省市场监督管理局质量发展处的余志三、王群、汪钢、孙益华等领导的支持和指导，感谢上述单位所有给予本书提出宝贵意见的领导和专家。

编著者

2020年11月于浙江工业大学

目　录

CONTENTS

第一章

“品字标浙江制造”缘起

学习目标

1. 了解历史上的中国制造与工匠精神。
2. 了解典型国家品牌打造过程中的策略。
3. 了解当前浙江制造业发展面临的环境和存在的主要问题。
4. 了解浙江省“三强一制造”战略提出的过程。
5. 了解“品字标浙江制造”的重要意义。

课前导读

“品字标浙江制造”——浙江制造的下一张金名片

改革开放以来，制造业在推动浙江经济发展方面发挥了举足轻重的作用。20世纪80年代，浙江孕育了以温州、台州地区为代表的民营经济发展模式，促进了当地资本的快速积累；20世纪90年代，浙江又涌现出诸如“绍兴柯桥轻纺、金华永康小五金”等一批产业集群，推动了企业集聚和经济特色发展。近年来，为了进一步提升制造业竞争优势，浙江省又采取了一系列新行动。

2014年9月，浙江省人民政府出台《关于打造“浙江制造”品牌的意见》(即打造“品字标浙江制造”区域公共品牌)；2014年11月，浙江省质量技术监督局出台《“浙江制造”评价规范》；2015年8月，“浙江制造”认证联盟出台《“浙江制造”认证联盟成员机构管理要求》《“浙江制造”认证受理规范》。伴随着系列政策的出台，浙江省最终形成以打造“品字标浙江制造”区域公共品牌为重点的制造业转型升级之路。

【讨论】 浙江省为什么要打造“品字标浙江制造”区域公共品牌？

改革开放以来,浙江省制造业经过四十多年的发展已经取得了巨大的成就,但仍然存在一些问题。面对日益激烈的国内外竞争环境和日新月异的科技发展态势,制造业的发展必须要有新的突破,其中,品牌打造就是重要的途径之一。"品字标浙江制造"区域公共品牌的提出既是对中国古代品牌思想——"工匠精神"的传承和创新,也是对德国、日本、瑞士等国家品牌和质量建设经验的借鉴。"品字标浙江制造"建设以标准提档、质量升级、品牌增效为着力点,致力于推动浙江省从"制造大省"向"制造强省"的转变。本章首先阐述历史上的中国品牌思想——工匠精神;然后,介绍德国、日本、瑞士三个国家在品牌和质量建设上的做法;接着,分析浙江省制造业面临的国内外环境及存在的主要问题;最后,阐述打造"品字标浙江制造"区域公共品牌的重要意义。

第一节　历史上的中国品牌思想

中国是四大文明古国之一,中国人凭借着丰富多样的生态环境、矿物、动植物资源,在长期的生产劳动和生活中表现出非凡的聪明才智,创造出了若干伟大发明。早在两千多年前,中华民族就在冶铸、织染、制陶、机械等方面初显成就,而后又创造出了影响世界制造业发展的"四大发明"。中国传统手工业的良好发展不仅得益于优越的地理环境与自然条件,还在于一批批古代工匠的崛起。中国古代工匠是推动中国传统手工业发展的主力军,自古以来,他们便始终坚守着"尚巧守拙、述而又作、精雕细琢、技进乎道"的工匠精神。在千百年的发展中,优秀的工匠精神历经一代又一代匠人的身体力行,在一个又一个享誉百年的中华老字号企业中传承与发扬。

一、历史上的中国制造

追溯历史,原始社会晚期的中国出现了部落联盟,伴随着各部落成员的生活作业,现代制造业的前身——传统手工业应运而生。这些部落或氏族的成员大多擅长某种手工业技艺,如擅长制陶的陶氏、擅长结绳的索氏、擅长做釜的绮氏等,他们就是氏族工匠。随着社会分工的扩大和商品交换的发展,贫富分化加剧,社会结构发生显著变化,宗教与政治结合在一起,出现了掌握军事权力与宗教权力的首领,部落之间掠夺战争频繁,各地纷纷建造起城堡,一些大的部落或部落联盟以此为依托进一步扩充地盘,由此逐步形成了国家。而在国家形成的过程中,氏族工业逐渐消失,官府管理的手工业逐步发展,原有的手工业生产者因此分化成两个部分:一部分在官府作坊服役,由官府统一管理,为官匠;另一部分则散落民间,成为自由职业者，为民匠。[①]

氏族工匠、官匠、民匠作为中国古代工匠的三大主体，凭借其非凡的智慧，造就了中国传统手工业的辉煌历史。作为"世界上最早发明陶瓷器""世界上最早发明丝织品"的国家，中国传统手工业自原始社会起便得到了不断的发展与壮大，表1.1列举了部分传统手工业的发展成果。总的来说，中国古代传统手工业门类丰富，先后形成了冶铸、纺织、陶瓷、造纸、造船、制漆、酿酒、煮盐等手工业；管理体制逐渐完善，形成了《考工记》《天工开物》等手工工艺专著。无论是"丝国""瓷国"等荣誉称号，还是"造纸术、指南针、火药、印刷术"等实体发明，都印证了历史上的中国制造对世界制造业发展起着举足轻重的作用。

表1.1 中国古代部分传统手工业发展成果

行业	时间	主要事件
冶铸业	夏商周	冶铜技术成熟，青铜时代
	春秋	冶炼生铁和钢
	南北朝	灌钢法发展，冶炼技术达世界先进水平
纺织业	原始社会	织麻布、麻衣，世界上最早发明丝织品
	两汉	纺织技术发达，丝绸之路
	宋元	棉纺织发展
陶瓷业	原始社会	世界上最早的原始陶器、彩陶
	商周	原始瓷器出现，世界上最早发明瓷器
	东汉	青瓷、白瓷发展
	隋唐	彩瓷（唐三彩）发展
	宋元	青花瓷发展，瓷窑遍布各地

资料来源：根据戴吾三.古代"中国制造"略说.装饰，2007(12)：24-26等改写。

二、中国古代工匠精神[②]

古代工匠凭借其智慧结晶不断推动中国传统手工业的发展，工匠们的智慧结晶一方面表现为卓越的技艺，另一方面则表现为精神文化。在岁月的风霜洗礼下，匠人们的卓越技艺与优秀作业精神逐步积淀、传承与发扬，形成了以"尚巧守拙、述而又作、精雕细琢、技进乎道"为核心的中国古代工匠精神。

（一）尚巧守拙

"巧"是工匠一词最基本的内涵。首先，"巧"的本意是指工匠。作为一个形声字，"巧"左

① 袁远维扬，王友良.中国古代"工匠精神"及其伦理意蕴.怀化学院学报，2018(10)：69-70.

② 本部分主要参考：何奇彦，柴继红.现代"工匠精神"对中国传统"工匠文化"的继承与发展.机械职业教育，2019(8)：16-17.

边的“工”指工匠，右边的“丂”意为“久经岁月磨难”，“工”与“丂”结合起来表示“久经岁月磨难的工匠”。其次，“巧”是工匠区别于其他职业群体的一个鲜明特征。如《荀子·荣辱》所言：“故仁人在上，则农以力尽田，贾以察尽财，百工以巧尽械器，士大夫以上至于公侯，莫不以仁厚知能尽官职，夫是之谓至平。”在荀子的治国理想中，人人各司其职，而工匠的职业定位就是把自己的技巧全都用在制造器械上。再者，“巧”与“拙”是评价古代工匠技术水平高低的基本概念。如《礼记正义》所言：“观其器之善恶，而知工匠巧拙，器善则工巧，器恶则工拙。”又如《考工记》所言：“天有时，地有气，材有美，工有巧，合此四者，然后可以为良。”可见，“巧”是产生优良产品的必要条件，也是对工匠最基本的职业要求。最后，技艺之巧是中国传统工匠的毕生追求。如《后汉书·马援传》所言：“良工不示人以朴。”所以，为工必尚巧，木匠祖师鲁班就有“鲁之巧人”“至巧”“巧士”的称谓。上述阐明了古人对“巧”的推崇。然而，“巧”并非是与生俱来的，“巧技”的形成是一个相当漫长而枯燥的过程，需要工匠们一以贯之地勤恳敬勉，坚持不投机取巧的工作态度和行为作风。这正是“拙能生巧，拙极巧来”的真实写照。因此，古代工匠在追逐“巧”的道路上形成了一种“守拙”的工作信念和“守璞若拙”的文化传统，“尚巧”仍“守拙”。

（二）述而又作

坚守传承、创新发展是中国古代工匠文化的灵魂。在古代社会，一项技术的成熟需要若干年乃至若干代人的摸索、总结和坚守。中国传统手工业往往实行世代相袭、师徒相传的教育制度，技艺通常以“父子世以相教”和“师徒代代相传”的方式在家族和师徒间传承。在传承的基础上创新发展是中国古代工匠文化的另一精神特质。早在战国初期，墨子就主张“述而又作”的创造精神，他在《墨子·耕柱》中提及“古之善者则述之，今之善者则作之，欲善之益多也”。此句强调在传承优秀作业的同时还需要多加创造，从而使好的东西越来越多。这正是古代工匠革新精神的肇始。受墨子的影响，众多杰出工匠都在传承的过程中不断地创新，改进技术，各行各业的工匠们也都崇尚创新改进和发明创造，把各项重大技术的发明者奉为祖师，比如木匠的祖师是鲁班，造纸业的祖师是蔡伦，中医业的祖师是扁鹊。

（三）精雕细琢

追求技艺的精湛与产品的精致是古代工匠精神的第三大重要内涵。《诗经·卫风·淇奥》中提及的“如切如磋，如琢如磨”，正是描述了工匠在切割、打磨玉器时仔细认真、反复琢磨的工作态度。而后，儒家借鉴了这一精神，并将之延伸。如《孟子·告子上》所言的“羿之教人射，必志于彀；学者亦必志于彀。大匠诲人必以规矩，学者亦必以规矩”“大匠不为拙工改废绳墨，羿不为拙射变其彀率”，强调了高明的工匠教人手艺必定依照一定的规矩，工匠从事手工劳动必须奉行严谨细致的精神。再之后，朱熹进一步提炼了孟子观点的核心特质，表述为“言治骨角者，既切之而复磋之；治玉石者，既琢之而复磨之，治之已精，而益求其精也”，即讲求作业要做到反复切磋琢磨，从而使产品不断完善。传统工匠把这一“切磋、琢磨”的精神用在打磨产品和提升技艺上，形成了精雕细琢的职业态度和工匠文化内涵。

(四)技进乎道

古代社会当中,很多技艺高超的工匠追求的不仅仅是技术,而是通过技术由表及里地洞悉事物内部的本质规律,即“通艺通道”。庄子笔下的庖丁、梓庆、轮扁就是这样的工匠:在庖丁眼中,解牛的妙处不在于技艺,而在于主体的认识和体会“臣之所好者,道也,进乎技矣”;对梓庆而言,鬼斧神工的创作工程来源于心无杂念和天人合一的创作心境;对轮扁来说,技艺精湛的斫轮之术“意不可以言传”。当某项技艺达到巅峰后,再向前一步,便探求到了“道”,这个“道”是天道、人道,更是心道。所以,很多哲人和匠师都讲究“德艺兼修”“道技合一”。孔子借鉴了这一思想,提出“君子不器”。朱熹进一步将之诠释为“器者,各适其用而不能相通。成德之士,体无不具,故用无不周,非特为一才一艺而已”,即君子不能像器具那样,作用仅仅限于某一方面,而是要通过学问思辨,修身践行而集道德仁义于自身,明达天道地道人性,能文能武,通才达识,不局限于一技一艺。清代著名启蒙思想家魏源也说过“技可进乎道,艺可通乎神”。对于在各行各业从事手工业劳动的工匠们来说,在提高技术水平的同时,更要重视心性的修养和人格境界的提高,只有这样才能以“至善”为前提,实现艺术作品的“尽善尽美”,成为一流的国之大匠。

三、工匠精神与老字号传承

工匠精神不仅是匠人职业道德、职业能力、职业品质的一种体现,更是维系匠人生产高质量产品、创办知名商号的关键。千百年来,中国古代工匠精神被一代又一代后人不断传承与发扬,在这些优秀匠人的努力下,一个个享誉百年的老字号企业得以在历史的长河中脱颖而出。

(一)老字号发展简介

老字号是指历史悠久,拥有世代传承的产品、技艺或服务,具有鲜明的中华民族传统文化背景和深厚的文化底蕴,取得社会广泛认同,并由中华人民共和国商务部认定的,具有良好信誉和悠久历史的中国企业(见表1.2)。早在1991年全行业的认定中,就有1600余家历史悠久的知名企业被授牌。2006年4月,商务部发布了《“中华老字号”认定规范(试行)》,以振兴中华老字号。其认定范围包括百货、中药、餐饮、服装、调味品、酒、茶叶、烘焙食品、肉制品、民间工艺品和其他商业、服务行业等。

表1.2　中华百年老字号部分名单

品牌	创立时间	商标	所属行业	品牌	创立时间	商标	所属行业
剑南春	618	剑南春	零售	老天祥	1893	老天祥	医药
六必居	1530	六必居	食品加工	杨麻子大饼	1896	杨麻子大饼	食品加工
陈李济	1600	陈李济	医药	凤凰	1897	凤凰牌	制造加工
方回春堂	**1649**	**方回春堂**	**医药**	**西泠印社**	**1904**	**西泠印社**	**文化艺术**

续 表

品牌	创立时间	商标	所属行业	品牌	创立时间	商标	所属行业
张小泉	**1663**	**张小泉**	**日用品**	老庙黄金	1906	老庙	零售
同仁堂	1669	同仁堂	医药	江津米花糖	1910	玫瑰牌	食品加工
六味斋	1738	六味斋	食品加工	老鼎丰	1911	老鼎丰	食品加工
王一品斋笔庄	**1741**	**天官牌**	**制造业**	金都饮食	1912	绿柳居	餐饮
太吉酒厂	1830	陈太吉	制造加工	德福斋	1914	德福斋	食品加工
存仁堂	1831	存仁堂	医药	北大仓	1914	北大仓	制造加工
隆顺榕	1833	隆顺榕	医药	冠生园	1915	冠生园	食品加工
狗不理	1845	狗不理	食品加工	王开摄影	1920	王开	服务
内联升	1853	内联升	制造业	大明眼镜	1937	精益	制造加工
品香斋	1859	品香斋	食品加工	火宫殿	1949	火宫殿	餐饮
瑞蚨祥绸布	1862	瑞蚨祥	纺织	德州扒鸡	1953	德州	食品加工
全聚德	1864	全聚德	餐饮	飞天雕漆	1953	飞天牌	制造加工
胡庆余堂	**1874**	**胡庆余堂**	**医药**	王府井百货	1955	东安	零售
亨得利	1874	亨得利	服务业	片仔癀	1956	片仔癀	医药
蔡同德堂	1882	蔡同德堂	医药	南宁百货	1956	南百	零售
吴裕泰	1887	吴裕泰	食品加工	崂山啤酒	1982	崂山	制造业

注:表中加粗的为浙江老字号。

老字号是在数百年商业和手工业竞争中留下的极品,其品牌是人们公认的高质量的同义语。老字号不仅是一种商贸景观,更是一种历史传统文化现象。在这些闻名遐迩的老字号中,有始于清朝康熙年间提供中医秘方秘药的同仁堂,有创建于清咸丰三年(1853)为皇亲国戚、朝廷文武百官制作朝靴的内联升,有应京城达官贵人穿戴讲究的需求而发展起来的瑞蚨祥绸布店,也有始于明朝中期以制作美味酱菜而闻名的六必居等。这些老字号汇聚在一起,共同演绎了中国传统制造业的辉煌。

(二)老字号品牌故事

如今,老字号队伍愈发壮大,每一个老字号品牌的成功发展都得益于其品牌背后的企业文化,这些老字号始终秉持着对顾客负责、诚实守信的态度,将打造匠心产品、精益求精、创新的理念贯穿产品生产的方方面面,对原材料精挑细选,对工艺细致严格,最终为顾客带来用得放心、舒心的高品质产品。这些老字号的企业文化很好地诠释和映射出了中国古代工匠精神的核心价值。下文以"胡庆余堂""张小泉剪刀""王一品斋笔"这三个浙江老字号品牌为例,介绍老字号的发展故事及其蕴含的工匠精神。

拓展阅读

中华老字号认定规范

一、认定范围

中华人民共和国境内的有关单位(企业或组织)。

二、认定条件

(1)拥有商标所有权或使用权;(2)品牌创立于1956年(含)以前;(3)传承独特的产品、技艺或服务;(4)有传承中华民族优秀传统的企业文化;(5)具有中华民族特色和鲜明的地域文化特征,具有历史价值和文化价值;(6)具有良好信誉,得到广泛的社会认同和赞誉;(7)境内及港澳台地区资本相对控股,经营状况良好,且具有较强的可持续发展能力。

三、认定程序

具备"中华老字号"认定条件的单位向所在地市级商务主管部门申报,并由省级商务主管部门审核后报中华老字号振兴发展委员会认定。具体程序包括:提出申请、资料提交、调查鉴别、认定评审、公示、做出决定、复核、注册存档、核发证书等。

资料来源:中华人民共和国商务部."中华老字号"认定规范(试行)(商改发〔2006〕171号). 2006.

1."胡庆余堂":江南药王,真不二价

"北有同仁堂,南有胡庆余",杭州胡庆余堂药业有限公司是全国知名的中药老字号企业,1874年由清朝红顶商人胡雪岩在吴山脚下的河坊街大井巷创建,140余年的历史沉浮见证了这家江南药企的发展历程。胡庆余堂的创办缘于胡母的一次患病经历,当时,胡雪岩命人去杭州最大的药铺叶种德堂为母亲配药,买回后发现其中有两味药材质量较差,而药铺却漠然视之。"医者仁心,药者佛心",在杭城药铺散漫的经营现状面前,胡雪岩"一怒创堂",立志"要办就办一家像北京同仁堂那样气派的药堂,成为江南最大药号,造福国民健康"。药堂要出名,第一要有好药。一方面,胡雪岩不惜重金从全国各地聘来数名老中医,不限时间、成本,让他们研究、收集、整理切实有效的中药古方、验方,在众人的努力下,一批批高疗效药物投产问世,挽救了无数百姓的生命。另一方面,胡雪岩还立下"戒欺""采办务真,修制务精""真不二价"等一系列祖训,时刻警醒员工认真选料、精细制药。

"戒欺"是胡庆余堂追求药品质量的写照,药堂为了实现"戒欺",在店堂里放置了一只大香炉,终年烟雾缭绕,承诺凡顾客认为不满的药品,一律投入香炉付之一炬,另配新药给他们。"采办务真"则强调入药药材一定要真,为此,胡雪岩数次派人直接去产地收购各自道地药材,从源头保证药品质量,如"山东濮县购驴皮,淮河流域购黄芪、金银花,川贵购当归、党参”等。“修制务精”则指制药工序一定要精细，比如在处理常见中药大黄时，药材上的大黄皮是非药用部分，胡庆余堂每进一批大黄，均要安排人手检查，将未除尽的大黄表皮剥去，即使是一些表面凹陷、裂隙处也得仔细地一一剥除表皮才付以药用。“真不二价”则是向顾客正言，胡庆余堂的药，货真价实、童叟无欺，只卖一个价。胡庆余堂成了“高品质”“高药效”“货真价实”的冠名词，在短短几年声名鹊起。①

在胡庆余堂的发展过程中（见图1.1），药堂后人始终坚守“戒欺”“采办务真，修制务精”“真不二价”等诚信制药的精神，不断提升胡庆余堂金字招牌的影响力。近十几年，胡庆余堂连续夺下“中国诚信企业”“中国驰名商标”等多项荣誉称号。未来，胡庆余堂将继续坚守工匠精神，坚持走百年传统中药特色与现代科技相结合之路，挖掘中医药学宝库，积极开发具有自主知识产权的中药新药，弘扬百年老店精神，为振兴民族医药、造福国民健康做更大的贡献。

图1.1　胡庆余堂药业

2.“张小泉剪刀”：南城名剪，良钢精作

相比于“江南药王”胡庆余堂，张小泉剪刀有着更为悠久的历史渊源（见图1.2）。张小泉剪刀发家于张小泉父亲张思家创办的“张大隆剪刀”。张思家自幼在以“三刀”闻名的芜湖学艺，学成归来在其家乡黟县开店。张父制剪工艺精湛，态度踏实诚恳、一丝不苟，在剪刀锻打、出样、泥磨、装钉、抛光等各道工序中坚持做到精益求精。得益于此，坚韧锋利、久用不钝的张大隆剪刀深受消费者喜爱，初次在市场上亮相便获得认可。1628年，张思家为躲避战乱，举家迁至杭州，在吴山脚下大井巷重新开立张大隆剪刀铺，这也是张小泉剪刀铺的前身。来到浙江后，张思家充分吸收龙泉宝剑的铸造工艺，并选用龙泉、云和之钢，一改以往用生铁铸造剪刀的常规，在“嵌钢”工艺的基础上，采用镇江特产、质地细腻的泥对剪刀进行精心磨

① 何鑫渠.走近胡庆余堂——杭州胡庆余堂简史.中医文献杂志，1999(4)：42-43；余闻.诚信如舟行天下——讲述百年老字号胡庆余堂的故事.首都医药，2013(19)：41.

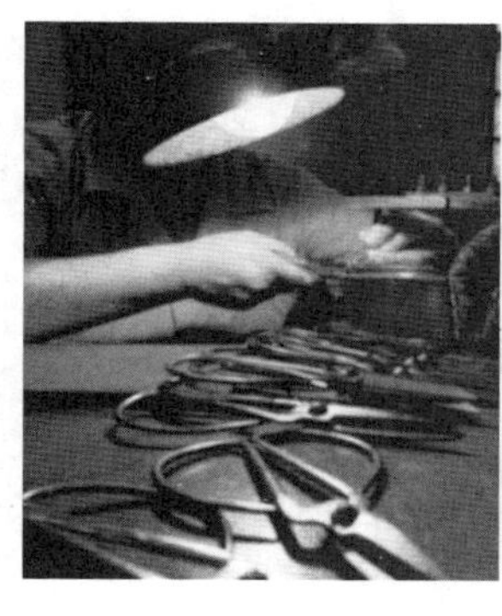

图1.2　张小泉剪刀

制。"镶钢锻打手艺，辅以龙泉好钢"，这使得张大隆剪刀集结了"镶钢均匀、钢铁分明、磨工精细、刀口锋利、销钉牢固、开合和顺、式样精巧、刻花新颖、经久耐用、物美价廉"十大特点。正因如此，"张大隆剪刀"在杭城很快名噪一时，成为诸多裁缝、锡匠、花匠的追捧对象。

然而，金字招牌带来的丰厚利润让不少同行垂涎三尺，渐渐的，越来越多的制剪铁匠冒用"张大隆剪刀"之名销售剪刀，更是在生产制造上放宽质量把控，刻意压低价格，进行恶性竞争，造成了剪刀市场鱼龙混杂的局面，"张大隆剪刀"的质量也因此变得良莠不齐，品牌遭受重创，一时之间难以恢复。这样的僵局，直至张小泉以壮士断腕的勇气，毅然抛弃了张家几十年创下的金字招牌，将"张大隆"改为"张小泉"才得以打破。张小泉继承了父亲"良钢精作"的精神，始终盯牢产品质量，续创品牌辉煌，曾一度出现了"青山映碧湖，小泉满街巷"的盛况。民国时期，"张小泉"更是走出国门，在万国博览会大展上，其剪刀凭借连续5次把50层白细布一剪剪断，而刀口完好无损，获现场观者拍手叫绝，张小泉剪刀也因此远销南洋、欧美一带。①

如今，"张小泉"已经快400岁了，但"良钢精作"的工匠精神始终是其企业文化的核心，几百年来由其后人身体力行。企业在从传统刀剪制造向现代生活五金制造转型的进程中，始终严格把关自身的产品质量，成就长青基业。

3."王一品斋笔"：一品湖笔，精工细作

浙江杭州以北，湖州境内同样活跃着一批具有强烈地域特征的商人群体，造就了文房四宝之首的"湖笔"。自清代以来，湖州一直是中国毛笔的制作中心，素有"湖颖之技甲天下"的美誉，而湖州王一品斋笔庄有限责任公司是目前湖州地区唯一一家中华老字号笔庄，也是"湖笔"制作和销售行业中的领军企业。相传乾隆年间，湖州城内有一名王姓老笔工，每逢朝廷举办科举考试，都携带一批精制毛笔，随考生赴京赶考，沿路兜售。乾隆六年(1741)，一名考生买了他的一支羊毫笔，在考场上挥洒自如，高中状元。消息一经流传，他的声名便就此远扬，世人称他的笔为"一品笔"，随即当年，王姓笔工就在湖州开了家毛笔店，取名为"王一品"。

① 陈刚."张小泉剪刀"品牌拯救三部曲.清华管理评论，2014(4)：102-104；王涛.徽商四大历史人物典故.中外管理，2019(3)：43.

王一品笔庄所售卖的“湖笔”讲究细致严格的工艺，需经72道工序精制而成，大到“笔料、水盆、蒲墩、装套、择笔”工序，小到“水盆工操作时要两腿前伸，一只脚的后跟要架在另一只脚的脚背上；而择笔工必须采取架二郎腿的姿势，操作时两上臂要靠拢身体，不能张开”此类细节；另外，加之王一品斋笔选材精细、特色鲜明，故冠有“尖、齐、圆、健”四大美德之称。王一品斋笔的高质量铸就了其与诸多文人墨客、书画艺术家之间的不解之缘。其中，著名文学家郭沫若先生曾为笔庄题诗“湖笔争传王一品，书来墨迹助堂堂”。而著名书画家启功先生在收到王一品研制的“元白”麻毛笔后，当即挥毫感叹“湖州自古笔之乡，妙制群推一品王”①。

而今，已有270年历史的王一品斋笔庄已是中国最古老的生产和售卖湖笔的专业笔庄，在一代代匠人的精工细作之下，其品牌早已成为湖笔的代名词，深受国内外书画家的喜爱（见图1.3）。

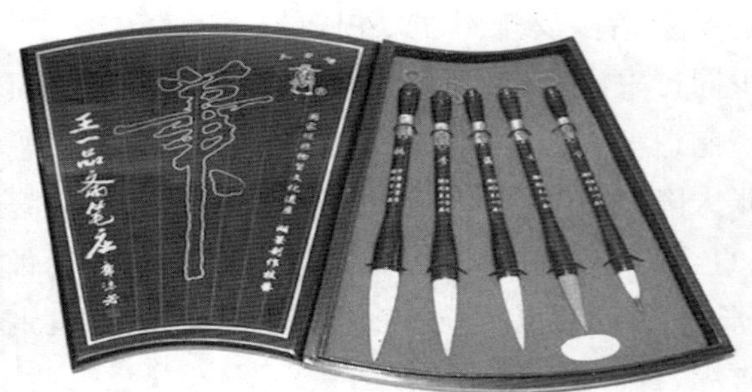

图1.3　王一品斋笔

第二节　国外品牌建设策略与经验借鉴

在产品和服务竞争日趋激烈和世界经济下行压力加大的今天，质量和品牌提升的重要性日益凸显，是赢得竞争和实现转型升级的重要途径。在经济转型升级的关键时期，发达国家的发展经验可以为浙江制造业的科学发展提供有益借鉴，也可以让我们更清晰地了解浙江制造业目前所面临的机遇与挑战。下面将主要介绍德国、日本和瑞士这三个典型国家在质量及品牌建设上的发展概况，并着重从发展历程、政府支持与推动以及品牌建设与市场运作策略三个角度进行深入分析。

---

① 李雪.王一品豪情待把大千收.中国新时代，2011(7)：82-85；韩玉芬.传统湖笔制作及其质量控制机制.广西民族大学学报(自然科学版)，2010(2)：39-44.

一、德国制造:国家形象的金字招牌

德国仅有8000多万人口,35万多平方千米领土面积,却铸就了2300多个世界名牌。除了梅赛德斯-奔驰、宝马、思爱普等著名的国际品牌,德国还拥有1400多个鲜为人知却也是世界级的品牌,集中在医疗激光技术、环境治理、铣齿和磨齿机床等领域。大到汽车,小到一颗螺丝钉,德国制造产品和服务的高质量受到全世界消费者的广泛认可。"德国制造"实现了高额的品牌溢价,成了德国国家的名片。

(一)"德国制造"发展历程①

以高品质、可信赖为代名词的"德国制造",也是从山寨开始的。从山寨起家,到经济奇迹,最后成了工业与贸易出口强国,德国摸索出了一条成功的发展道路,也给其他国家的制造业发展提供了样板。

1871年,统一初期的德国百废待兴,在强国夹缝中生存的德国人不得不向英国、美国、法国等国"偷师学艺",通过偷窃设计、复制产品、伪造商标等方法仿制产品来打开市场。但这条"捷径"并不能带领德国产品通向成功。1876年,参加美国费城世界商品博览会的德国展品被贬为粗制滥造品。1886年,"谢菲尔德"丑闻曝光,德国产品陷入困局。当时,德国索林根城中有着上百家大肆仿造英国谢菲尔德刀具的"山寨"作坊,它们将廉价劣质的产品打上"谢菲尔德制造"的标签流向市场。为应对这一问题,1887年8月23日,英国议会通过了《商品法案》,规定英国本土和殖民地市场从德国进口的产品都须注明"德国制造"(Made in Germany),以此将劣质的德国产品与优质的英国产品区分开来。这一侮辱性的商标法条款将"德国制造"贴上了"低价""劣质"等标签。在这之后德国人开始彻底反省,他们意识到好质量比低价格更重要,德国企业逐渐从粗制滥造的低端产品转向生产高质量、经久耐用的产品。

之后,奋起直追的"德国制造"让英国人甚至是世界刮目相看。第二次工业革命推动了德国工业的飞速发展,一大批德国品牌发展了,不仅涌现了拜耳、巴斯夫等化工巨头,奔驰、迈巴赫等汽车企业也展现了超群的实力和强劲的发展势头。德国抓住了第二次工业革命的机会,把英国远远甩在了后面。到1914年,德国完成了工业化任务,建立起了完整的工业体系,进入了世界制造业强国的第一阵营。20世纪五六十年代,德国着力于建立健全法律法规体系和产品质量检验机制,通过加强质量监管进而促进产品质量发展。面对《商品法案》,德国人用自己的实际行动打赢了这场没有硝烟的战斗,将曾经被英国人嫌弃的"山寨货"一跃变为市场上的"抢手货"。曾经令德国蒙羞的"Made in Germany"蜕变为高品质的代名词。

进入21世纪之后,德国针对自身特点率先提出了"工业4.0"战略。"工业4.0"战略引领了

① 本部分主要参考:张继宏.工匠精神:德国制造业品牌之道的观察与思考.对外经贸实务,2016(7):19-22;赵文斌."德国制造"是如何逼出来的.解放日报,2018;孟凡达.德国工业高质量发展的实践经验与启示.中国工业和信息化,2018(7):18.

全球高端制造业的发展方向，是德国争夺全球制造业战略高地的关键一招。德国传统四大支柱产业——汽车、机械制造、化工医药和电子电气日益发展壮大。近些年来，新能源和环保技术也逐渐成为德国的优势产业。2019年，德国《国家工业战略2030》正式发布，旨在有针对性地扶持钢铁铜铝、化工、机械、汽车等“关键工业部门”，提高工业产值，保证德国工业在欧洲乃至全球的竞争力。在《国家工业战略2030》的指引下，“德国制造”将迎来新一轮的发展高潮。

（二）政府支持与推动①

产品质量的提升和品牌的打造仅依靠企业自身是远远不够的，政府的作用至关重要。质量标准和认证体系、双轨制职业教育和中小企业扶持政策等政府制度体系和政策为德国产品质量发展创造了良好的大环境。

“德国制造”的成功，离不开德国严格、健全的质量标准和认证体系。相较英国、美国等传统强国，德国工业虽起步较晚，但在短时期内实现了从无到强的工业跃进。其中，产品标准化建设发挥了积极的推进作用，提升了德国工业的国际竞争力，将德国经济迅速带入现代工业时期。德国主要的标准制定组织是德国标准化学会（Deutsches Institut für Normung，DIN），DIN代表了国家对工业制造业标准的主动干预，在总结数代产业工人的实践经验基础之上，由国家在理论和标准的层面对行业产品进行统一规划。DIN每年发布上千个行业标准，其中约90%被欧洲及世界各国采用。同时，德国建立了公平、公正、客观的质量认证和监督体系，包括联邦德国商品标志协会有限公司（DGWK）、德国电气、电子和信息工程协会（VDE）、德国技术监督协会（TÜV）等认证和监督机构，对企业制造流程和产品进行检测，使得产品的稳定性大大提高。系统、完善的德国标准与质量认证体系助力“德国制造”开拓了更为广阔的全球市场，增强了出口产品的竞争力，增加了“德国制造”产品在国际市场上的影响力。

拓展阅读

德国标准化学会

德国并没有颁布标准化法，联邦政府也没有官方的标准化主管机构，德国的标准化工作主要是由德国标准化学会（DIN）负责，它是一个民间组织，是政府承认的德国标准化主管机构。

德国标准化学会以学会、协会、标准委员会、工作委员会等形式，交织配合，相互补充，吸收各方面的力量，形成一个标准化工作系统。DIN的标准化活动是条块结合：标准制定以条为主，即标准委员会和工作委员会；标准的实施（情报的反馈）以块为主，即标准实践委员会与按地区成立的工作委员会，明确分工，充分发挥各

① 本部分主要参考：韦仁．解密“德国制造”．科技智囊，2014（9）：40-43；史世伟．德国国家创新体系与德国制造业的竞争优势．德国研究，2009，24（1）：4-8，78.

自的作用。DIN标准委员会的建立,依靠学会、协会、商会等团体的力量,同他们密切结合,充分发挥各自的特长、优势和作用,来组织参加标准化活动。基础性通用标准委员会的工作,由DIN直接组织并与国际标准化组织的标准技术委员会密切结合,大都是相对应的组织,工作同步,且参与人员是比一般工程师级别要高的专家。专业性强的产品标准,是由各专业标准委员会制定。

资料来源:宋明顺,王玉珏.德国标准化及其对我国标准化改革的启示.中国标准化,2016(2):96-100.

德国独特的双轨制职业教育体系也是"德国制造"崛起的秘密武器之一。德国教育体系坚持高等院校与职业技术学校并重。一方面,完备的多层次高等教育体系培养了一大批领军人才;另一方面,双轨制职业教育体系提升了技术工人的素质水平。通过学校和企业联合培养学生,以边学边干的方式,将理论与实践紧密结合。据统计,全德约有70%的青少年在中学毕业后会接受这样的双轨制职业教育,成为"德国制造"强有力的后备力量。"千工易遇、一匠难求",双轨制职业教育不仅为德国制造业输送了大量技术人才,更重要的是让德国人的工匠精神得以传承与延续。

此外,德国将促进中小型企业发展定为重要的国家战略,这也成为德国政府品牌培育的显著特点。尽管德国拥有"宝马""博世""西门子"等多个享誉世界的品牌,但德国经济的核心却在于占企业总数99.7%的中小企业,其产值占到了德国经济总量的80.0%以上,撑起了"德国制造"的半边天。德国企业坚持"术业有专攻"的理念,打造了1500多家"隐性冠军"企业,有的甚至占据了该细分领域全球95.0%的市场份额,被称为"散落在德国各地的珍珠"。为扶持中小企业的发展,德国逐步形成了健全的全方位社会服务体系。其中,政府出台了《中小企业促进法》《中小企业增加就业法》等法律政策,推出了"中小企业专利行动"资金补贴项目等一系列创新计划并设立了创新基金,为中小企业的发展提供了充分的政策保障。

(三)品牌建设与市场运作策略①

品牌不仅仅是企业核心竞争力的体现,也是工业乃至国家核心竞争力的象征。在企业层面,德国人将产品质量作为企业生存的至高法则,认为"质量意味着产品的生命,任何品牌都是以它的质量为基础的"。德国也有不少百年企业,它们大多由家族经营,代代传承。在这些企业中穷其一生甚至数代打造自身品牌的案例屡见不鲜。它们扎根在所处行业之中,几十年、几百年专注于一个事业。以伍尔特集团为例,该企业自1945年成立以来就专注于做好一颗螺丝,几十年如一日,最终做到全球领先。在国家层面,为助推"德国制造"崛起,德国政府实施了"以质量推动品牌建设,以品牌助推产品出口"的质量政策。从20世纪50年代中后期开始,德国政府在尊重市场发展规律的基础上,适当介入管理,出台了《反限制竞争

① 本部分主要参考:阿盖什·约瑟夫.德国制造:国家品牌战略启示录.赛迪研究专家组,译.北京:中国人民大学出版社,2016:168-181.

法》《反不正当竞争法》《商标法》等一系列法律法规，为品牌培育和企业发展营造良好的宏观环境，鼓励企业间的良性自由竞争。

同时，德国也不断扶持企业参加国际性商品展会以提升品牌影响力。德国展览会历史悠久，最早可追溯到中世纪早期集市贸易。时至今日，商品交易会与展览会在德国不仅仅是一个商品展示与交易的场合，更是透视德国经济与技术发展的一个窗口。德国经济展览和博览会委员会每年定期举办一系列国际型展会，吸引来自世界各国的参展商、专业人士和参观者。1947年创办的汉诺威工业博览会至今仍是全球工业技术领域的顶尖展会，其网罗当下最新的技术，引领行业发展趋势。还有消费电子、信息及通信博览会，德国法兰克福国际时尚消费品展览会，柏林国际电子消费品展览会和德国科隆国际五金展等众多的国际性展会，为企业之间提供了沟通与合作的平台，为新产品、新技术和新应用开拓市场，也在一定程度上使"德国制造"品牌得到了积极的宣传和展示，成为世界了解德国的最好媒介。

二、日本制造：质量管理之道

在世界品牌实验室（World Brand Lab）编制的2019年《世界品牌500强》排行榜中，日本有42个品牌上榜，成为入选品牌个数第三位的国家。日本制造业的品牌影响力突出体现在汽车和电子产品方面，丰田、本田等汽车品牌和佳能、索尼等电子产品品牌在全球享有极高的知名度。日本的品牌发展建立在质量管理基础之上，"日本制造"凭借其优质产品赢得了国际市场。其中，日本独特的质量文化体系和质量制度，为铸就一大批世界著名品牌提供了强有力的质量支撑，也为日本在战后迅速崛起成为经济大国做出了重要贡献。

（一）"日本制造"发展历程①

第二次世界大战后，一方面受限于被战争摧毁的工业化体系，另一方面也遭受到国际上其他制造商的压制，日本制造业曾陷于混乱状态，产品质量相当糟糕。当时西方文献记载："他们出口的玩具玩不了多久就会出现质量问题；他们出口的灯具寿命短得让人无法接受。"为了尽快冲出经济困境，"日本制造"也陷入过"山寨"的黑历史，和曾经的"德国制造"一样被贴上了"假冒伪劣"的标签。简单粗拙的模仿并未一直持续，不久后日本便开展了"逆向工程"，即技术人员对其他国家先进的产品进行拆解攻关，实现高级技术模仿。在对技术进行引进、吸收、模仿的基础上，日本不断加大创新投入，利用后发优势追赶发达国家的脚步。在技术革新力量的大力推动下，日本实现了跨越式发展，有力地推动了国民经济的复苏与发展。

与此同时，新的质量管理方法在日本掀起了一场思想革命风暴，促进了日本企业在经营方式和组织等方面的变革。第二次世界大战后，日本从美国学习近代质量管理思想，之后迅

① 本部分主要参考：凡夫俗子.日本制造业兴衰启示录.商业观察，2018(6)：56-61；阿德.日本的质量之路.质量探索，2012(Z1)：43；狩野纪昭，李玉潭.日本质量管理的发展过程与问题.现代日本经济，1984(6)：47-51.

速发展,短短几十年的时间,日本便以产品质量取胜全球市场。从最早的统计质量管理到全面质量管理,从戴明、朱兰博士讲课到设立戴明质量奖,日本以质量管理为突破口,提升了产品质量在国际上的竞争力,实现了经济的大跨步发展。20世纪50年代后半期,在石川馨博士的倡导下,质量管理小组(QC小组)首创于日本。此外,田口玄一、大野耐一等品质管理专家在吸取美国全面质量管理经验的基础上提出了精益管理等多种富有日本特色的品质管理理论,日本质量管理进入独创时代。战后50年,日本经济以奇迹般的速度崛起,一度成为世界上仅次于美国的第二大经济体。

战后日本经济的恢复和发展也离不开政府制定的与经济、社会发展相适应的国家科技战略。1980年,日本通产省发表《80年代通商产业政策构想》,确立了"科技立国"的发展战略,对发展独立性技术和加强基础研究提出了明确要求。这一时期,日本开始将发展重心向知识密集型产业倾斜,电子信息产业、原子能产业与飞机制造业等得到了快速发展。进入20世纪90年代中期,日本进一步提出了"科技创新立国"的口号,颁布了《科技基本法》等一系列相关的改革方案来推进基础科研和高新技术产业的发展。在此期间,纳米技术、生物医药、电子信息等高精尖领域得到了长足发展,日本跃居全球为数不多的技术发达国家行列之中。

在21世纪以智能技术、大数据分析技术和物联网的应用为标志的第四次工业革命中,各国纷纷启动了"再制造业化"进程,以应对生产模式的革命性变化。在这样的时代背景下,日本提出了"机器人革命""工业价值链计划""社会5.0"等多个概念,最后在《日本制造业白皮书(2018)》中正式明确将"互联工业"作为未来整个工业体系的发展方向。日本产业未来发展的三个主要核心是:人与设备和系统的相互交互的新型数字社会,通过合作与协调解决工业新挑战,积极推动培养适应数字技术的高级人才。"互联工业"作为日本产业新未来的愿景,将引领日本制造业未来的发展。

(二)政府支持与推动[①]

日本质量管理的成功与政府制度有着密切的联系。日本政府采取了一些干预措施,一方面对市场失灵进行了矫正和改善,另一方面对相关产业进行了保护和扶植。下面主要从质量竞争政策、质量标准认证政策和技能人才培养政策三个方面来介绍日本政府是如何保障与提升"日本制造"的产品质量。

一是通过质量竞争政策引导企业参与市场竞争。20世纪50年代,日本政府开始主导实施"质量复兴"战略,不仅通过开展"产业合理化运动",面向广大企业积极倡导全面质量意识,并在国家战略层面将产品质量升级放在与产业结构调整、贸易立国、贸易振兴等政策同等重要的地位。依托"质量复兴"战略,日本政府向广大企业积极推行全面质量管理的方法

① 本部分主要参考:程虹,沈珺,宁璐.日本持续性质量管理政策及其借鉴.国家行政学院学报,2017(1):56-59,127;郑成功,李彬.日本政府推动技能人才培养的组织体系与政策措施.日本研究,2014(2):12-18.

和理念，通过政府采购方式加大对企业尤其是中小企业的质量培训力度，设立国家级质量奖——戴明奖，促进日本企业更加注重产品全过程的质量管理，以及关注上述过程中质量管理方法、质量创新手段的有效应用。通过上述政策的有效实施，“日本制造”凭借其质量优势在全球市场上积累了较高的品牌声誉。

拓展阅读

日本戴明质量奖

1950年，来自美国的戴明(W. Edwards Deming)博士受日本科学技术联盟(JUSE)的邀请赴日本讲学。戴明博士针对质量统计管理的主题进行了为期8天的讲授，用通俗易懂的语言将统计质量管理的基础知识详尽地传授到日本，这对当时还处于摇篮期的日本质量管理的发展产生了深远影响。日本科学技术联盟将戴明博士8天课程的讲义迅速汇总整理成《戴明博士论质量的统计控制》一书发行传播，而戴明博士慷慨地将该书的版税赠送给了日本科学技术联盟。为了感谢戴明博士的慷慨之举，时任JUSE专务理事的小柳健一先生建议用这笔资金设立奖项，以永久纪念戴明博士对日本工业质量控制和质量管理活动的贡献。1951年，JUSE理事会全体成员一致通过该项提议，日本戴明质量奖(简称“戴明奖”)由此建立。戴明奖是世界最高级别的全面质量管理(total quality management，TQM)奖项，2014版《戴明奖申请指南》对TQM做了详细的定义：组织采取一系列的系统活动，以有效率和高效地实现组织目标，在适当的时间以合适的价格提供满足顾客要求的高品质的产品和服务。戴明奖主要颁发给在以下三个领域做出贡献的个人或组织：对全面质量管理的研究取得杰出成绩；对用于全面质量管理的统计方法的研究取得杰出成绩；对传播全面质量管理做出杰出贡献。戴明奖从1951年设立以来每年评定一次，公有或私有企业、不同行业、不同规模以及国内外企业均可申请。

资料来源：张志强，朱伟. 世界三大质量奖简析. 中国质量，2015(12)：55-58.

二是通过质量标准认证政策帮助企业获得顾客信赖。日本政府认识到低劣的产品质量严重阻碍了日本产品在国际市场上的竞争力，于是着手建立相关法规，仅1949年就先后颁布了《工业标准化法》《关于产业合理化》，成立了工业标准调查会(JISC)，并发布了第一个工业标准(JIS)。在此基础上，日本逐渐构建起以自愿性和市场化质量认证为主体、以政府强制性质量认证为底线保障的多元化质量信号体系。具体而言，日本的质量标准认证体系主要包含三类：①强制性认证，如PSE标志、PSC标志；②自愿性认证，如JIS标志、JAS标志；③市场化认证，如G-Mark标志、SG标志。以政府机构主导的强制性标准认证为产品进入市场提供了基于健康、安全、环保等基本质量保证，非营利组织和市场化机构所提供的标准认证则对产品质量提出了更高水平的要求。

三是通过技能人才培养政策增强企业人才优势。日本从20世纪五六十年代开始,进行了多次教育体系改革,先后制定了《教育基本法》《职业培训法》等法律制度,形成了以学校、企业和社会三方主体共同参与为特色的多层次、全方位的职业教育体系。其中,企业内的职业技术训练是日本职业技术人才培训方面的最大特色,也是其职业技术人才培养中最重要的部分。而政府以技能培训专项补贴为手段,鼓励企业深入参与职业技能教育建设与人力资本培养。对于企业自身来说,由于日本实行终身雇佣制度,员工培训贯穿其职业生涯的全过程,培训包括技术教育、技能训练、经营教育等多方面内容。日本通过完善质量技能人才培训体系,培养了一大批掌握多种技能且具有较强实践能力的"工匠"队伍,使日本工匠精神延续至今,并显著提升了劳动生产率,有效对冲了经济转型过程中人口红利衰减、劳动力成本上升等压力。

(三)品牌建设与市场运作策略①

品牌不仅仅关乎商业利益,更关乎国家形象。一方面,对于日本这样一个国土狭小、自然资源严重缺乏的国家来说,对外贸易占有非常重要的地位,是日本经济的重要支柱。在"贸易立国"的发展战略下,品牌创建对于提升日本企业外贸竞争力具有不可忽视的作用。日本政府为促进品牌的发展,从法律、制度等多方面构筑了品牌战略的支撑体系。从1884年颁布的第一部商标法《商标条例》,1888年的《意匠条例》,到2002年出台的《知识产权基本法》,日本政府多年来一直坚持引导和规范制造业发展,着力打造日本知名品牌。此外,面对第二次世界大战后许多企业模仿国外产品进行生产的问题,1957年日本通产省制定了"好设计商品选定事业"制度来提升品牌形象,目的是通过评选和表彰优秀设计,来改进生活质量,提高工业研究能力并扩大出口和贸易量。获奖产品会被授予"G-mark"标志,在消费者心中树立"高品质、高可用性、高稳定性"的产品形象。

另一方面,国家品牌也是国家竞争力的重要因素。日本前首相中曾根康弘曾说:"在国际交往中,索尼是我的左脸,松下是我的右脸。"为推动日本国家品牌建设,提升日本国家形象,2004年日本经济产业省创立了"JAPAN品牌培育支持事业"制度来帮助日本产品开拓国际市场。日本政府又于2005年、2009年分别发表了题为《推动日本品牌战略——向世界传播日本魅力》与《日本品牌战略——促进软实力产业的发展》的报告书,借助国家整体形象的提升,各个产品品牌建设的成本得到了降低。英国品牌金融公司(Brand Finance)发布的"2019国家品牌指数(Nation Brands 2019)"排行榜中,日本位列榜单第4,这一排名充分反映了国际社会对日本品牌的良好评价。

---

① 本部分主要参考:平力群.日本国家品牌战略的演化:从"日本的品牌"到"日本品牌化".南开日本研究,2013(2):325-338;程虹,沈珺,宁璐.日本持续性质量管理政策及其借鉴.国家行政学院学报,2017(1):56-59,127.

三、瑞士制造:品牌王国的秘密

瑞士素有"品牌王国"的美誉,有着世界上最大的食品制造商雀巢、世界领先的建筑材料制造公司霍尔希姆、世界上最大的人寿与健康险再保险公司等众多世界知名品牌,瑞士钟表更是享誉全球。但实际上瑞士在人口、环境、资源、地理位置等方面并不占优势。瑞士国土面积仅4万多平方千米,人口数量仅850多万;境内多山地、湖泊以及河流,地形并不适合农业生产;山区资源贫乏,农业落后,劳动力短缺,国内市场需求不足,又处于欧洲强国的包围之中。然而,这些"先天不足"却反过来逼迫、刺激瑞士进行产业创新和升级,追求更高水平的生产模式和更高标准的产品质量,最终实现品牌立国。

(一)"瑞士制造"发展历程①

瑞士工业发展起步于18世纪。在欧洲列强环绕下,从1674年起,瑞士政府就坚持奉行中立原则,不参与任何的欧洲冲突。到1815年,瑞士正式成为世界上第一个永久中立国,在大国争霸的夹缝中求得了利于生存和发展的外部条件,成功地避免了两次世界大战的劫难。当欧洲其他国家处于战争中时,瑞士开始从制作和经营手工艺品中积累资本,为工业扩展提供资金基础。1785年,瑞士在汝拉州东部和中部地区建立丝、麻、棉的纺织厂。法国大革命前棉布制造是瑞士最重要的工业之一。16世纪法国和意大利难民将钟表制造术引进到日内瓦,至18世纪末该市已有1000多名钟表师傅和数千名学徒,到17世纪末,160万瑞士人中有1/4从事纺织业和钟表业。1802年,第一座大型工厂建于苏黎世州,之后机纺厂的数量陡增,1815年,瑞士纺织业广泛采用机器纺织,开启了瑞士工业的现代化进程。

1848年,瑞士制定新宪法,设立联邦委员会,成为统一的联邦制国家。这是瑞士近代史上的一个重要转折点。联邦制度的建立平息了种族和宗教等内部斗争,在稳定的政治环境下,瑞士有了更多的精力去发展工业、农业和交通运输业,许多工业部门出现了一大批具有全球竞争力的企业。20世纪,瑞士对工业结构进行了重大调整,在传统纺织、钟表工业资本积累和技术更新的基础上,集中力量发展机械、电气、化工、医药等新兴工业,尤其是机械与化工两大行业。这一举措使这些工业迅速走向现代化,占领市场,成为瑞士工业的支柱。

在机械、纺织、工具、手表等传统精细制造的优势之上,瑞士"工业4.0"大力推动智能制造,将机器、原材料和产品通过"物联网"传递信息,协力完成生产任务。随着瑞士"工业4.0"的推广,一系列新方法和新理念给企业带来了巨大的优势,政府为企业提供包含一流研发中心、优良基础设施和高技能员工的高科技环境,推动企业更好地适应新时代。作为一个智能制造中心,瑞士在生物技术、生命科学和微电子行业吸引了大量成功企业,形成了沿整个价值链运作的产业集群。

---

① 张敏.中欧科技创新合作迈入新阶段.中国社会科学报,2018-04-02.

（二）政府支持与推动[①]

面对资源禀赋缺乏的困境，"瑞士制造"的卓越成就离不开政府、企业和高校等多方共同构建的职业教育体系、标准化体系和创新体系。

职业教育是"瑞士制造"成功的坚实基础。在瑞士，接受高等教育并不是通向人生金字塔尖的唯一途径，接受职业教育同样可以拿高薪、受人尊重，瑞士75%的年轻人在初中毕业后会根据自己的兴趣选择职业学校。瑞士的职业教育体系最早可溯源至一百多年前的学徒制。欧洲各国都非常重视学徒制的发展，瑞士尤甚。通过师徒相授的方式，那些只能意会的制造知识得以传承，同时这种教育体制也造就了高水准的"瑞士制造"——钟表、军刀、精密机床等。学徒制在近代转变为企业、高校、社会各界协作的职业教育体系。为了积极应对经济全球化、数字化技术革命和劳动力市场需求升级等趋势，2018年年初瑞士联邦教育、研究与创新秘书处发布了《2030职业教育发展使命宣言》。该宣言提出了三大愿景：促进经济的可持续发展，增加职业教育的吸引力，提升职业教育的国际和国内社会认可度。瑞士职业教育的成功为"瑞士制造"奠定了坚实的基础，"孵化"出了一代又一代能工巧匠，支持着知识与创新的双向对流。

标准化是"瑞士制造"成功的有力保障。瑞士作为一个工业出口国，十分重视标准化工作。瑞士的标准化工作由政府授权瑞士标准化协会统一负责。瑞士在制定本国需要的标准时，首先会选择采用国际或者欧洲的标准，如果没有它所需要的标准，它就会积极向有关国际标准化组织提出制定此方面标准的建议和草案，一旦有关标准化组织批准了它的建议，瑞士标准化协会的有关专业技术部门就会组织有关标准化技术委员会制定标准。标准草案被有关标准化组织批准发布后，瑞士标准化协会会把它很快转化为本国标准，供企业使用。只有当有关国际标准化组织不采纳它的建议时，瑞士才会制定适合本国使用的国家标准。[②]

创新是"瑞士制造"成功的不竭动力。瑞士人的创新意识和务实精神使这个欧洲小国几十年来始终立足于发达国家的前列。据世界知识产权组织发布的2019年全球创新指数排名（见表1.3），瑞士连续九年名列榜首。瑞士不仅人均拥有专利数量位居世界前列，获诺贝尔科学奖的人均比例也远超其他国家，被誉为"创新之国"。瑞士的高质量知识与技术产出并非空中楼阁，而是依托高校、科研机构与产业和公共部门紧密合作的良性生态系统。高校是瑞士的创新源头，高校之间分工明确，瑞士高校分为综合性大学、高等专科学校和职业大学。政府对教育和科研提供了强有力的支持，瑞士联邦政府早在20世纪90年代初就设立了联邦科研领导小组，主持制定并负责实施联邦科研促进计划。瑞士中小企业与国内外大学、科研机构的合作也非常密切，确保了企业拥有源源不断的创新力，也确保了最前沿的科学技术及发明等能快速转换为终端产品，提升整个国家的产业竞争力。

---

① 本部分主要参考：王晓枫，张文骁．瑞士为何连续九年世界创新第一强．企业观察家，2019(9)：96-97；匠人匠心，解密"瑞士制造"之源，http://www.xinhuanet.com/world/2017-01/15/c_129445552.htm；鄂甜．瑞士职业教育发展的2030愿景与战略原则．世界教育信息，2018(10)：58-64.

② 刘金贵．瑞士标准化工作简介（上、下）．冶金标准化与质量，2001(2)：52，61.

表 1.3　2019 全球创新指数排名（节选）

2019 年排名	经济体	2018 年排名	排名变化
1	瑞士	1	0
2	瑞典	3	1
3	美国	6	3
4	荷兰	2	-2
5	英国	4	-1
6	芬兰	7	1
7	丹麦	8	1
8	新加坡	5	-3
9	德国	9	0
10	以色列	11	1
11	韩国	12	1
12	爱尔兰	10	-2
13	中国香港	14	1
14	中国	17	3
15	日本	13	-2
16	法国	16	0
17	加拿大	18	1
18	卢森堡	15	-3
19	挪威	19	0
20	冰岛	23	3

资料来源：Global Innovation Index 2019，https://www.wipo.int/publications/en/details.jsp？id=4434.

（三）品牌建设与市场运作策略①

瑞士培养了众多强有力的品牌，2019 年有 21 个品牌进入世界品牌 500 强榜单，涵盖高级钟表、金融、制药等多个领域。在品牌建设上，瑞士的钟表工业是其中最为典型的代表之一，形成了国家层面的产业品牌。瑞士钟表至今已有 500 多年的历史，拥有宝玑、欧米茄、天梭、浪琴、斯沃琪、劳力士等众多世界著名的钟表品牌，全球 95% 以上的高端手表品牌都在瑞士。在区域品牌的建设过程中，行业协会发挥了重要作用。瑞士钟表行业协会以斯沃琪、劳力士

① 本部分主要参考：王苇航．哪些因素成就“瑞士制造”．中国财经报，2017；陈建．“瑞士制造”再推新卖点．中国信用，2017(2)：55-54.

和RICHEMONT这三大主要制表企业集团为支撑，积极推进企业合作与技术改进，带动整个瑞士制表产业的发展。瑞士钟表的世界级声誉在很大程度上来自其稳定的质量和可靠的性能。为了保护“瑞士制造”的声誉，瑞士钟表行业协会十分重视品牌和原产地标志的使用，推动政府建立更严格的“瑞士制造”法律法规。通过强化“瑞士制造”品牌的使用规范，确保产品质量的稳定性，守住“瑞士制造”高品质产品的标签。

拓展阅读

瑞士的工匠精神

20世纪70年代，同样以固执死磕著称的日本人发明了石英手表，它以超级廉价和轻便的优势，对传统的机械表构成致命的打击。在短短六七年里，瑞士钟表产量在全球的占比从45%陡降到15%。不过，瑞士人并不气馁，经过20年的转型，瑞士表逐渐走出低谷，并且迎来了繁荣时代，这离不开瑞士人不懈的工匠精神。

瑞士的工匠精神体现在机械表上。瑞士人把机械表的功能升级创新，并研发出诸多极其复杂的工艺，可以说把精密机械发展到极致，制造一个钟表的流程据说高达上万个工序。在瑞士的表行里，一个制表大工坊内往往分工明确，有负责基础零件制造的，有负责零件打磨抛光的，有负责机芯组装的，还有负责最后测试的，等等，每个人都各司其职，并把手上的工作做到极致。除此之外，瑞士人还潜心研究材质，在腕表材质上匠心独运，花大功夫，无论是新陶瓷还是各种各样新金属，都被瑞士人运用到钟表上，让腕表精准、美观、大方，如同工艺品。

资料来源：杨乔雅. 大国工匠——寻找中国缺失的工匠精神. 北京：经济管理出版社，2017:54.

为确保“瑞士制造”的产品质量，早在1992年瑞士就开始以法规的形式限制“瑞士制造”这一标签的使用，出台了《商标及原产地标识保护法》，加大了对违规产品给予民事及刑事惩罚的力度，瑞士海关也开始对进出口及转口商品实施更为严格的监管。2013年6月，瑞士联邦议会又通过了立法提案，对使用“瑞士制造”标签及红底白十字标识等提出了更为严格的要求，并于2017年1月1日起正式实施。其中，工业品在瑞士的生产成本要达到60%，才能被列为“瑞士制造”。在“瑞士制造”标准的升级压力下，许多品牌回归了瑞士制造“舍易取难”的传统，标准升级也提高了“瑞士制造”的整体质量，增强了瑞士产品的竞争实力。

第三节 "品字标浙江制造"的诞生

改革开放以来,凭借得天独厚的地理优势、体制机制的不断创新和开拓进取的浙商精神,浙江的经济发展取得了巨大成就。作为浙江经济增长的主要动力,制造业在浙江经济发展中发挥了举足轻重的作用。然而,在当前科技创新风起云涌、市场竞争日益激烈的环境下,浙江的制造业产业层次不够高、创新能力不够强、产品质量标准不够高等问题逐渐暴露出来,成为制约浙江制造业未来发展的关键瓶颈。为此,近年来,浙江省委、省政府围绕这些难点和痛点,在传承工匠精神、借鉴国外品牌建设经验的基础上,精准施策,积极推进制造业转型升级,不断探索浙江制造业高质量发展之路,提出了"三强一制造"战略,并着力打造浙江省区域公共品牌——"品字标浙江制造"。

一、制造业面临的国内外环境

进入21世纪以来,新工业革命风起云涌,信息网络技术日新月异,制造业的生产方式、组织形态、商业模式和技术创新路径正在发生显著变化。与此同时,受全球政治和经济形势的影响,贸易保护主义逐渐抬头,逆全球化思潮开始涌现。诸多国家纷纷发起新一轮的"再工业化"战略,致力于在智能制造领域抢占先机,从而提升制造业竞争优势,这使得世界制造业发展格局面临重大调整。面对更加复杂多变的国际环境,中国制造业的未来发展将面临更多风险和挑战,制造业转型升级的任务紧迫而艰巨。

(一)面临的国际环境

新一轮科技革命和产业变革深入推进。全球制造业发展历经四次工业革命,第一次工业革命(工业1.0)是18世纪60年代至19世纪中期掀起的通过水力和蒸汽机实现的工厂机械化。第二次工业革命(工业2.0)是19世纪后半期至20世纪初的电力广泛应用。第三次工业革命(工业3.0)是20世纪后半期出现的基于可编程逻辑控制器的生产工艺自动化。第四次工业革命(工业4.0)是21世纪初出现的工业技术革新,是利用信息化技术促进产业变革的时代,也就是智能化时代。第四次工业革命主要通过数据流动自动化技术,从规模经济转向范围经济,以同质化、规模化的成本,构建出异质化定制化的产业。在工业4.0时代,新一代信息技术与制造业相互渗透、深度融合,正在引发影响深远的产业变革,形成新的生产方式、产业形态、商业模式和经济增长点。与此同时,基于信息物理系统的智能装备、智能工厂等智能制造正在引领制造方式变革,网络众包、协同设计、大规模个性化定制、精准供应链管理、全生命周期管理、电子商务等正在重塑产业价值链体系,可穿戴智能产品、智能家电、智能汽车等智能终端产品不断拓展制造业新领域，这必将对制造业发展产生重大而深远的影响。为此，各国都在加大科技创新力度，进行基于信息技术的数字化赋能，推动三维(3D)打印、移动互联网、云计算、大数据、生物工程、新能源、新材料等领域不断取得新突破，占领高端产业的科技制高点。

拓展阅读

中美贸易摩擦带来的挑战

中美贸易争端(trade disputes between China and the United States)，又称中美贸易战、中美贸易摩擦，是中美经济关系中的重要问题。引起中美贸易摩擦的原因主要分为五种：一方某些进口激增或者进口限制、双方贸易不平衡、国际投资问题、双方贸易制度不同以及技术性贸易壁垒。

自20世纪90年代初以来，美国持续使用"禁止中国企业入美投资以及加征关税、反倾销税、反补贴税"等手段，限制部分中国企业与美国之间的贸易往来。例如，2012年10月8日，美国众议院发布调查报告，以国家安全为由，阻止中国两家通信设备制造商华为和中兴进入美国系统设备领域；再如，2018年2月27日，美国商务部宣布"对中国铝箔产品厂商征收48.64%至106.09%的反倾销税，以及17.14%至80.97%的反补贴税"。在特朗普新任美国总统后，中美贸易摩擦更是明显升温。美国实行的种种贸易保护政策，更像是在"借知识产权保护之名，行贸易保护之实，以重振美国经济"。

从宏观层面看，中美贸易摩擦一定程度上增加了中国经济的外部风险和下行压力。根据中国宏观经济研究院研究人员的初步预测，如果美国对我国500亿美元商品开征25%的关税，预计影响GDP0.1%到0.12%。从企业层面看，中美贸易摩擦会对部分外向型企业产生冲击，可能带来成本增加、订单下降等问题，企业也将面临减产歇业、调整重组的挑战，尤其是电子通信、电气机械、木材加工、化学产品等行业企业。

资料来源：根据中美贸易摩擦最新进程及未来走向将给我们带来哪些影响，https://www.sohu.com/a/251203113_100011386等改写。

全球制造业竞争格局面临重大调整。一方面，自2008年国际金融危机后，特别是近几年来，受全球政治经济形势的影响，贸易保护主义开始抬头，经济全球化进程遭遇越来越多的阻力，国际技术交流与合作以及贸易往来受到越来越多的限制。同时，以美国、韩国、德国等为代表的诸多发达国家为重振经济、防范金融风险，纷纷实施"再工业化"战略，重塑制造业竞争新优势，加速推进新一轮全球贸易投资新格局，力图从中高端发力抢占制造业领域国际竞争的制高点，如美国提出"再工业化"计划，德国提出"工业4.0"计划等。在发达国家各项政策举措下，部分中高端产业已开始出现转移回流。另一方面，新兴经济体为在新一轮国际分工中获取更大利益，也在加快谋划和布局，利用资源、劳动力等要素成本优势，以中低端制造业为主要方向主动承接产业及资本转移，积极参与全球产业再分工，拓展国际市场空间。如越南、印度等一些东南亚国家依靠资源、劳动力等比较优势，开始在中低端制造业上发力，以更低的成本承接劳动密集型制造业的转移，给中国传统制造业发展带来严峻挑战。表1.4列举了近年来全球主要发达国家、发展中国家重塑国家制造业的系列政策规划。总的来说，中国制造业发展正面临发达国家高端回流和发展中国家中低端分流“双向挤压”的严峻挑战。

表1.4　全球制造业代表性国家的“再工业化”发展规划

年份	国家	政策名称	政策目标
2009	美国	“再工业”计划	发展先进制造业，实现制造业的智能化，保持美国制造业价值链上的高端位置和全球控制者地位
2009	韩国	“新增长动力规划及发展战略”	确定三大领域17个产业为发展重点，推进数字化工业设计和制造业数字化协作建设，加强对智能制造的基础开发
2013	德国	“工业4.0”计划	形成分布式、组合式的工业制造单元模块，通过组建多组合、智能化的工业制造系统，应对以制造为主导的第四次工业革命
2014	英国	“高价值制造”战略	应用智能化技术和专业知识，以创造力带来持续增长和高经济价值潜力的产品、生产过程和相关服务，达成重振英国制造业的目标
2014	印度	“印度制造”计划	以基础设施建设、制造业和智慧城市为经济改革战略的三大支柱，通过智能制造技术的广泛应用将印度打造成“全球制造中心”
2015	日本	“新机器人战略”计划	通过科技和服务创造新价值，以“智能制造系统”作为该计划核心理念，促进日本经济的持续增长，应对全球大竞争时代

资料来源：根据全球各主要国家相关智能制造政策盘点，https://www.sohu.com/a/215960883_739557改写。

（二）面临的国内环境

社会主要矛盾的变化对制造业高质量发展提出了新要求。随着新型工业化、信息化、城镇化、农业现代化的同步推进，中国超大规模内需潜力的不断释放为制造业发展提供了广阔空间。党的十九大报告指出，目前，中国社会的主要矛盾已从“人民日益增长的物质文化需要同落后的社会生产之间的矛盾”转为“人民日益增长的美好生活需要和不平衡不充分的发展之间的矛盾”，国民对高质量产品的需求也正日益扩大，追求高品质的产品和服务已成为越来越多中国普通家庭的选择。除此之外，各行业新的装备需求、人民群众新的消费需求、公共服务新的民生需求、国防建设新的安全需求，都要求制造业在重大技术装备创新、消费品质量和安全、公共服务设施设备供给和国防装备保障等方面迅速提升水平和能力，提供高质量供给。

供给侧短板对制造业高质量发展提出了新要求。《人民日报》经济分析指出，中国总体上仍处于国际分工产业链、价值链中低端，供给体系质量不高，高端供给的短板明显。2018年，尽管中国制造业增加值大约占全球总额的30.00%；但是从利润率来看，中国制造业企业的平均利润率仅为2.59%，不到增加值的十分之一，低于中国500强企业的平均利润率水平4.39%，更是低于世界500强企业的平均利润率水平6.57%。探究供给短板出现的具体原因，主要表现为制造业资源能源利用效率低；自主创新能力弱，关键核心技术与高端装备对外依存度高，以企业为主体的制造业创新体系不完善；产业结构不合理，高端装备制造业和生产性服务业发展滞后；产品档次不高，缺乏世界知名品牌；产业国际化程度不高，企业全球化经营能力不足等。

（三）制造业的未来发展

中国经济发展进入新常态，制造业发展面临新挑战。中国要塑造国际竞争新优势，未来经济增长的新动力，重点在制造业，难点在制造业，出路也在制造业。基于世界各国制造业的"再工业化"战略与中国制造业发展现状，2015年5月，国务院颁布实施了《中国制造2025》，提出通过"三步走"实现中国的制造强国战略目标：第一步，到2025年迈入制造强国行列；第二步，到2035年实现制造业整体水平达到世界制造强国阵营中等水平；第三步，到新中国成立100年时，中国制造业大国地位更加巩固，综合实力进入世界制造强国前列。《中国制造2025》强调，在工业4.0的时代背景下，中国需要积极利用信息化技术促进产业变革，以实现智能化发展为制造业转型升级的核心方向。同时，为配合《中国制造2025》战略目标的实现，我国还发布了一系列政策，大力支持智能制造业的快速发展，部分重要政策如表1.5所示。目前，这一系列振兴中国制造的政策和相关推动措施已取得了积极成效，正不断为我国制造业转型升级提供强大的政策推力。

拓展阅读

《中国制造2025》战略目标

第一，提高国家制造业创新能力。

第二，推进信息化与工业化深度融合。

第三，强化工业基础能力。

第四，加强质量品牌建设。

第五，全面推行绿色制造。

第六，大力推动重点领域突破发展，聚焦新一代信息技术产业、高档数控机床、机器人、航空航天装备、海洋工程装备及高技术船舶、先进轨道交通装备、节能与新能源汽车、电力装备、农机装备、新材料、生物医药及高性能医疗器械等多个领域。

第七，深入推进制造业结构调整。

第八，积极发展服务型制造和生产性服务业。

第九，提高制造业国际化发展水平。

资料来源：中华人民共和国国务院．中国制造2025(国发〔2015〕28号)，2015.

表1.5　振兴中国制造的部分重要政策文件

年份	相关政策	主要内容
2015	《中国制造2025》	实施工业产品质量提升行动计划，针对汽车、高档数控机床、轨道交通装备、大型成套技术装备、工程机械、特种设备、关键原材料、基础零部件、电子元器件等重点行业，组织攻克一批长期困扰产品质量提升的关键共性质量技术，加强可靠性设计、试验与验证技术开发应用，推广采用先进成型和加工方法、在线检测装置、智能化生产和物流系统及检测设备等，使重点实物产品的性能稳定性、质量可靠性、环境适应性、使用寿命等指标达到国际同类产品先进水平
2016	《关于深化制造业与互联网融合发展的指导意见》	面向生产制造全过程、全产业链、产品全生命周期，实施智能制造等重大工程，支持企业深化质量管理与互联网的融合，推动在线计量、在线检测等全产业链质量控制，大力发展网络协同制造等新生产模式
2016	《信息化和工业化融合发展规划(2016—2020年)》	加快推动高档数控机床、工业机器人、增材制造装备、智能检测与装配装备、智能物流与仓储系统装备等关键技术装备的工程应用和产业化
2016	《“十三五”国家战略性新兴产业发展规划》	突破智能传感与控制装备、智能检测与装配装备、智能物流与仓储装备、智能农业机械装备，开展首台套装备研究开发和推广应用，提高质量与可靠性
2016	《智能制造发展规划(2016—2020年)》	创新产学研合作模式，研发高档数控机床与工业机器人、增材制造装备、智能传感与控制装备、智能检测与装配装备、智能物流与仓储装备五类关键技术装备
2017	《国家工业基础标准体系建设指南》	核心基础零部件(元器件)标准研制、先进基础工艺标准研制等
2017	《关于深化“互联网+先进制造业”发展工业互联网的指导意见》	推动网络改造升级提速降费、推进标识解析体系建设，加快工业互联网平台建设、提升平台运营能力，加大关键共性技术攻关力度、构建工业互联网标准体系、提升产品与解决方案供给能力，提升大型企业工业互联网创新和应用水平、加快中小企业工业互联网应用普及，构建创新体系、应用生态等，并强化安全保障

二、浙江制造业发展历程

改革开放以来，浙江省制造业[①]快速发展，取得了巨大的成就。1978—2018年，浙江省工业增加值从47亿元跃升至20500亿元(见图1.4)，按可比价格计算，年均复合增长率高达

① 制造业作为工业的核心，是工业产值的主要贡献者。因此，本节以工业数据为支撑，阐述浙江制造业的发展情况。

13.79%；工业增加值占GDP比重始终保持在35.00%以上，期间最高达49.00%；此外，在2019年浙江省百强企业名单中，制造业企业占比高达61.29%，其中更是有84家制造企业荣登2019年中国制造业500强榜单，数量遥遥领先其他省市区。在浙江省制造业发展过程中，传统制造业始终占据主导地位，2018年，10个规模以上重点传统制造业总产值达26675亿元，实现利润总额1577亿元，占规模以上工业利润总额的33.50%。近年来，伴随着制造业高质量发展的进一步推进，浙江省高端制造业发展迅猛，2019年，在规模以上工业中，高技术、高新技术、装备制造和战略性新兴产业增加值分别为2254亿元、8805亿元、6612亿元和5024亿元，同比增长14.30%、8.00%、7.80%和9.80%，明显快于规模以上工业6.60%的增速。总体来看，改革开放以来，浙江制造业发展历程可以划分为三个阶段。

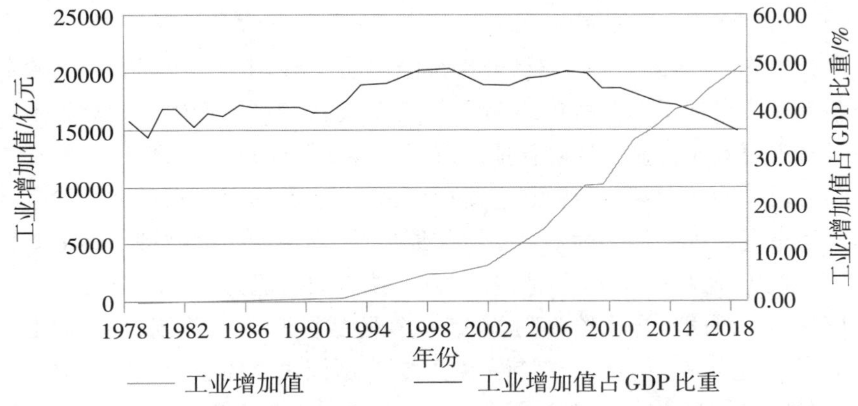

图1.4　1978—2018年浙江工业增加值及其占GDP比重情况

资料来源：浙江统计年鉴，http://tjj.zj.gov.cn/col/col1525563/index.html.

第一阶段（1978—1991年）：工业发展，民营起步。在此阶段，浙江省以全国经济调整为契机，顺应农村大量剩余劳动力向非农产业转移的迫切需要，调整工业发展思路，选择了一条以农村包围城市的发展道路，大力推进乡镇、农村工业化建设进程。据浙江省统计局数据显示，1978—1991年，浙江省工业增加值从47亿元提升至438亿元，按可比价格计算，年均复合增长率达15.26%；工农业总产值比由0.94增长至1.98，实现工业增速超过农业，工业逐渐成为浙江经济的主体；此外，农村工业总产值占工业总产值的比重也从16.00%上升至48.30%，农村工业化改革取得明显成效。在此阶段，得益于市场的快速发展，浙江逐渐形成“轻、小、集、加”（轻工业、小企业、集体经济、加工业）的块状产业结构；省内多地的乡（城）镇、个体私营企业等异军突起，如在温州、台州等地涌现出不少以各类小商品为代表的轻工业专业市场，逐渐形成以“温台模式”为代表的民营经济发展模式。1978—1991年，浙江乡（城）镇私营和个体从业人员从1.50万人增至30.98万人，实现20倍的增长，这不仅为浙江经济注入了新活力，也成为浙江制造业发展的重要推动力。

拓展阅读

中国民营经济发展典范——"温台模式"

温台(温州、台州)地处浙江省南部沿海,路上交通闭塞,无明显的自然资源优势,但不佳的自然资源条件却无法阻挠当地人民从商的热情。他们凭借四海为家、到处闯荡的个性,在温台地区成功实现从个体私营到专业市场的转变,并将"温台模式"打造成国内民营经济发展的典范。

"温台模式"是指在中国的经济体制改革和经济发展进程中,通过需求诱致型和大胆超前的局部经济体制改革所形成的一种区域经济社会发展模式。"温台模式"发展初期主要是依托家庭成员外出推销产品,开拓市场;在家庭产业的发展基础下,各地逐步出现了具有特色的专业市场,使得区域内部产生了相对集中的块状经济格局,规模效应明显;最终,各地形成区域性规模经营的产供销基地。

"温台模式"有着鲜明的特点,它是以农村工业为基础、以农民个体和家庭为主体、以民间集资和内部积累为资金来源的原生性、内源型民营经济。其主要特征表现为以下10点:企业规模小、制造技术落后、技术创新能力弱、无自有营销网络、基本无自有品牌、民间资金供给为主、家族式企业为主、股份合作制为主、加工装配业为主、空间布局分散。因此,虽然"温台模式"为浙江民营经济起步发展奠定了扎实的基础,但也因其模式特点造就了浙江"低、小、散"的产业结构特点,为产业后续发展带来挑战。

资料来源:根据徐宣清."苏南模式"和"温台模式"的演变及其对新型城镇化建设的现实意义.江苏师范大学学报,2015(4):121-125等改写。

第二阶段(1992—2008年):工业繁荣,产业集聚。在此阶段,随着社会主义市场经济体制的确立,改革开放力度进一步扩大,浙江实现了从农村工业化到全面工业化的过渡,并进入新型工业化阶段,工业发展在规模、结构、质量等方面均迈上了一个新的台阶。1992—2008年,浙江省工业增加值从582亿元增加至10329亿元,成功突破万亿元大关,按可比价格计算,其年均复合增长率达14.86%;此外,工业增加值占GDP比重从42.29%提升至48.12%,工业占比的阶段整体水平达到历史高峰。在此阶段,为稳定工业持续高质量增长,浙江省委、省政府于2003年做出了"八八战略"部署,提出建设先进制造业基地,走有浙江特色新型工业化道路,主要依托浙江的块状产业优势发展集群经济,刺激浙江制造业高质量发展。期间,浙江形成了以"一村一品、一地一业"为特征的传统制造业产业集群,集群呈多元化发展,例如温州低压电器、绍兴柯桥轻纺、金华永康小五金等。据原浙江省经济贸易委员会调查显示,2003—2008年,浙江省销售收入达100亿元以上的产业集群数由26家增至72家,总产值由近10000亿元跃升至28100亿元。

第三阶段(2009年至今):传统改造,集群升级。自2008年金融危机后,浙江省产业结构问题日益突出,工业发展增速开始回落,传统制造业发展表现出明显的动能不足。2009—2018年,浙江省工业增加值从10441亿元增加至20500亿元,按可比价格计算,年均复合增长率仅6.98%。为此,浙江省政府审时度势,抢抓工业互联网发展机遇,着力推进传统制造业数字化改造,为传统制造业发展注入新动能;同时,将提质量、抓标准、创品牌等作为重要抓手,着力推进制造业集群转型升级。从传统改造看,浙江重点推进了互联网、云计算、大数据、人工智能与传统制造业的深度融合,不断提升制造业数字化、网络化、智能化水平。2019年,全省数字经济核心制造业产业实现增加值2074亿元,同比增长14.30%;占规模以上工业增加值比重达12.00%;与其他规模以上工业产业相比,该产业增速与高技术产业并列第一。从集群升级看,浙江充分发挥区位优势,推动产业集群向技术密集、资本密集、人才密集的高端产业升级,大力发展特色小镇。2015年,萧山的机器人小镇、新昌的智能装备小镇等一大批中高端制造业小镇快速涌现,截至2018年年底,浙江已形成22个省级特色小镇、110个省级创建小镇、62个省级培育小镇的梯度建设格局。

回顾改革开放四十多年发展历程,浙江工业建设的稳步推进为制造业发展指明了方向,从家庭市场到专业市场,从块状经济到产业集群,从传统制造业到高端制造业;未来,浙江将通过传统制造业改造提升与高端制造业建设,持续推进制造业转型升级,为浙江制造业发展注入新动力。

三、浙江制造业面临的主要问题

改革开放以来,尽管浙江省制造业发展取得了辉煌的成就,但是制造业"大而不强"的现状仍然存在,制造业总体发展还存在产业层次不高、标准实施力度不够、品牌影响力有待提升、自主创新能力尚需增强等问题,这些问题阻碍了制造业高质量发展的进程,是浙江制造业走向高端化需要突破的重要瓶颈。

(一)产业层次不高

高技术产业的发展水平是衡量一个地区产业层次和产业竞争力的重要指标,总体来看,浙江高技术产业的竞争优势和影响力还不够强,传统制造业仍占据着重要的地位。据浙江省统计局数据显示,2018年,浙江高技术产品实现出口贸易总额49160亿元,占全省出口总额比重为6.60%,远低于国内部分先进省市如上海(41.90%)、北京(20.40%)等。2019年,浙江规上工业中高技术产业增加值为2254亿元,占规模以上工业增加值比重达13.90%,较全国平均水平低0.5个百分点,与国内部分先进省份如广东(32.00%)、江苏(23.80%)等相比,存在明显差距。此外,从"中国质量奖"历届获奖名单(制造业企业)来看(见表1.6),自2013年奖项设立以来,全国有6个省区市共计9家制造型企业荣登榜单,而浙江迄今还没有企业入围获奖名单。从获奖名单中可以发现,历届获奖的制造业企业均属于高端装备、生物医药、航空航天、信息通信等高技术产业,这表明浙江在高技术制造业领域还没有形成强大的竞争力,企业在高精尖领域的影响力还不够大,从总体上来看,浙江的产业层次还不够高端化。

表1.6 "中国质量奖"历届获奖企业(制造业企业)名单

年份	制造业企业	地区
2013	中国航天科技集团有限公司	北京
	海尔集团公司	山东
2016	华为投资控股有限公司	广东
	株洲中车时代电气股份有限公司	湖南
	上海振华重工(集团)股份有限公司	上海
	中国北京同仁堂(集团)有限责任公司	北京
2018	潍柴动力股份有限公司	山东
	珠海格力电器股份有限公司	广东
	江苏阳光集团有限公司	江苏

资料来源:首届、第二届中国质量奖获奖名单,http://www.cqn.com.cn/zgzlb/content/2018-11/02/content_6414284.htm;第三届中国质量奖获奖名单,http://www.cqn.com.cn/zt/content/2018-11/03/content_6420258.htm.

拓展阅读

中国质量奖

一、奖励性质

中国质量奖是中国质量领域的最高荣誉,设立于2013年,每两年评选一次,旨在表彰在质量管理模式、管理方法和管理制度领域取得重大创新成就的组织和为推进质量管理理论、方法和措施创新做出突出贡献的个人。

二、奖项设置

按照中央部署,中国质量奖的评选表彰工作由国家质检总局负责组织实施。项目周期为两年,下设质量奖和提名奖。质量奖名额每次不超过10个组织和个人,提名奖每次不超过90个,其获奖类别主要包括制造业组织、服务业组织、工程建设业组织、医疗机构、教育机构、国防工业及武器装备组织、城市政府、一线班组和个人。

三、组织申报条件

(1)质量领先、技术创新、品牌优秀、效益突出;

(2)近五年内,获得省部级以上政府表彰奖励,获得省级以上政府质量奖的优先推荐;

(3)达到《质量发展纲要(2011—2020年)》规定的各项质量指标,并处于全国领先水平;

(4)主导品牌产品的国际及国内市场占有率处于行业前列;

(5)申报对象主要面向基层单位。

资料来源:中国质量奖评审规则,http://ishare.iask.sina.com.cn/f/34ic5IFi2vd.html.

(二)标准实施力度不够

一方面,体现在采标率不高。采标率是国家及地区采用先进标准程度的体现,据统计,美国、英国等发达国家在制造业生产过程中采用国际标准和国外先进标准的比率超过80.00%,德国、日本更是高达90.00%。相比之下,浙江省规模以上企业主导产品的采标率仅达66.10%,采标水平尚待加强。另一方面,体现在制(修)订的标准数量不多。与我国经济领跑地区上海相比较,截至2019年8月,从国际标准看,浙江省累计参与制(修)订国际标准52项,其中,主导制(修)订13项,而上海主导制修订的国际标准近80项;从地方标准看,浙江地方标准制定854项,上海地方标准制定近1000项,并且多项地方标准上升为国家标准。因此,浙江省需要将标准化战略再上台阶,积极借鉴并结合浙江情况,转化先进经验,认真落实关键举措,努力做到以标准提升支撑制造业的高质量发展。

拓展阅读

采标

采用国际标准和国外先进标准(简称“采标”)是指将国际标准或国外先进标准的内容,经过分析研究后转化为我国标准,并贯彻实施的过程。采标的原则如下:

(1)应当符合我国有关法律和法规,保障国家安全,保护人体健康和人身、财产安全,保护动植物的生命和健康,保护环境,做到技术先进、经济合理、安全可靠。

(2)凡已有国际标准(包括即将制定完成)的,应当以其为基础制定我国标准。凡尚无国际标准或国际标准不能适应需要的,应当积极采用国外先进标准。

(3)对国际标准中的安全标准、卫生标准、环境保护标准和贸易需要的标准应当先行采用,并与相关标准相协调。

(4)采用国际标准和国外先进标准,应当同我国的技术引进、技术改造、新产品开发相结合。在技术引进中,要优先引进有利于产品质量和性能达到国际标准和国外先进标准的技术设备和有关的技术文件;技术改造、新产品开发应积极采用国际标准和国外先进标准。

资料来源:采标,https://baike.so.com/doc/8739110-9062164.html.

（三）品牌影响力有待提升

一方面，表现为自主品牌缺失。浙江中小型制造业企业数量众多，许多企业还停留在贴牌生产、代加工的中低端发展模式，由于品牌意识缺乏，品牌构建能力不强，这些企业没有建立起自己的自主品牌，更遑论品牌影响力。自主品牌的数量不够多，导致浙江制造型企业总体品牌影响力不够强，市场利润率较低，企业抗风险能力弱。另一方面，表现为品牌影响力大的企业数量较少。2019年，据世界品牌实验室发布的《中国500最具价值品牌》（其中，中国最具价值品牌50强排行榜数据见表1.7）研究报告显示，浙江共有35家企业入选，仅占总入选企业数的7.00%；其中，进入前100强的浙江企业仅3家，占比更是低至3.00%，远远落后于北京（32家）、广东（11家）、上海（6家）等省市。浙江入选百强的3家企业分别为阿里巴巴公司、浙江广电集团与吉利集团，其中，仅吉利集团为制造型企业；3家企业在榜单中的排名为第11、78和91位，品牌价值分别为2865.17亿元、621.75亿元和535.75亿元，与品牌价值与排名靠前的企业相比，存在较为明显的差距，比如排名第一和第二位的国家电网与中国工商银行，品牌价值分别为4575.36亿元和4156.79亿元。

表1.7　2019年中国最具价值品牌50强排行榜

排名	品牌名称	品牌价值/亿元	排名	品牌名称	品牌价值/亿元
1	国家电网	4575.36	26	联想	1571.35
2	中国工商银行	4156.79	27	中国石化	1571.19
3	海尔	4075.85	28	雪花	1570.35
4	腾讯	4067.25	29	中国农业银行	1568.17
5	中国人寿	3539.87	30	中信	1562.31
6	华为	3486.76	31	中国南方电网	1556.35
7	中化	3296.18	32	中国海油	1548.57
8	中国石油	3106.94	33	格力	1536.74
9	中国一汽	3008.36	34	福田汽车	1528.97
10	中国中央电视台	2956.23	35	中国电信	1526.23
11	阿里巴巴	2865.17	36	百度	1512.26
12	华润	2758.69	37	东风	1489.25
13	苏宁	2691.98	38	南航	1421.07
14	中国银行	2153.45	39	汉能	1222.35
15	中国建设银行	2438.71	40	招商银行	1306.98
16	上汽	2345.67	41	燕京	1216.97
17	茅台	2185.15	42	中国航天航科	1216.69

续 表

排名	品牌名称	品牌价值/亿元	排名	品牌名称	品牌价值/亿元
18	北汽集团	2172.39	43	中国中车	1213.75
19	五粮液	2165.98	44	美的	1205.45
20	中国移动	2153.45	45	京东	1062.72
21	国航	1678.76	46	中国建材	1012.75
22	青岛啤酒	1637.72	47	鄂尔多斯	1005.98
23	中粮	1637.56	48	国旅	816.95
24	长虹	1572.89	49	上海电气	812.76
25	中国平安	1572.08	50	红星美凯龙	792.06

资料来源:2019年中国500最具价值品牌排行榜,https://www.maigoo.com/news/522721.html.

(四)自主创新能力尚需增强

研究与开发是技术创新的核心工作。研发经费投入、研发机构发展情况以及有效发明专利数等指标,通常反映了一个地区技术创新的活跃度和创新能力。首先,从研发经费角度来看,2018年,浙江省规模以上工业企业研发经费1147亿元,平均每家规模以上工业企业研发经费为283万元,远低于广东和上海的857万元和682万元,甚至低于全国平均水平342万元;此外,浙江规模以上工业企业研发投入强度①虽有1.61%,但与一些发达国家如日本相比,仍有较大的差距。具体来说,日本的制造业企业研发投入强度在4.00%以上。其次,从研发机构发展情况来看,浙江规模以上工业企业办研发机构数为10769个,平均每家规模以上工业企业办研发机构0.27个,与广东的0.46个和江苏的0.49个相比,存在一定差距。最后,从有效发明专利角度来看,截至2018年年底,浙江规模以上工业企业有效发明专利数量共计62341件,有效发明专利数占全国总数的5.70%,相比于广东和江苏的30.00%和16.10%,仍有较大差距。总的来看,浙江省还需加大企业研发经费投入力度,重视研究人员的培养与引进,鼓励企业设立研发机构,不断提升企业的自主创新能力。

四、"品字标浙江制造"的提出

为解决浙江制造业发展暴露出的阶段性问题,浙江省政府始终积极响应国家政策,并结合自身实际情况,出台了一系列推动制造业发展的政策。伴随着政策力度的不断加强、范围的不断扩大,浙江省制造业转型升级思路愈发明晰,并成功摸索出了一条具有浙江特色的制造业发展改革创新之路,即"三强一制造"战略,以打造"品字标浙江制造"区域公共品牌为核心,强抓"质量、标准、品牌"建设。

① 规模以上工业研发投入强度=规模以上工业研发经费/规模以上工业经营收入。

(一)"三强一制造"战略形成

随着经济的快速发展,浙江省资源要素制约和环境承载压力逐步增大,原有的粗放型增长格局难以为继,制造业发展也暴露出一些阶段性问题。为实现制造业可持续发展,早在20世纪90年代初,浙江省委、省政府就陆续出台了《浙江省标准化管理实施办法》《关于进一步实施名牌战略发展名牌产品的通知》《浙江省质量振兴实施计划(1998—2010年)》等政策,从品牌、质量、标准三方面入手,大力推动制造业高质量发展。2003年以来,在时任中共浙江省委书记习近平同志的带领下,浙江省围绕"八八战略",发挥浙江特色块状产业优势,不断加快先进制造业基地建设,走新型工业化道路,持续振兴浙江质量。2013年,中共浙江省委十三届三次全会提出"全面提升'浙江制造'品牌形象"的重要规划;次年,浙江省政府出台了《关于打造"浙江制造"品牌的意见》(即打造"品字标浙江制造")。随着政策的深入推进,品牌建设、质量建设、标准建设、"品字标浙江制造"四方构成了一个相互支撑、相辅相成的有机整体,并最终被凝练为"三强一制造"战略,共同构建起质量治理体系和治理能力现代化的基础。2015年,浙江省政府正式做出"三强一制造"建设决策部署。2016年,浙江省政府出台《浙江省标准强省质量强省品牌强省建设"十三五"规划》,标志着"三强一制造"战略的全面实施。

回顾浙江省制造业发展建设的部分政策文件(见表1.8),从中可以看出,相关扶持工具种类不断增加、政策覆盖范围不断扩大、政策力度不断加强。从支持工具看,浙江省陆续推出了"浙江名牌产品""浙江出口名牌""浙江省人民政府质量奖"等奖项,督促企业提升质量意识、夯实产品质量。从支持范围看,政策支持覆盖了"品牌建设、标准建设、质量建设、品字标浙江制造,"四方组成的有机整体。从支持力度看,政策支持从基础的"打造品牌、规范标准、提升质量"建设水平,上升到了系统的"'品牌大省''标准强省''质量强省'"建设水平,并最终上升到"三强一制造"战略高度。

表1.8　浙江省制造业发展建设的部分政策文件

政策类型	年份	相关政策
品牌建设	1992	提出宣传和发展名牌产品的战略要求
	1993	"浙江名牌产品"
	1996	《关于进一步实施名牌战略发展名牌产品的通知》
	2006	《关于推进"品牌大省"建设的若干意见》
	2008	"浙江出口名牌"
标准建设	1994	《浙江省标准化管理实施办法》
	2000	《浙江省标准化管理条例》
	2007	《关于加强标准化工作的若干意见》
	2009	《浙江省标准化管理条例》(修正本)

续 表

政策类型	年份	相关政策
	2014	《关于加快建设标准强省的意见》
质量建设	1998	《浙江省质量振兴实施计划(1998—2010年)》
	2009	浙江省人民政府质量奖
	2011	《浙江省质量强省建设"十二五"规划》 《关于加快建设质量强省的若干意见》
	2017	《浙江省质量提升三年行动计划(2017—2019年)》
	2018	《关于开展质量提升行动的实施意见》
品字标浙江制造	2014	《关于打造"浙江制造"品牌的意见》
	2015	《关于扶持"浙江制造"品牌发展的意见》
	2016	《"浙江制造"品牌建设三年行动计划(2016—2018年)》
	2019	《关于进一步推进"品字标浙江制造"品牌建设的意见》
		《制造强省建设行动计划》
三强一制造	2016	《浙江省标准强省质量强省品牌强省建设"十三五"规划》
	2019	《关于以新发展理念引领制造业高质量发展的若干意见》

拓展阅读

浙江省人民政府质量奖

浙江省人民政府质量奖(简称"省政府质量奖")是省政府设立的浙江省最高质量奖项,从2010年正式启动该奖项申报工作以来,其评审管理办法在2012年、2013年、2015年和2017年进行了4次更新与完善,并最终确定了《浙江省人民政府质量奖管理办法(2015年修订)》,2019年7月又推出了新的管理办法征求意见稿,目前两年评定一次,目的是引导全省各行各业牢固树立质量第一意识。

浙江省人民政府质量奖包括"浙江省人民政府质量奖""浙江省人民政府质量奖'贡献奖'""浙江省人民政府质量奖'提名奖'"。其中,"提名奖"为"质量奖"附属奖项。"质量奖"授奖对象为实施卓越绩效管理并取得显著经济效益和社会效益的从事产品生产、工程建设、服务提供、环境保护的组织。"贡献奖"是授予实施卓越绩效管理并在质量管理方法创新等方面做出突出贡献的团队和在质量管理理论研究、质量管理方法创新方面做出突出贡献的个人(管理人员、专家学者和一线员工)。

资料来源:根据2019年浙江省人民政府质量奖申报通告,http://www.zj.gov.cn/art/2019/10/12/art_1553498_38819095.html等改写。

"三强一制造"战略是以建设"标准强省""质量强省""品牌强省"("三强")和打造"品字标浙江制造"区域公共品牌("一制造")为引领的浙江制造业转型升级组合拳,从制造业供给端入手,以标准提档、质量升级、品牌增效为着力点,围绕八大万亿产业特别是数字经济、生命健康产业以及十大传统产业,着力提升产业、工程、服务、生态质量,使浙江成为质量和创新合力驱动高质量发展的示范省、排头兵。推动"三强一制造"建设,是浙江省贯彻落实供给侧结构性改革要求,坚持以质取胜,坚持高品质扩大内需,摆脱低端锁定,加快实现经济社会发展方式改革创新、不断提高本省综合竞争力的战略选择,是推动浙江经济迈上更高层次,最终推动浙江实现由"制造大省"向"制造强省"转变的重要举措。

拓展阅读

"三强一制造""十三五"规划总体要求

一、"三位一体"融合发展

以标准作为提升质量的有效标尺,把质量作为构建浙江品牌发展的重要支撑,构建起覆盖经济社会各领域的浙江标准体系和统一的区域品牌标识系统,以更高的标准提质量、创品牌、树信誉、拓市场,初步建成标准、质量、品牌三位一体的长效工作体系,推进深度融合发展。

二、"四大任务"协同提升

统筹浙江制造、浙江服务、浙江环境、浙江工程四大关键领域,推动省域质量协同发展,推进浙江制造提质增效,扩大浙江服务优质供给,深化浙江环境保护防治,提升浙江工程标准品质,促进"四大任务"协同提升。

三、"五大支撑"统筹推进

更加注重"三强"建设的系统性、整体性、协调性,突出以制度化建设统筹全局,以科技进步和管理服务创新增添动力,以质量文化和人才培育夯实基础,统筹推进信用体系、质量监管、技术支撑、社会共治、人文保障五大支撑体系建设,不断开创"三强"建设新局面。

资料来源:浙江省人民政府办公厅.浙江省标准强省质量强省品牌强省建设"十三五"规划(浙政办发〔2016〕114号),2016.

(二)"品字标浙江制造"实施

"品字标浙江制造"是"三强一制造"战略建设的重要抓手。2013年,在传承中国古代工匠精神、借鉴"德国制造""瑞士制造"等经验做法的基础上,浙江省提出了以"区域品牌、先进标准、市场认证、国际认同"为核心的"品字标浙江制造"区域公共品牌建设构想,并向国家认证认可监督管理委员会(简称"认监委")提出申请;2014年1月,认监委对《关于开展"浙江制造"认证试点》进行了批复,鼓励浙江先行先试;2014年9月,浙江省政府出台了《关于打造"浙江制造"品牌的意见》,标志着"品字标浙江制造"区域公共品牌建设正式启动。

拓展阅读

区域公共品牌内涵及意义

区域公共品牌指的是人们对一个区域整体、区域产业、区域产品形成积极的印象、认知及其评价,品牌往往由区域内政府、行业协会、社会团体和企事业单位等主导创建、建设和维护,由区域内的多家企业、组织或者个人等所共享,具有公共品性质。

区域公共品牌形成的原因主要有三种:历史悠久、地理优势和产业集群。根据历史悠久形成的,如景德镇陶瓷、苏州刺绣等;根据地理优势形成的,如新疆哈密瓜、杭州龙井茶等,这类区位品牌以农产品居多;根据产业集群形成的,如温州瑞安低压电器、绍兴嵊州领带、嘉兴桐乡羊毛衫等。

区域公共品牌建设具有如下重要意义:①提升区域内企业的整体形象,建立区域公共品牌相当于为区域内的企业塑造了一个公共形象,随着区域公共品牌的发展,区域内的产品和服务的品牌形象、价值也可以得到相应的提升,使区域内的所有企业都从中受益,起到传播信息、创造市场需求、树立消费者信心的作用。②减少了区域内企业获得强势品牌的成本,区域公共品牌是区域内同行业企业共同努力打造的。在品牌宣传、推广、促销上以区域为主体进行运作。区域内该行业所有企业共同分担品牌运作成本,大大减轻了每个企业在品牌营运上的资金负担。③使区域内企业获得协同效应并形成共同演化机制,建立区域品牌本质上是建立一种良好的制度环境,它能促使企业间不断深化分工,加强合作和创新,获得经济上的协同效应,并促进企业的共同演化。④与单个企业品牌相比,区域公共品牌的生命力更强,影响力更大,能更好地促进地区经济。

资料来源:侯可.区域品牌建设初探.科技和产业,2007(1):10-11,41;武跃丽.塑造区域品牌促进区域发展.科技情报开发与经济,2005(13):104-105.

"品字标浙江制造"是综合体现浙江企业和产品标杆形象的区域公共品牌,它按照"企业主体、市场认可、社会参与、政府监管"的要求,以"标准+认定"为手段,集质量、技术、服务、信誉为一体,经市场与社会公认,代表了浙江制造业的先进性,是浙江制造业的"标杆"和"领导者",是高品质、高水平的"代名词"。"品字标浙江制造"以质量建设为突破口,重点关注传统制造业转型升级;通过构建"A+B+C"标准体系,识别"好企业、好产品、好服务",在"浙江制造"国际认证联盟的认证支持下,对符合高标准、高品质要求的浙江产品进行"品字标"认证,以标准引领或倒逼企业质量提升。通过建设"品字标浙江制造"区域公共品牌,浙江省政府致力于打造一批在国内外市场上具有竞争力的"浙江制造"品牌产品，以品牌引领质量提升，最终推动浙江省迈入标准时代、质量时代和品牌时代，将"品字标"打造成为浙江经济的金字招牌和"中国制造"的闪亮标杆。

围绕"品字标浙江制造"建设，浙江省在机构建设、制度建设、品牌培育和宣传、国际互认、企业培训和人才建设等方面，出台了一系列具体实施意见和扶持政策，促进了浙江省标准、质量、品牌和公共服务、制度等质量基础设施的不断进步和完善。到目前为止，省级层面出台的政策累计二十余项(见图1.5)。同时，根据区域产业特点，行业整体质量、品牌和效益水平等具体情况，浙江省各市县也出台了许多促进"品字标浙江制造"建设的配套政策、措施和奖励机制。这些政策为浙江企业、浙江产品迈向更高品质、更高水平，走出国门提供了有效途径和保障，是浙江省标准强省、质量强省、品牌强省建设的强有力保证。

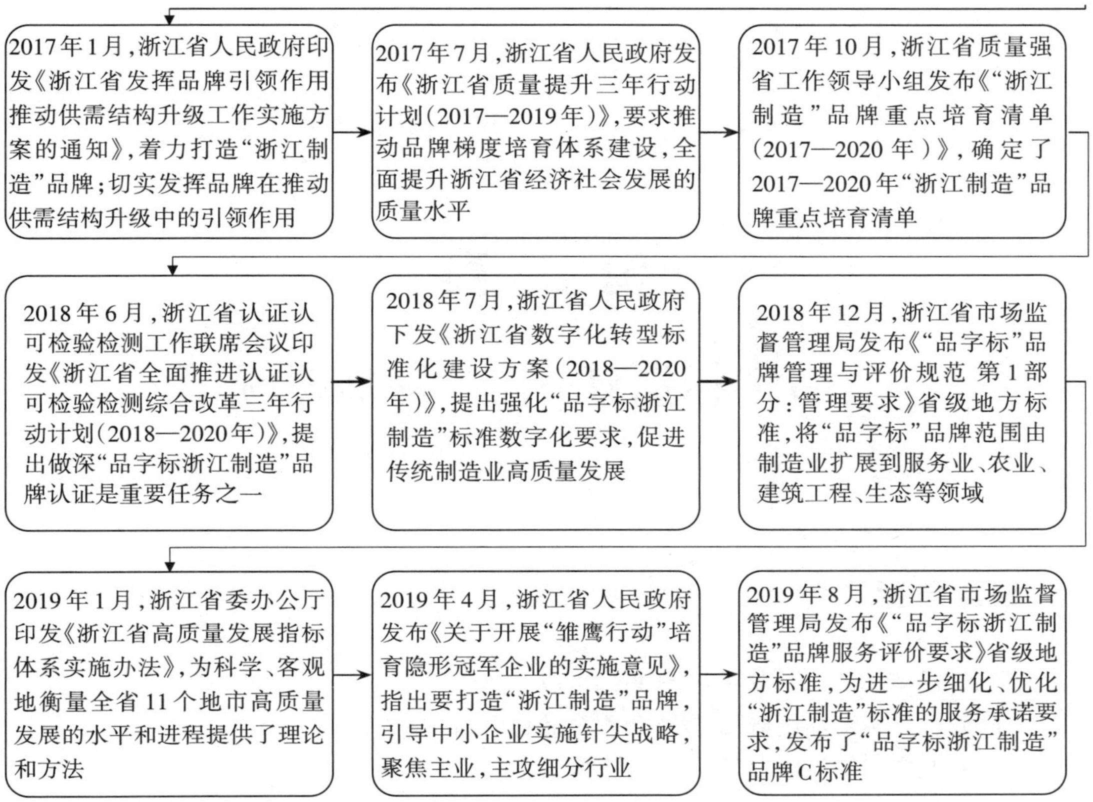

2017年1月，浙江省人民政府印发《浙江省发挥品牌引领作用推动供需结构升级工作实施方案的通知》，着力打造“浙江制造”品牌；切实发挥品牌在推动供需结构升级中的引领作用

2017年7月，浙江省人民政府发布《浙江省质量提升三年行动计划（2017—2019年）》，要求推动品牌梯度培育体系建设，全面提升浙江省经济社会发展的质量水平

2017年10月，浙江省质量强省工作领导小组发布《“浙江制造”品牌重点培育清单（2017—2020年）》，确定了2017—2020年“浙江制造”品牌重点培育清单

2018年6月，浙江省认证认可检验检测工作联席会议印发《浙江省全面推进认证认可检验检测综合改革三年行动计划（2018—2020年）》，提出做深“品字标浙江制造”品牌认证是重要任务之一

2018年7月，浙江省人民政府下发《浙江省数字化转型标准化建设方案（2018—2020年）》，提出强化“品字标浙江制造”标准数字化要求，促进传统制造业高质量发展

2018年12月，浙江省市场监督管理局发布《“品字标”品牌管理与评价规范 第1部分：管理要求》省级地方标准，将“品字标”品牌范围由制造业扩展到服务业、农业、建筑工程、生态等领域

2019年1月，浙江省委办公厅印发《浙江省高质量发展指标体系实施办法》，为科学、客观地衡量全省11个地市高质量发展的水平和进程提供了理论和方法

2019年4月，浙江省人民政府发布《关于开展“雏鹰行动”培育隐形冠军企业的实施意见》，指出要打造“浙江制造”品牌，引导中小企业实施针尖战略，聚焦主业，主攻细分行业

2019年8月，浙江省市场监督管理局发布《“品字标浙江制造”品牌服务评价要求》省级地方标准，为进一步细化、优化“浙江制造”标准的服务承诺要求，发布了“品字标浙江制造”品牌C标准

图1.5 浙江省“品字标浙江制造”政策速览

课后思考

1.德国、日本和瑞士品牌建设策略与经验对“品字标浙江制造”来说，有哪些可借鉴之处？

2.中国制造业发展的机遇与挑战分别是什么？

3.讨论“制造强国”/“制造强省”发展的必然性。

4.浙江制造业发展历程各阶段的产业特点是什么？

5.“品牌强省、质量强省、标准强省、‘品字标浙江制造’”建设的作用是什么？

6.“三强一制造”战略的主要内涵是什么？

7.“品字标浙江制造”建设有何现实意义？

第二章

“品字标浙江制造”发展概况

学习目标

1. 了解“品字标浙江制造”标准体系的构成。
2. 了解“品字标浙江制造”的发展历程及品牌内涵。
3. 了解“品字标浙江制造”为企业带来的效益。
4. 了解政府在“品字标浙江制造”发展过程中的作用。

课前导读

杭氧的高品质追求

杭州制氧机集团股份有限公司(简称“杭氧”)于1950年建厂,作为国之重器责任肩负者,杭氧为国内冶金、化肥、石化、煤化工、航天航空等领域提供成套空气分离设备(简称“空分设备”)4000多套,产品遍布全国,并出口到美国、欧洲、亚洲等40多个国家和地区,大型、特大型空分产品的国内市场占有率一直保持在50%以上。作为国内第一台空分设备的制造者,杭氧一直引领着中国空分产业的发展。2015年杭氧获得“品字标浙江制造”认证证书,空分行业现行的41项国家标准、行业标准,有33项由杭氧制定。

2013年4月26日,杭氧与神华宁煤签署合同,最终拿下6套十万等级空分设备设计、供货和服务合同。在神华宁煤400万吨/年煤炭间接液化项目之前,十万等级空分装置这类特大型空分装置一直被国际行业巨头垄断。翻开《神华宁煤400万吨/年煤炭间接液化项目空分装置设计、供货和服务合同》,密密麻麻的条款,几乎每一条要求都很苛刻，规定的赔偿数额远高于行业一般标准。杭氧的副总经理说道："我们在与国外的同台竞技中，我们的大型空分(设备)指标超过了国外的指标。从这个意义上讲，就是我们通过'品字标浙江制造'标准的实施、实践，使我们的产品质量以最快的速度达到了世界领先的要求。"

多年来，杭氧实施严格的事前、事中、事后管控，不断推进质量体系建设，有效保证了产品质量，获得浙江省人民政府质量奖及"品字标浙江制造"认证。6套十万等级空分设备的问世，更是打破了外国垄断的局面，为我国重大装备国产化写下了浓墨重彩的一笔。2013年到2018年，杭氧完成工业投资27.5亿元，技术改造投入3.2亿元，完成项目约200项；研发投入总计达7.72亿元，研发投入占销售额的比重基本稳定在4%～5%。这些数字的背后都是杭氧对创新的高度重视和对高品质的不懈追求。

资料来源：根据杭氧，千锤百炼就争一口"气"，http://zj.people.com.cn/GB/n2/2018/1227/c186941-32458178.html改写。

【讨论】 什么是"品字标浙江制造"？企业要获得"品字标浙江制造"认证需要满足哪些条件？

浙江省以打造"品字标浙江制造"区域公共品牌为核心，狠抓"质量、标准、品牌"建设，通过各方的努力，建立了完善的"品字标浙江制造"组织架构，形成了系统的"好企业+好产品+好服务"标准体系，"浙江制造"团体标准数量和认定数量持续增加，品牌影响力逐渐从全省走向全国乃至全球，这对浙江省加快摆脱制造业"低端锁定"、公众消费"需求外溢"、企业效益"低谷徘徊"的困扰起到了积极作用，有力推动了经济发展、产业升级和企业提质增效。在这一过程中，政府不断发挥引导和扶持作用，引领"品字标浙江制造"品牌影响力不断提升。

第一节 "品字标浙江制造"组织体系与发展历程

从2013年浙江省提出打造"品字标浙江制造"区域公共品牌的设想开始，经过几年的发展，已经建立了较为完善的组织体系。在浙江省政府的授权与监督下，"品字标浙江制造"品牌标识由浙江省品牌建设联合会(简称"省品联会")统一确认授权。省品联会作为政府与市场、社会之间的重要桥梁纽带，具有"传送带"的重要功能，有效汇聚了龙头企业、科研院所、检测认证机构、高等院校、行业协会等社会资源，协同开展"品字标浙江制造"的标准研制。在认证过程中，浙江省创新引入了第三方认证机构"浙江制造"国际认证联盟(简称"国际认证联盟")。

一、组织体系

"品字标浙江制造"作为浙江着力打造的区域公共品牌，其背后有高于行业和国家的标准，甚至比肩国际标准的质量支持。高质量品牌形象的塑造离不开良好运作的组织体系(见图2.1)。"品字标浙江制造"组织体系由浙江省市场监督管理局牵头，通过组建省品联会负责具体的品牌管理活动，包括标准研制和认定工作。在标准研制过程中，省品联会协同龙头企业、科研院所、检测认证机构、高等院校、行业协会等社会资源共同参与；在认定过程中，由省品联会负责"自我声明"模式[①]的认定，由国际认证联盟进行第三方认证。在此组织体系中，各职能主体的作用和分工如下所述。

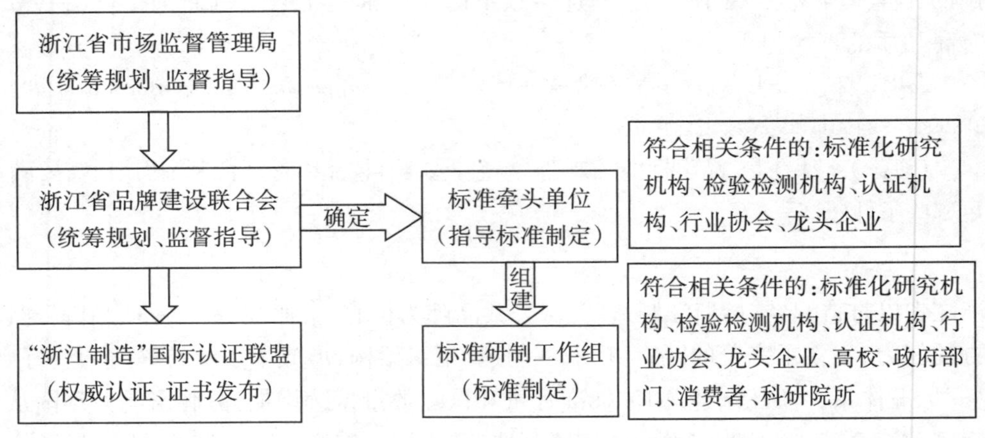

图2.1 "品字标浙江制造"组织体系

浙江省市场监督管理局是浙江省政府直属机构，于2018年10月正式揭牌成立，整合了原浙江省工商行政管理局、质量技术监督局、食品药品监督管理局等相关部门。在"品字标浙江制造"发展过程中，浙江省市场监督管理局起到了统筹规划、监督指导的作用，主要体现在三个方面：第一，通过发布政策文件指导"品字标浙江制造"的发展，如规范标准研制管理要求和通用要求的文件；第二，通过资金支持和购买服务等方式激励企业、省品联会、国际认证联盟等多元主体参与"品字标浙江制造"区域公共品牌的建设和维护(详见本章第四节)；第三，通过监督企业、省品联会等品牌建设多元主体的行为，营造诚实守信、公平竞争的市场环境来确保"品字标浙江制造"的持续发展。

省品联会的前身是浙江省品牌建设促进会(简称"品促会")，于2016年4月成立，是由浙江省标准化研究院、浙江大学、浙江省质量技术审查评价中心三家单位共同发起，由相关研究机构、高等院校、检测机构、认证机构、行业协会和获证企业等自愿参与组成的非营利性第三方社会组织。2018年4月，"浙江省品牌建设促进会"正式更名为"浙江省品牌建设联合

---

① "品字标浙江制造"认定模式包括"第三方认证"模式和"自我声明"模式两种，有关认定模式的具体说明，详见第三章第二节内容。

会”。省品联会对“品字标浙江制造”品牌标识统一确认授权，负责沟通并有效传递浙江省市场监督管理局对“品字标浙江制造”建设的要求和建议，协调各成员机构顺利开展品牌建设各项工作；具体开展“品字标浙江制造”质量理论研究、标准制定与宣贯、品牌认定与监督、品牌培育与保护、宣传推广等工作，不断提升“品字标浙江制造”的市场知名度与美誉度。

在标准制定过程中，由省品联会组织开展“浙江制造”团体标准立项、审评、发布以及过程监督管理，标准牵头组织制定单位(简称“牵头单位”)负责标准制定过程的技术指导，标准研制工作组(简称“工作组”)负责标准具体的编写工作。其中，符合条件的标准化研究机构、检验检测机构、认证机构、行业协会、龙头企业等可自行向省品联会申报成为牵头单位；工作组则由牵头单位和标准主要起草单位共同负责组建，广泛吸纳先进同行、上下游企业、行业协会、教育科研机构、检测机构、认证机构、政府部门、电商平台和消费者等利益相关方参与，充分反映各方的需求并协调一致。

拓展阅读

标准牵头组织制定单位及标准研制工作组

标准牵头组织制定单位即省内符合“品字标浙江制造”品牌建设定位要求的标准化研究机构、检验检测机构、认证机构、行业协会、龙头企业等，需要具有较好的标准化工作基础和开展“浙江制造”团体标准制定的组织和技术实力。牵头单位还需具有参与国际标准、国家标准、行业标准、地方标准或团体标准制(修)订，三年以上标准化工作经历并熟悉“浙江制造”团体标准研制和流程控制要求的人员。

标准研制工作组由牵头单位和标准主要起草单位共同负责组建。组建工作组，应当遵循开放、透明、公平的原则，广泛吸纳先进同行、上下游企业、行业协会、教育科研机构、检测机构、认证机构、政府部门、电商平台和消费者等利益相关方参与，充分反映各方的需求并协调一致。工作组应至少包括重要下游用户以及能够检测产品核心技术指标的检验检测机构。标准主要起草单位应组织管理、研发、采购、生产、品控、检测和营销人员参与标准研制，其中至少包括一名高层人员。鼓励相关国家标准化技术委员会委员及企业营销冠军、行业高端客户代表参与标准研制。

工作组成员应明确职责、分工合作。牵头单位(或主要起草单位)负责标准研制总体协调管控；标准主要起草单位负责起草标准、拟定相关材料及内外联络等；检验检测机构、认证机构负责论证标准的可操作性和合规性；重要下游用户、先进同行、电商平台和消费者协助确定标准的关键技术指标并论证其必要性；行业协会和教育科研机构协助论证标准的先进性和经济性；政府部门负责项目的监督、培育和宣传。

资料来源：根据浙江省品牌建设联合会.浙江省品牌建设联合会“浙江制造”标准研制细则(试行)，2019改写。

在认证过程中，为了确保独立性和权威性，由加入国际认证联盟的国内外权威认证机构作为“品字标浙江制造”的第三方认证组织。2014年11月，“浙江制造”认证联盟由方圆标志认证集团（简称“CQM”）、中国质量认证中心（简称“CQC”）、杭州万泰认证有限公司（简称“万泰”）和杭州汉德质量认证服务有限公司（简称“汉德”）四家知名认证机构组建而成。2016年6月，“浙江制造”认证联盟吸纳了苏州UL美华认证有限公司（简称“UL”）、必维欧亚电气技术咨询服务（上海）有限公司（简称“BV”）、上海天祥质量技术服务有限公司（简称“ITS”）、通标标准技术服务有限公司（简称“SGS”）、南德认证检测（中国）有限公司（简称“南德”）五家国际一流权威认证机构，“浙江制造”认证联盟正式更名为“浙江制造”国际认证联盟。2017年6月，浙江方圆检测集团股份有限公司（简称“FYT”）和威凯认证检测有限公司（简称“威凯”）陆续加入。2018年9月，国际认证联盟又吸纳了莱茵检测认证服务（中国）有限公司（简称“莱茵”）、中国建材检验认证集团股份有限公司（简称“国检集团”）、中国船级社质量认证公司（简称“CCS”）三家认证机构。

截至2018年9月，国际认证联盟已汇聚国内外最有影响力的14家高品质认证检测机构，如图2.2所示。

图2.2　国际认证联盟成员

拓展阅读

国际认证联盟四大主要成员介绍

方圆标志认证集团是在原国家技术监督局批准组建的中国方圆标志认证委员会基础上发展演变而来，成立于1991年，是集认证、培训、科研、政策研究、标准制定、国际合作于一体，面向全球的集团化、综合性技术服务机构。由核心企业方圆标志认证集团有限公司及其30多家分公司、子公司共同组建而成，已形成覆盖全国的服务网络。为满足客户的不同需求，CQM在立足自愿性产品认证的同时，不断拓展业务领域，持续提升品牌信誉，已形成完整的认证评价与培训，认证范围覆盖工业、农业、服务业的方方面面，涵盖电力、建筑、交通运输、信息产业、生产/生活性服务业以及行政机关公共服务等众多领域。

杭州万泰认证有限公司成立于1993年，是中国最早被授权开展国际标准认证服务的机构之一，也是中国目前规模最大、认证资格最齐全、授权范围最多的认证机构之一。万泰认证具备中、美双重认可资格,可直接颁发中国合格评定国家认可委员会(China National Accreditation Service for Conformity Assessment,CNAS)和美国国家标准协会—美国质量学会认证机构认可委员会(ASQ National Accreditation Board,ANAB)认可的证书;是最早将ISO 9001引入中国的认证机构;是中国最早获QS 9000认可的认证机构,也是国内早期少数几家开展TS 16949的认证机构;是国内最早从事并获得认可的ISO 14001认证机构之一;是中国首家具有OHSMS 18001(GB/T 28001)职业健康安全管理体系认证正式认可资格的认证机构。

中国质量认证中心是由原中国进出口质量认证中心和原中国电工产品认证委员会秘书处于2002年3月14日获准合并成立的,并于4月24日对外正式挂牌。目前,CQC在全国设有11个产品认证分中心、35个管理体系评审中心和68个签约检测机构,并与14个国外认证机构签署了相互委托认证的合作协议,聘用了2200多名各类专职和兼职审核员,同时拥有雄厚的师资力量。其主要业务是:经认监委授权承担国家强制性产品认证工作;自愿性产品认证,认证范围涉及百余种产品;管理体系认证,主要从事ISO 9000质量管理体系、ISO 14000环境管理体系、OHSMS 18000职业健康安全管理体系、QS 9000质量体系、TL 9000和HACCP认证等业务。作为国际电工委员会电工产品合格与测试组织的中国国家认证机构,可颁发和认可CB测试证书,其证书被44个国家和地区承认。

通标标准技术服务有限公司创建于1878年,是目前世界上最大、资格最老的民间第三方从事产品质量控制和技术鉴定的跨国公司。其总部设在瑞士日内瓦,在世界各地设有2600多家分支机构和专业实验室以及97000多名员工(包括科研人员、工程师、博士、化学家、审核员和检验员等),在全球143个国家开展检验、鉴定、测试和认证服务。在中国,SGS于1991年和中国标准技术开发公司(质监总局下属单位)成立合资公司——通标标准技术服务有限公司(简称"通标")。目前,通标在全国成立了78个分支机构和150多个实验室,全国员工超过15000人。在中国,SGS的服务能力已全面覆盖工业及建筑业、汽车、矿产、石化、农产及食品、纺织品及服装鞋类、电子电气、轻工家居、玩具及婴幼儿用品、生命科学、化妆品及个人护理产品、医疗器械等多个行业的供应链上下游。根据中国的国情和市场环境,通标推出了许多针对国内情况的服务内容,并成为中国境内首家获得中国合格评定国家认可委员会ISO 17020认可的第三方合资检验机构。

资料来源:根据"浙江制造"国际认证联盟简介,http://www.zhejiangmade.org.cn/Portal/Info/NewsInfo. aspx? Params=WYBiYurA7LH% 2bcWmTviSywZvBnCoy42ARgKicj9bY6hNmTQrzjdXw%3d%3d改写。

二、发展历程

"品字标浙江制造"发展历程根据重要事件可划分为三个阶段(见图2.3)。第一阶段为政府搭台阶段(2013—2016年),为了启动"品字标浙江制造"培育的一系列工作,政府初步搭建了培育平台,制定了标准研制的总体要求和"好企业+好产品"标准体系。第二阶段为社会共创阶段(2017—2018年),越来越多的社会力量加入品字标建设活动中。第三阶段为品牌拓展阶段(2019年至今),这一阶段的核心活动是提升品牌的认知度和影响力。

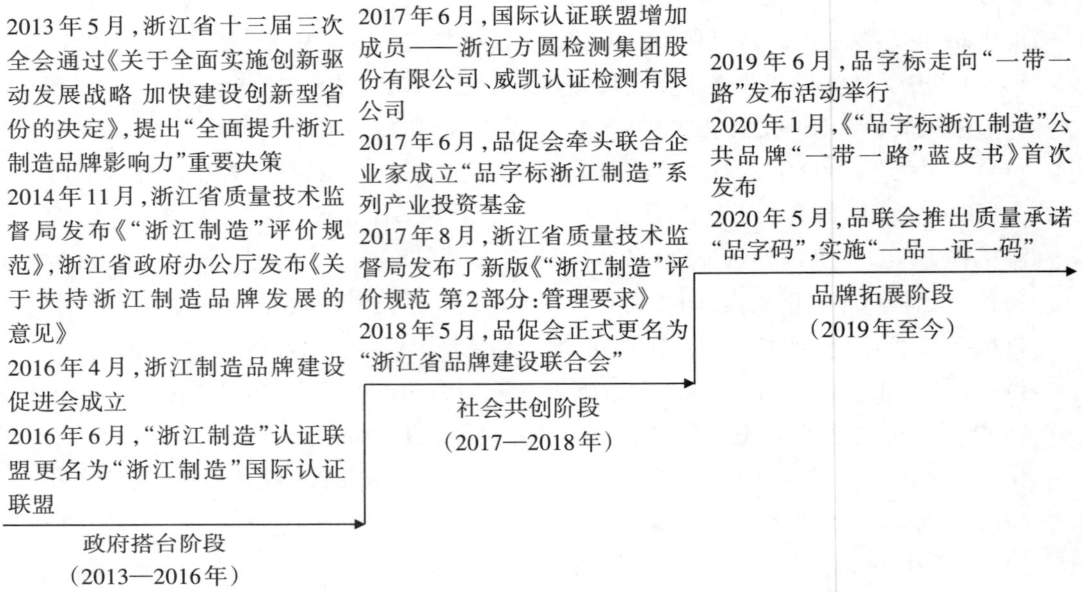

2013年5月,浙江省十三届三次全会通过《关于全面实施创新驱动发展战略 加快建设创新型省份的决定》,提出"全面提升浙江制造品牌影响力"重要决策

2014年11月,浙江省质量技术监督局发布《"浙江制造"评价规范》,浙江省政府办公厅发布《关于扶持浙江制造品牌发展的意见》

2016年4月,浙江制造品牌建设促进会成立

2016年6月,"浙江制造"认证联盟更名为"浙江制造"国际认证联盟

政府搭台阶段
(2013—2016年)

2017年6月,国际认证联盟增加成员——浙江方圆检测集团股份有限公司、威凯认证检测有限公司

2017年6月,品促会牵头联合企业家成立"品字标浙江制造"系列产业投资基金

2017年8月,浙江省质量技术监督局发布了新版《"浙江制造"评价规范 第2部分:管理要求》

2018年5月,品促会正式更名为"浙江省品牌建设联合会"

社会共创阶段
(2017—2018年)

2019年6月,品字标走向"一带一路"发布活动举行

2020年1月,《"品字标浙江制造"公共品牌"一带一路"蓝皮书》首次发布

2020年5月,品联会推出质量承诺"品字码",实施"一品一证一码"

品牌拓展阶段
(2019年至今)

图2.3 "品字标浙江制造"发展大事记

(一)政府搭台阶段(2013—2016年)

该阶段,政府相关组织主要通过规则设计、平台搭建、集中培育来推进"品字标浙江制造"的初步运行。规则设计方面,2013年7月,浙江省委做出了"全面提升浙江制造品牌影响力"的重大决策。随后,浙江省政府向国家认证认可监督管理委员会提出开展"浙江制造"认证试点申请。2014年9月,浙江省政府办公厅专门下发《关于打造"浙江制造"品牌的意见》,明确提出要构建"浙江制造"标准体系,以高标准带动质量水平提升。2014年10月,省质量技术监督局发布《浙江制造"评价规范》。

平台搭建方面,2016年,在浙江省政府的支持下,品促会和国际认证联盟先后成立,品促会负责沟通并有效传递政府部门对"品字标浙江制造"品牌建设的要求和建议,协调各成员机构顺利开展品牌建设各项工作。国际认证联盟通过第三方认证形式,开展"品字标浙江制造"认证。集中培育方面,首先,省质量技术监督局组织了一系列品牌训练营,帮助企业树立品牌意识,推动企业导入与实施卓越绩效模式,持续改进与创新。其次,省质量技术监督局确立县区试点培育对象,在结合具体区域产业特点,充分了解试点对象的品牌建设情况以及参加品牌训练营的意见反馈之后,提出改进意见,鼓励企业共同打造"品字标浙江制造"品牌。同时,各地市政府也陆续启动品牌培育计划编制工作,积极开展"品字标浙江制造"标准宣贯培训,组织重点企业开展"品字标浙江制造"达标比对活动。此外,浙江省标准化研究院

深入试点企业调研并指导企业完成产品标准的制定,鼓励具备条件的企业积极参与“品字标浙江制造”认证。

（二）社会共创阶段（2017—2018年）

这一阶段,有更多的社会力量加入了“品字标浙江制造”体系,这些市场化社会力量的加入使得品字标浙江制造品牌体系日臻完善。

在标准建设方面,第一,品促会联合更多的组织共同推进标准建设,品促会的成员不断增加,从2016年成立时的100多家到2017年6月已超过200家;另外,品促会不断扩充负责标准评审和标准立项建议评估工作的核心专家队伍,到2018年12月核心专家已有56名;2017年6月,品促会牵头,联合“品字标浙江制造”制造业企业家共同发起“品字标浙江制造”系列产业投资基金,为各类型“品字标浙江制造”企业提供全方位扶持。第二,品促会的工作内容不断延伸,品促会代替省质量技术监督局组织品牌训练营、征集品牌建设微故事、面向社会征集标准立项建议等。2018年5月,品促会正式更名为“浙江省品牌建设联合会”。

在认证方面,国际认证联盟不断吸纳更多的国内外检测机构,这一阶段,联盟共引入5家国内外知名认证机构(FYT、威凯、莱茵、国检集团、CCS)。至此,认证机构数量增加到14家(国内、国外机构数量各占一半)。

（三）品牌拓展阶段（2019年至今）

随着品牌体系的完善,为了进一步扩大“品字标浙江制造”的影响力和知名度,2019年开始,区域公共品牌建设以市场拓展为核心展开了一系列活动。

为了提升国内影响力,“品字标浙江制造”设立线上展厅,集中展示了品字标制造的好企业、好产品;品联会借助新媒体,如抖音、微信公众号、微博等发布趣味知识,增进大家对品字标的了解;为了让消费者更便捷和深入地了解“品字标浙江制造”产品,浙江省市场监督管理局联合全省各地市,全面启动全省“品字标”优企贴标亮标“四个百分百”行动,即质量承诺100%公示、品牌产品100%贴标、厂区车间100%亮标、广告宣传100%植入。此外,2020年5月,品联会推出质量承诺“品字码”,实施“一品一证一码”。消费者通过扫描企业提供的“品字码”,即可获取授权证书、主要关键性能指标对比表、质量承诺等关键信息,实现“一码全知道”。

为了提升国外影响力,使品牌进一步获得世界认可,首先,政府和品联会开展了一系列有影响力的推广活动。2019年6月,由国家市场监督管理总局、国家认证认可监督管理委员会、浙江省人民政府主办的“世界认可日主题活动暨‘品字标浙江制造’品牌走向‘一带一路’发布活动”在宁波举行。2019年12月,中国—中东欧国家博览会上,“品字标浙江制造”主题展区向各国集中展示近年来浙江省在推动“品字标浙江制造”公共品牌建设方面的工作成果。其次,2019年,国际认证联盟也进行了认证模式改革,由原来的“一个机构、一次认证、多国证书”(即一个机构通过一次认证颁发一张“品字标浙江制造”认证证书以及一张或多张国际认证证书)的认证模式创新推出“多个机构、一次认证、多国证书”(即多个机构通过一次联合认证,颁发一张品字标浙江制造”认证证书以及一张或多张国际认证证书)的认证模式,这一改进进一步降低了企业的认证成本,满足了出口企业同时出口多个国家的需求,加大了国际合作证书的覆盖范围,也进一步推动了"品字标浙江制造"产品快速进入国际市场,加速国际化发展。

第二节 "品字标浙江制造"品牌内涵

标准是衡量一个国家和地区经济发展水平的重要标志,是引领创新发展的力量。"品字标浙江制造"不仅从品质卓越、自主创新、产业协同、社会责任四个方面对企业、产品及服务提出了总体规范,而且从企业、产品、服务三个层面提出了更为具体的要求,力争实现"好企业""好产品""好服务"三好并举。"国内一流、国际先进"的定位和独特的标准体系引领浙江制造业高质量发展,推动浙江制造业转型升级。"品字标浙江制造"品牌标识的设计和推广使用,也强化了消费者对"品字标"品牌的认知。

一、标准体系

(一)总体概述

2014年,浙江省在全国率先建立"浙江制造"团体标准①体系,正式启动"品字标浙江制造"认证工作,将"品字标浙江制造"打造成为具有严格认证标准、瞄准国内一流、国际先进水平的品牌标识。不仅从品质卓越、自主创新、产业协同、社会责任四个方面对浙江制造企业和产品做出了总体要求,而且采用"好企业+好产品"(俗称"A+B")的制标模式,只有同时满足A标准规范的管理要求和B标准针对具体产品的个性要求,通过"品字标浙江制造"的认证要求,才能真正称为"品字标浙江制造"产品。2019年8月30日,浙江省市场监督管理局批准发布了《"品字标浙江制造"品牌服务评价要求》(DB33/T 2221—2019)(详见附录5)。"品字标浙江制造"标准体系开始向"好服务"迈进,力争实现"好企业""好产品""好服务"三好并举,实现"A+B+C"标准体系的初步构建。具体来说,"好企业"即先进企业,体现在卓越管理、研发品控、先进制造等要素上,确保企业的质量保证能力;"好产品"即可靠产品,体现在真材实料、经久耐用、性能优化、安全保障等要素上,提高产品的性能和可靠性;"好服务"即优质服务,体现在优售后、重承诺、可追溯等要素上,提升消费者满意度。标准是质量的核心内涵,什么样的标准决定什么样的质量。三大标准体系覆盖产品全生命周期以及影响产品质量的全要素,具体涉及三层面十要素内容(见图2.4)。

---

①"浙江制造"团体标准是进行"品字标浙江制造"认证的标准,本书中也称"品字标浙江制造"标准,自《"品字标"品牌管理与评价规范 第1部分:管理要求》(DB33/T 944.1—2018)推出后,标准开始改称"品字标"团体标准。

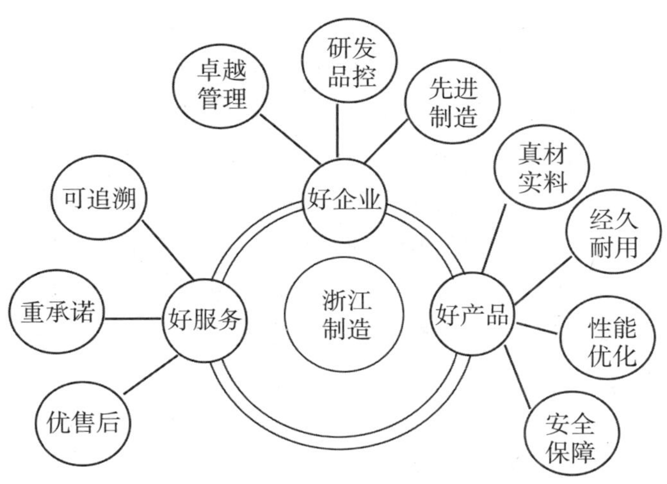

图2.4　标准体系涉及的全要素

拓展阅读

标准的概念和作用

国际标准化组织(International Organization for Standardization,ISO)对标准的定义如下:标准是由一个公认的机构制定和批准的文件。它对活动或活动的结果规定了规则、导则或特殊值,供共同和反复使用,以实现在特定领域内最佳秩序的效果。我们国家的《标准化工作指南 第1部分:标准化和相关活动的通用词汇》(GB/T 20000.1—2014)对标准的定义如下:通过标准化活动,按照规定的程序经协商一致制定,为各种活动或其结果提供规则、指南或特性,供共同使用和重复使用的文件。

标准具有非常重要的作用,主要体现在三方面:①标准与人们的生活息息相关。如饮食方面,只有符合卫生标准要求的食品,才能使人们的健康有保障;出行方面,只有符合相关标准的交通工具,才能使人们的出行乘坐有安全保障。②标准是企业生存、发展的重要技术基础。产品的竞争能力是企业生存和发展的基础和前提。而产品的品种、质量、价格等都与标准密切相关,企业要保持产品高质量,必须用一系列标准来控制和指导、设计生产,对生产经营过程中的各个环节通过技术标准、管理标准等予以严格规范。③标准是政府宏观调控的重要技术手段。为创建一个公正、公平的市场竞争环境,政府通过标准控制产品的市场准入。当市场经济中出现质量纠纷时,标准是仲裁的依据,质量监督机构也需要依据相关标准进行监督检验。此外,在法律法规中,标准也有着技术规范的重要作用,如合同法规定,合同中要有质量标准要求,食品卫生法、环境保护法等法律法规也对采用标准做了明确规定。

“品字标浙江制造”品牌认定(认证)总体评价要求体现在DB33/T 944.1—2014《“浙江制造”评价规范 第1部分:通用要求》(简称“《通用要求(2014)》”)中。《通用要求(2014)》主要遵循GB/T 19001质量管理体系要求、GB/T 19580卓越绩效评价准则、GB/T 24001环境管理体系要求及使用指南、GB/T 28001职业健康安全管理体系要求、GB/T 29467企业质量诚信管理实施规范。《通用要求(2014)》明确给出了“品字标浙江制造”品牌的定义与内涵,并从品质卓越、自主创新、产业协同、社会责任四个方面阐明了“品字标浙江制造”的特性要求。品质卓越方面,要求“品字标浙江制造”产品生产企业采用先进的管理模式和标准,保证产品制造水平稳定,技术水平达到国内一流、国际先进。自主创新方面,“品字标浙江制造”产品生产企业应掌握产品核心技术的自主知识产权,并具有持续创新能力。产业协同方面,要求“品字标浙江制造”产品生产企业在产业及浙江经济发展中发挥积极作用。具体表现为两方面,一方面企业具有对相关产业的技术引领能力,有效带动标准、产品、工艺及技术的进步;另一方面,企业应主动建立互利共赢的供应商合作关系,要求供应链中的合格供应商50%以上应源自浙江。社会责任方面,要求“品字标浙江制造”产品生产企业应诚信经营,履行企业社会责任。企业应营造诚信经营文化,按照GB/T 29467要求每年公开发布质量诚信报告;企业应主动承担公共责任,每年公开发布社会责任报告;企业应按照GB/T 24001、GB/T 28001要求,建立和实施环境和职业健康安全管理体系。

拓展阅读

质量管理体系、环境管理体系、职业健康安全管理体系

ISO 9000质量管理体系、ISO 14000环境管理体系和ISO 45001职业健康安全体系是国际著名标准。我国等同采用了上述国际标准(即通过翻译方法引用此标准),分别转化为国家标准:GB/T 19001质量管理体系、GB/T 24001环境管理体系、GB/T 28001职业健康安全管理体系。

ISO 9000标准是指由ISO/TC176(国际标准化组织质量管理和质量保证技术委员会)制定的国际标准。“ISO 9000”不是指一个标准,而是一族标准的统称,与品质管理系统有关。其中,ISO 9000的三个核心标准分别为:①ISO 9001《质量管理体系要求》中规定的要求旨在为组织的产品和服务提供信任,从而增强顾客满意。②ISO 9000《质量管理体系基础和术语》定义了应用于ISO 9001标准的术语、定义和概念,为正确理解和实施ISO 9001标准提供必要的基础。③ISO 9004为组织选择超出ISO 9001标准的要求提供指南。该标准关注能够改进组织整体绩效的更广泛的议题,包括自我评价方法指南,以便组织能够对其质量管理体系的成熟度进行评价。

ISO 14000环境管理系列标准由ISO/TC 207(国际标准化组织环境管理技术委

员会)制定,有14001到14100共100个具体标准,统称为ISO 14000系列标准。它是通过一套环境管理的框架文件来加强组织的环境意识、管理能力和保障措施,从而达到改善环境质量的目的。ISO 14000环境管理系列标准是组织自愿采用的标准。

ISO 45001是ISO在2018年3月12日发布的职业健康与安全新标准。该标准将取代OHSAS 18001《职业健康安全管理体系——规范》,因当前全球存在有40多个版本的OHSAS 18001标准,ISO 45001的发布为全球提供一个统一的职业健康安全管理体系标准,基于一个全新的框架可指导组织识别和降低职业健康安全的风险及与组织的业务过程融合,从而进一步保护工作者,并有效降低企业的潜在风险。

资料来源:根据中国国家标准化管理委员会,中华人民共和国国家质量监督检验检疫总局.质量管理体系要求(GB/T 19001—2016). 2016;中国国家标准化管理委员会,中华人民共和国国家质量监督检验检疫总局.环境管理体系要求及使用指南(GB/T 24001—2016). 2016;中国国家标准化管理委员会,中华人民共和国国家质量监督检验检疫总局.职业健康安全管理体系要求(GB/T 19001—2016). 2016等改写。

(二)"好企业"标准

"好企业"标准(即A标准)细则见《"浙江制造"评价规范 第2部分:管理要求》。截至2020年初,共有两个版本,DB33/T 944.2—2014和DB33/T 944.2—2017(简称"《管理要求(2014)》"和"《管理要求(2017)》",详见附录3)。《管理要求(2017)》与《管理要求(2014)》相比,除编辑性修改外,主要内容变化如下:增加了引言内容;增加产品认证工厂质量保证能力要求;采用《ISO/IEC导则 第一部分 ISO补充规定》的附件SL中给出的高层结构;融入《通用要求(2014)》规定的"品质卓越、自主创新、产业协同、社会责任"内容;增加第三方评价组织管理体系成熟度等级的工具。《管理要求(2017)》在体现基础性管理要求的同时,兼顾了信息化与工业化融合的基本要求,以顺应数字化、网络化、智能化发展趋势,充分应用新技术、新方法、新理念,发挥数据要素的创新驱动潜能,推动和实现数据、技术、业务流程、组织结构四要素的互动创新和持续优化,挖掘资源配置潜力,夯实工业化基础,抢抓信息化机遇,实现创新发展、智能发展和绿色发展,使组织能够应对复杂、严峻和不断变化的内外部环境及其风险。

《管理要求(2017)》规定了"品字标浙江制造"企业需要满足的组织环境和战略、领导作用、策划、支持、运行、绩效评价、改进七方面的管理要求。组织环境和战略的要求涵盖战略制定、理解相关方的需求和期望、确定管理体系的范围、管理体系及其过程等方面;领导作用的要求包括领导作用和承诺,方针,组织的岗位、职责和权限,组织治理,社会责任等方面;策划的要求包括应对风险和机遇的措施,目标及其实现的策划、变更的策划等方面;支持的要求涵盖资源、能力、意识、沟通与信息交流、成文信息等方面;运行的要求包括运行的策划和控制、产品和服务的要求、产品和服务的设计与开发、外部的提供过程、产品和服务的控制等方面。绩效评价的要求则体现在监视、测量、分析和评价，内部审核，管理评审等方面。改进的要求规定了企业如何采取必要措施进行改进，满足顾客和相关方要求并增强顾客满意，实现预期结果。

经典案例

浙江寿仙谷医药股份有限公司——领导者的家国情怀

2018年8月，由浙江寿仙谷医药股份有限公司（简称"寿仙谷"）为主起草的《破壁灵芝孢子粉》"浙江制造"团体标准由省品联会发布，并于2018年9月30日开始实施。2018年12月29日，通过"品字标浙江制造"认证，成为"品字标浙江制造"一员。2019年1月10日，国际标准化组织中医药技术委员会（ISO/TC 249）官方网站上，正式发布了由寿仙谷主导制定的灵芝国际标准。这是ISO/TC 249发布的第三个中药材质量标准，也是全球首个灵芝国际标准。寿仙谷取得如此骄人成绩的背后离不开领导者李明焱的家国情怀。

据统计，在全球植物药市场上，和中药一脉相承的日本汉方药，独占80%以上的市场份额，而中国出口中药仅占10%左右。更尴尬的是，日本汉方药的生产原料，70%以上都要从中国进口。用中国的原料、中国的配方，市场占比却是中国的8倍，这也让很多中药人苦笑。

日本汉方药能在国际市场上占据主导地位，和汉方药的规范化、标准化密切相关。日本厚生省（日本负责医疗卫生和社会保障的主要部门）制定了一系列合理且严格的中药标准。这些标准，有很多已经升级为国际标准，并成为日本汉方药走向世界的通行证。和汉方药形成鲜明对比的是，中医药在国际标准上相当弱势。

1990年，已经是"全国青年星火带头人"的寿仙谷第四代传人李明焱，被国家科委派到日本进修。那一年，是李明焱第一次切身感受到中国与日本医药的巨大差距。那一年，30岁的李明焱在心里立下了一个目标，一定要在中药的某个领域，追赶日本，获得世界的认可和尊重。

回国后，李明焱一头扎进了灵芝产业的研究。带领团队，用多年的坚持，成功选育出国内首个具有自主知识产权的灵芝新品种，也逐渐建立起省级优秀院士专家工作站。2013年，李明焱挂帅成立项目组，寿仙谷启动灵芝国际标准项目。为制定科学、客观且具有全球相关性的国际标准，项目组做了大量的基础工作：从中国、日本、韩国、北美等灵芝产区收集了数百个批次的样品，进行系统的分析检测；详尽调研已有的灵芝标准，确保检测指标的合理性。在与ISO/TC 249秘书处以及国外专家反复协商并多次论证后，寿仙谷于2015年正式向ISO/TC 249提交了《中医药——灵芝》ISO国际标准提案。之后近四年时间，对于寿仙谷团队而言，就像是在经历一场没有硝烟的"战争"，终于在2019年1月10日，迎来了灵芝ISO国际标准的正式发布。当天，距离李明焱立下目标的1990年，过去了将近30年，期待了近30年的心愿，变成现实，李明焱脸上露出了微笑，欣慰的微笑。

资料来源：根据中医药——灵芝、中医药——铁皮石斛ISO国际标准正式发布，http://www.zhejiangmade.org.cn/Web/PubInfo/NewsInfo.aspx? Params=WYBiYurA7LGinvdayT1qPN3uVL32ZLStz6IGevSd8oinhJaxqViLiW3ty9vKkjNxclKhBARqHxfMgRsXSbsFKchqRAk7zuikPNTFn20QHE-hfDYiexvVjiHt8CJDljGon改写。

（三）"好产品"标准

"好产品"标准（即B标准）是个性化团体标准，由省品联会统一组织制定并发布实施。针对不同产品，标准的具体内容是不一样的，附录6中给出了《吸油烟机》（ZZB 003—2014）"浙江制造"团体标准样例。B标准至少应包含技术要求、基本要求和质量承诺要求。技术要求首先应系统、全面地涵盖相应的国家标准、行业标准和地方标准要求，同时以提升用户体验和满意度为原则，围绕产品核心质量特性，在现有国家标准、行业标准和地方标准要求基础之上可增加或提高部分指标要求。基本要求是指产品入库前的企业内控要求，用于保障技术要求的稳定实现，至少应包括设计研发、材料和零部件、工艺装备和检验检测等要求；基本要求应精准、有效、可验证、可核实，以抓住行业痛点、体现企业先进性并引领行业发展。质量承诺要求是产品售后要求，包括追溯、保修包换、安装维护、服务响应、明示等。

拓展阅读

标准的分类

标准可以划分为国际标准、国家标准、行业标准、地方标准、团体标准和企业标准等类型。国际标准是指国际标准化组织（International Organization for Standardization，ISO）、国际电工委员会（International Electrotechnical Committee，IEC）和国际电信联盟（International Telecommunication Union，ITU）制定的标准，以及国际标准化组织确认并公布的其他国际组织制定的标准。国际标准在世界范围内统一使用。国家标准是指由国家标准化机构通过并发布的标准，不同国家有不同的国家标准，中国国家标准即中华人民共和国国家标准，简称国标GB，其他国家的国家标准例如美国ANSI、德国DIN、英国BS等。行业标准是对没有国家标准而又需要在全国某个行业范围内统一的技术要求所制定的标准，在我国，不同的行业有不同的代号如DL（电力）、NB（能源）、AQ（安全行业）等。地方标准是由地方（省、自治区、直辖市）标准化主管机构或专业主管部门批准、发布，在某一地区范围内统一的标准，我们国家负责制定地方标准的单位是省、自治区、直辖市的标准化行政主管部门。团体标准是依法设立的社会团体为满足市场和创新需要，协调相关市场主体共同制定的标准。企业标准是企业根据工作需要制定的标准，是企业组织生产、经营活动的依据，国家鼓励企业自行制定严于国家标准或者行业标准的企业标准。

资料来源：根据标准的分类，http://www.mnr.gov.cn/zt/kj/kj/tzgg_8225/201310/t20131014_2086638.html改写。

"品字标浙江制造"标准坚持"国际先进、国内一流"定位，其先进性要求在B标准上具体表现为"精心设计、精良选材、精工制造、精诚服务"四方面。在精心设计方面，"浙江制造"团体标准要求制造业企业具备雄厚的设计、研发等软实力，能在设计阶段全面考虑影响产品质量的各种因素，而且要掌握产品核心技术的自主知识产权。如在《地铁隧道轴流风机》"浙江制造"团体标准中设计风机时除考虑重力、离心力、气动力的载荷外，还应考虑周期性活塞风的冲击载荷，对于高温型风机，还应考虑热冲击载荷。在精良选材方面，"浙江制造"团体标准对关键原材料及零部件的材料要求、规格尺寸、质量指标等方面进行了严苛的控制。在精工制造方面，"浙江制造"团体标准要求企业除了具备先进的技术工艺、装备等制造能力外，还要具备一定的智能制造、绿色制造以及在线监测、检测等硬实力。如《地铁隧道轴流风机》"浙江制造"团体标准中要求企业应具备地铁隧道通风系统模拟试验能力，可进行多工况的试验并自动实现各工况的切换，用于检验和演示风机、消声器、风阀及控制系统的运行效果。在精准服务方面，"浙江制造"团体标准对质量承诺提出了较行业惯例更高的要求，通过设置多年质保、免费更换或维修关键零部件等方面的质量服务承诺，倒逼企业持续保证产品品质，提升客户使用体验。

经典案例

表2.1 《智能坐便器》标准主要技术指标对标分析

<table>
<tr><th colspan="3">关键技术指标</th><th>国际标准
JIS 4422—2011</th><th>行业、国家标准
JG/T 285
GB/T 23131</th><th>"浙江制造"标准
T/ZZB 0147—2016</th></tr>
<tr><td>安全</td><td colspan="2">漏电保护装置、清洗系统、便座加热系统异常安全保护装置</td><td>对加装漏电保护装置没有明确要求</td><td>无明确要求</td><td>必须全部加装</td></tr>
<tr><td rowspan="4">舒适</td><td colspan="2">清洗水温温度</td><td>水温:35℃~45℃
波动:无要求</td><td>水温:30℃~45℃
波动:±2.5℃</td><td>水温:35℃~42℃
波动:±2℃</td></tr>
<tr><td rowspan="3">坐圈加热温度</td><td>示值误差</td><td>无要求</td><td>无要求</td><td>±2℃</td></tr>
<tr><td>温度</td><td>35℃~45℃</td><td>30℃~45℃</td><td>≤41℃,平均值≥35℃</td></tr>
<tr><td>各点温度</td><td>无要求</td><td>≤5℃</td><td>≤10℃</td></tr>
</table>

续 表

<table>
<tr><th colspan="3">关键技术指标</th><th>国际标准
JIS 4422—2011</th><th>行业、国家标准
JG/T 285
GB/T 23131</th><th>“浙江制造”标准
T/ZZB 0147—2016</th></tr>
<tr><td rowspan="2">舒适</td><td rowspan="2">清洗洁净度</td><td>清洗力</td><td>＞0.06N</td><td>未规定具体力值</td><td>＞0.06N</td></tr>
<tr><td>清洗面积</td><td>≥80mm²</td><td>无要求</td><td>≥80mm²</td></tr>
<tr><td rowspan="3">耐久</td><td colspan="2">坐圈强度</td><td>1500N，持续10min，无变形、破损</td><td>1500N，持续10min，无变形、破损</td><td>2000N，持续10min，无变形、破损</td></tr>
<tr><td colspan="2">盖板强度</td><td>800N，持续30s，无变形、破损</td><td>800N，持续10min，无变形、破损</td><td>1000N，持续30s，无变形、破损</td></tr>
<tr><td colspan="2">整机寿命</td><td>20000个循环</td><td>20000个循环</td><td>40000个循环</td></tr>
</table>

资料来源：根据“浙江制造”品牌建设促进会.“浙江制造”团体标准《智能坐便器》(0147—2016)改写

(四)“好服务”标准

2019年8月30日，浙江省市场监督管理局批准发布了《“品字标浙江制造”品牌服务评价要求》(DB33/T 2221—2019)。“好服务”标准(即C标准)主要规定了“品字标浙江制造”品牌服务的货真价实、质量安全、服务优质、纠纷快处要求。其中，货真价实要求企业诚信守法，加强价格自律，无欺诈等违法记录；质量安全要求企业做优产品质量，规范上、下游管理，做好质量承诺公开；服务优质要求企业服务标准健全、服务资源有保障、服务过程规范、顾客售后退货无忧；纠纷快处要求企业建有便民高效的消费投诉处理机制，落实质量首负责任制，做到及时赔付。

C标准适用于“品字标浙江制造”品牌产品的服务评价，指导“浙江制造”团体标准(即B标准)“质量承诺”部分内容的编制，企业开展自我评价、自我声明及第三方评价。C标准要求产品服务规范要优于法律法规规定及相应国家标准、行业标准和地方标准的要求，可以有效提升消费者对“品字标”产品的信心，促进“放心消费”。

经典案例

杰克缝纫机——优质服务客户

在服务优质方面，杰克缝纫机(简称“杰克”)做得十分出色。关注杰克的微信公众号(“杰克缝纫机官方”)，我们会发现平均隔两天就有一条紧跟时事的推送。“如何用杰克缝纫机缝制烈火英雄同款”“我用杰克模板机给哪吒的裤子缝了个兜”“华为5G，杰克物联网，碰撞出火花了?”等等，新奇又吸睛的标题、丰满又生动的内容，带领杰克用户走进杰克缝纫机的世界，感受杰克温度。

2017年，一位用户“自称”电控出了问题，把十几台电控寄到了公司，要求维修。杰克产品选配的全都是高质量的电控，怎么会出现这种情况？快速服务中心电控组立刻以最快的速度将快递打开，一睹真相，不看不知道，一看反而更加“懵”了，十几台电控，每一台都是运行正常的电控！进一步了解后才知道，用户的电控并非坏掉，而是需要调整参数，电控组立刻与对方取得联系，将机器参数一一设定好。按理说，工作到这里就结束了，但是杰克却并不这么想：“其实这个参数调整非常简单，十几台机器，一个多小时就能调好，可是用户如果不懂就会非常麻烦。”因此，将调整好的电控快递出去之前，电控组又把参数调整的过程一一写下，以小纸片的方式，将调整方法详细清晰地传达给了用户。由此可见，杰克缝纫机不仅产品货真价实，在优质服务上也做到了极致，是“品字标浙江制造”C标准的良好典范。

资料来源：根据椒江区首张品字标“浙江制造”认证“花落”杰克缝纫机，http://www.zhejiang-made.org.cn/Web/PubInfo/NewsInfo.aspx?Params=WYBiYurA7LEqu9oGzq5TeJDLRFLhqBMEQ01gpTJmPjmCImS5jtPmR% 2btUpdbvPgsbkr50hR3aZU% 2bqRXTs0Z6R2mb3NtenV% 2fDSTP6fsp-WA%2bkeUh%2fbm9EIGZl2I%2bL3xvGP%2f改写。

二、品牌标识

“品字标浙江制造”品牌标识包括认证标志和品牌标识。2015年4月30日，“浙江制造”国际认证联盟发布了第一版《“浙江制造”认证证书和标志使用规范》，该文件对认证标志进行了说明。“浙江制造”认证标志的基本图案由方形、“品”字的基本图形、“浙江制造”国际认证联盟的中文简写“浙江制造”、英文简写“ZHEJIANG MADE”组成。其中的“品”字源自古代书法大家王羲之《兰亭序》中的“品”字，品字和方形象征着“浙江制造”国际认证联盟认证制度的公正性和“浙江制造”产品的质量保证。“浙江制造”表明认证标志的所有权和授权使用认证标志的监督管理责任。获得“品字标浙江制造”认证的企业可以在产品广告等宣传材料中使用认证标志，也可以在通过认证的产品及其包装上标注认证标志。标识图案如图2.5所示。

图2.5 “品字标浙江制造”认证标识

2019年1月18日，浙江省市场监督管理局发布的《“品字标”品牌管理与评价规范 第1部分：管理要求》(DB33/T 944.1—2018)中将“品字标”品牌进行了延伸(详见附录2)，包含了“品字标制造”“品字标服务”“品字标农产”“品字标建造”“品字标生态”五个子品牌，提出了“品字标”品牌标识，如图2.6所示。浙江省品牌建设联合会受浙江省市场监督管理局委托，负责“品字标”品牌标识的统一确认授权和使用管理工作。

“品字标”品牌标识整体为方形，英文表述为“DEFINED QUALITY”。通过将中国书法笔意与英文字母融为一体,体现东方意蕴的现代演绎与多元共融;标识正中突出"品"字,体现"品字标"品牌至精、至诚、至远的核心价值,代表浙江质造、浙江创造、工匠文化和浙商精神的内涵特质;外框字样"DEFINED QUALITY",表达"质量由我们定义"的品牌寓意和"高标准,高品质"的品牌定位。外部方框与文字组成了印章形态,代表"品字标"品牌对市场、对社会的硬承诺,蕴含了政府、企业、社会三方共同发力的质量共治理念。标识整体色彩运用深红色,寓意生命与活力。"品字标"品牌标识推荐色为红色,取得"品字标"品牌标识使用授权的组织也可根据需要选用其他颜色。

图2.6 "品字标浙江制造"品牌标识

拓展阅读

品牌标识的概念和作用

品牌标识(brand logo)是一种构成品牌的视觉要素,它包含文字标识(如华为公司的中文名"华为",英文名"Huawei")和非文字标识(通常称为符号,如华为公司的扇形标志)。

品牌标识具有重要作用,一方面品牌标识能够引发人们对品牌的联想,尤其能使消费者产生有关产品属性的联想。例如,汽车品牌东风标致的标识是一个狮子,它张牙舞爪、威风凛凛的形象,使消费者联想到该车高效率、大动力的属性。另一方面品牌标识是公众识别品牌的信号灯。风格独特的品牌标识使消费者易于记忆。例如,当消费者看到三叉星环时,立刻就会想到奔驰汽车。

资料来源:根据品牌的力量,https://mp.weixin.qq.com/s/iKxYBTyuNcTsspWn2vz-aA 改写。

为进一步提高"品字标"的市场知晓度、认可度和溢价能力,有力推动"品字标"企业质效升级,聚力推动"品字标"企业贴"品字标"、用"品字标"、宣传"品字标",浙江省市场监督管理局提出打造"品字标"企业"四百示范",实现"品字标"企业贴标用标四个百分百:即质量承诺100%公示、品牌产品100%贴标、厂区车间100%亮标、广告宣传100%植入。

拓展阅读

标准、质量、品牌三者的关系

标准、质量、品牌相互依存、相互影响。标准是质量的依据,质量是标准的结果,品牌是高标准、高质量趋于极致的产物。没有高标准就不会有高质量,没有高质量就不会有好品牌。

(一)标准与质量的关系

首先,标准是质量评价的依据。GB/T 19000《质量管理体系基础和术语》对质量的定义是:一组固有特性满足要求的程度。这个“要求”就是“标准”。由此可知,标准是质量的依据,质量的好坏,与标准具有直接的关系,评价质量离不开标准,没有标准就无法评价质量的好坏,这就是标准与质量最基本的关系。其次,质量要求是标准的核心。作为生产、工作、服务等各项活动的准则和依据的标准,需要明确提出一些应该达到的,并能够运用一定方法进行检验的质量要求,这些质量要求构成了标准的核心。

(二)质量与品牌的关系

首先,消费者对产品质量的感知会受到品牌的影响。品牌能够改变顾客对质量的认知,这种改变伴随着顾客的奇妙的心理变化而出现。一般来说,顾客会对名牌产品产生高质量的联想。其次,质量是打造品牌的基石。质量历来被视作品牌的生命,企业的产品要开拓市场,最重要的条件是产品的高质量。树立品牌质量在消费者中的信誉,就可以赢得市场,扩大市场份额,企业就可以持续发展。

资料来源:根据杨建东等.浅谈标准,质量与品牌之间的关系.中国标准化,2019:56-59修改。

第三节 “品字标浙江制造”发展现状

“品字标浙江制造”自提出以来,通过几年的实践,已形成了一套较为完善的品牌建设制度体系,得到了广大企业和组织的积极响应,制定了一批“国内一流、国际先进”的“浙江制造”团体标准,一大批企业通过对标达标实现了“品字标浙江制造”品牌认证,增强了企业与产品的市场竞争力,国内外品牌影响力不断攀升,多个传统产业实现迭代升级,企业和产业逐步走向价值链、产业链的中高端,“品字标浙江制造”建设成效显著。

一、标准研制与认证实施情况

经过多年的快速发展,“浙江制造”团体标准制定数量和“品字标浙江制造”认证数量呈现出强劲的增长态势。2014—2019年,浙江省累计发布“浙江制造”团体标准(B标准)1502项,发放“品字标浙江制造”认证证书962张,国际认证证书150张,培育“品字标浙江制造”认证企业564家,授权“自我声明”证书400张,培育“自我声明”企业230家,国际证书152张。标准研制与企业培育精准聚焦数字经济“一号工程”,全面辐射浙江十大重点传统制造业(纺织、服装、皮革、化工、化纤、造纸、塑料橡胶、非金属制品、有色金属加工和农副食品加工),基本覆盖战略新兴产业(节能环保、新兴信息产业、生物产业、新能源、新能源汽车、高端装备制造业和新材料),"品字标浙江制造"区域公共品牌的影响力与日俱增。以下将着重从时间维度、认证机构类型、区域分布、行业分布和认证模式等角度对"浙江制造"团体标准和"品字标浙江制造"认证情况进行说明。

(一)"浙江制造"团体标准研制基本情况

首先,从时间维度来看,自2014年浙江省政府印发《关于打造"浙江制造"品牌的意见》以来,"浙江制造"团体标准呈现出渐进式快速发展态势(见图2.7)。2014年,"浙江制造"团体标准研制正式启动,当年发布标准3项。2015年,国务院印发《深化标准化工作改革方案》,明确提出"培育发展团体标准",在此号召下,浙江省当年发布"浙江制造"团体标准35项,标准建设工作渐入正轨。2016年,随着标准化改革工作的进一步深化,"浙江制造"团体标准实现了第一次跨越式发展,当年发布标准数量达116项,增长率高达305%。2017年,"浙江制造"团体标准继续保持平稳快速发展,累计发布标准数量上升至296项。2018年,十二届全国人大三十次会议上新修订的《中华人民共和国标准化法》正式实施,首次明确赋予了团体标准的法律地位,得益于此,"浙江制造"团体标准呈现爆炸式增长,当年发布标准数量达625项。2019年,"品字标浙江制造"为企业带来的效益与日俱增,不断吸引大批企业积极投入,推动"浙江制造"团体标准进一步发展,当年发布团体标准581项。截至2019年年底,"浙江制造"团体标准数量累计1502项。

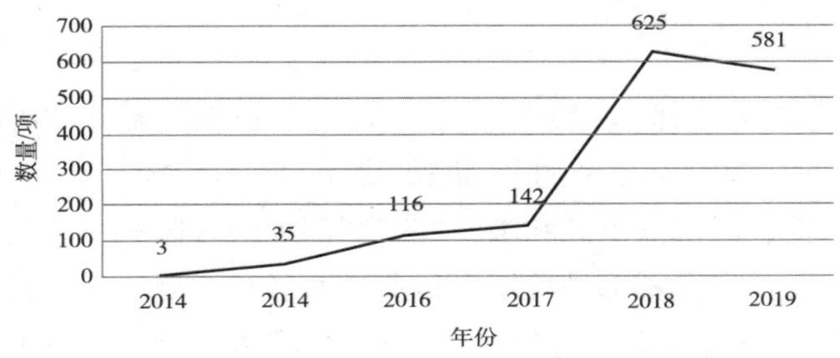

图2.7 "浙江制造"团体标准发布数量

资料来源:浙江制造品牌建设网,http://www.zhejiangmade.org.cn.

其次,从区域分布来看,浙江省内各地区"浙江制造"团体标准制定情况差异较为显著,杭州、宁波、金华、嘉兴等地标准研制活动较为活跃(见图2.8)。截至2019年年底,杭州市研制"浙江制造"团体标准数量最多,共计242项,占全省标准总数的16.60%,即每100项标准中有16项出自杭州。宁波、金华、嘉兴、温州、台州、绍兴和湖州七市间差距较小,标准研制数量分别为203项、183项、170项、162项、155项、137项和126项,总体发展平稳。尽管各地区都有序投入并开展标准研制工作,但衢州、丽水和舟山三座城市还是明显落后于省内其他地区,尤其是舟山市,标准研制数量不及杭州的10.00%,仅有21项。

拓展阅读

全国团体标准发展情况

2015年3月，国务院发布的《深化标准化改革方案》中，第一次将团体标准作为国家标准体系的一部分，鼓励具备相应能力的学会、协会、商会、联合会等社会组织和产业技术联盟协调相关市场主体共同制定满足市场和创新需要的标准，供市场自愿选用，增加标准的有效供给。

作为“制造大省”，浙江省积极响应国家政策，坚持市场化运作和政府引导推动相结合，创造性地打造全国首个区域型公共品牌“品字标”，以引导、鼓励企业和社会团体制定团体标准为抓手，促使浙江省在团体标准的制定主体、制定数量、活跃程度等方面均处于国内领先水平，有力推动了全省工业化和现代化进程。

截至2019年12月31日，全国团体标准信息平台上共有2483家地方社会团体进行了注册，共计公布了8205项地方团体标准，我国团体标准发展呈现出稳步增长的态势。全国团体标准信息平台注册的2483家地方社会团体中，浙江省拥有221家，数量仅次于排名第一的广东省；8205项地方团体标准中，浙江省公布团体标准数量多达1644项，其中有1153项由浙江省品牌联合会公布，稳居全国之首。

资料来源：根据全国团体标准信息平台，http://www.ttbz.org.cn；全国团体标准信息平台，http://www.ttbz.org.cn改写。

再次，从标准发布的行业来看，根据中国标准文献分类法，截至2018年年底，“浙江制造”团体标准共涉及轻工、文化与生活用品、机械、电工、化工等23个类型产品（见图2.9）。浙江作为全国首个国家信息经济示范区和唯一“两化”深度融合国家示范区，其智能制造水平不断提升，在轻工纺织、汽车及零部件等重点行业中开展智能制造示范，促进了这些行业的技术改进和质量提升，由此也带动了这些行业标准研制数量的增加。同时，浙江省各区块的产业发展基础和产业集群状况均不相同，因此，各地区研制“浙江制造”团体标准的行业侧重点也各有不同（见表2.2）。例如，绍兴市纺织产业集群优势明显，在生产规模、市场销量、产业链的完整性和设备先进性上均为全国之最，因此，绍兴市发布的标准中，纺织行业的数量最多，占全市标准发布总量的16.70%；台州市是现今中国规模最大、企业最多的缝制设备生产和出口基地，被授予“中国缝制设备制造之都”荣誉称号，在标准研制上以机械行业为主要方向，发布的机械类标准数量占台州市标准总量的25.00%。

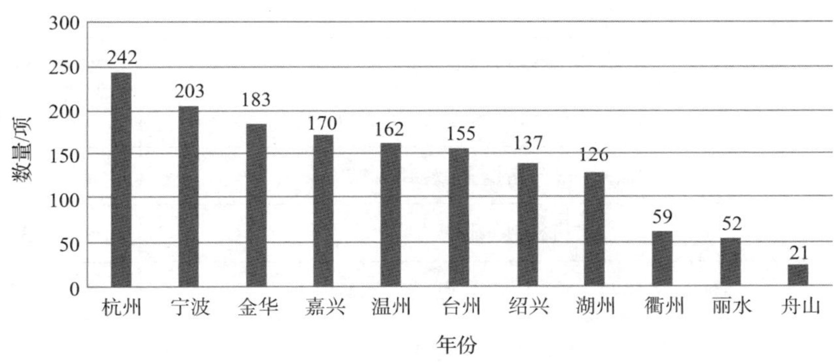

图2.8 浙江省各地区"浙江制造"团体标准发布数量

资料来源:浙江制造品牌建设网,http://www.zhejiangmade.org.cn.

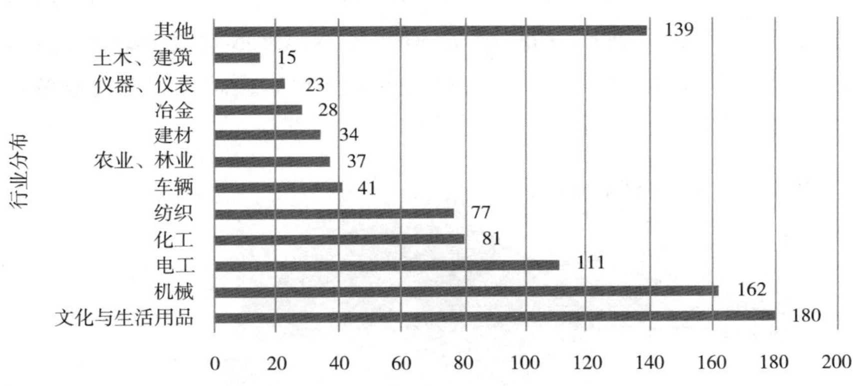

图2.9 "浙江制造"团体标准行业分布情况

资料来源:浙江制造品牌建设网,http://www.zhejiangmade.org.cn.

表2.2 浙江省各地区"浙江制造"团体标准行业分布情况

地区	发布最多的标准类别	占地区发布标准总数/%
绍兴市	纺织(化学纤维、针织品、织部机械与器具)	16.70
杭州市	机械(滚动轴承、压缩机、风机)	18.80
湖州市	轻工、文化与生活用品(家具制品、家具附件)	19.60
宁波市	轻工、文化与生活用品(家用电热器具、办公用品及办公机具)	22.10
嘉兴市	轻工、文化与生活用品(服装、服饰品、毛皮、皮革与人造革制品)	22.20
金华市	电工(电动工具、控制电器)	25.00
衢州市	机械(大型机械)	25.00

续　表

地区	发布最多的标准类别	占地区发布标准总数/%
台州市	机械(模具、气动工具、机床综合、压缩机、风机)	25.00
温州市	机械(阀门、仓储设备、装卸机械)	25.00
舟山市	机械(紧固件)	33.30
丽水市	轻工、文化与生活用品(纸、鞋、靴、家具制品)	53.60

资料来源：浙江制造品牌建设网，http://www.zhejiangmade.org.cn.

最后，从牵头单位来看，研究院是“浙江制造”团体标准研制和发布的主要牵头单位(见图2.10)。截至2018年年底，在各类牵头单位中，研究院稳居榜首，占比高达57.60%；其次是普通企业，占比22.10%；各类行业协会占比8.30%；检测院与认证检验中心分别占比3.50%与1.40%。表2.3详细列出了研制发布“浙江制造”团体标准数量最多的前十位牵头单位及其相应的发布次数和占比情况，可以看出，浙江省标准化研究院发布标准频数最高，平均4项标准中就有1项由其牵头制定。

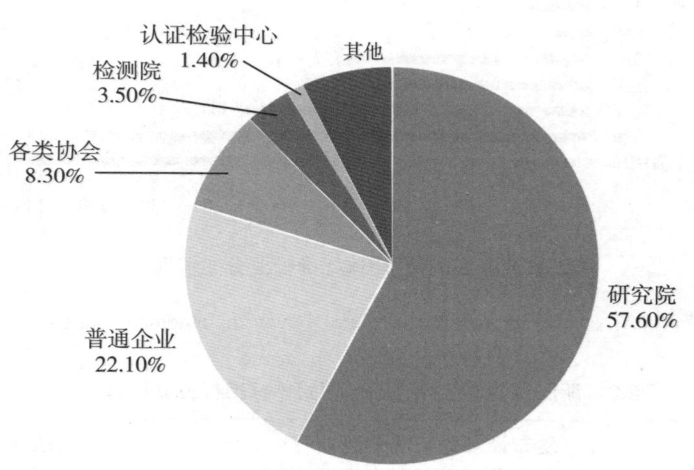

图2.10　“浙江制造”团体标准研制牵头单位分布情况

资料来源：浙江制造品牌建设网，http://www.zhejiangmade.org.cn.

(二)“品字标浙江制造”认证基本情况①

首先，从时间发展来看，截至2019年年底，浙江省共颁布“品字标浙江制造”认证证书

① “品字标浙江制造”认证基本情况主要针对“第三方认证”模式进行分析。

表2.3 "浙江制造"团体标准研制牵头单位排行榜

排名	单位名称	发布次数/次	占比/%
1	浙江省标准化研究院	239	25.75
2	宁波市标准化研究院	69	7.44
3	浙江方圆检测集团股份有限公司	68	7.33
4	浙江蓝箭万帮标准技术有限公司	49	5.28
5	浙江省纺织测试研究院	42	4.53
6	浙江省计量科学研究院	33	3.56
7	绍兴市质量技术监督检测院	31	3.34
8	浙江省产品质量安全检测研究院	30	3.23
9	台州市标准化研究院	28	3.02
10	浙江省质量合格评定协会	26	2.80

资料来源:浙江制造品牌建设网,http://www.zhejiangmade.org.cn.

962张,涉及认证企业564家[①],如图2.11所示。2014—2019年,"品字标浙江制造"品牌认证快速发展,颁布的认证证书数量逐年快速上升,分别为4张、37张、36张、133张、266张和486张,特别是2017年和2018年,增长率分别为269%和100%,均处于较高水平。在政府大力支持下,"品字标浙江制造"品牌影响力快速提升,一大批企业主动出击,根据"浙江制造"团体标准,进行对标并申请认证,促使认证企业数量出现爆发式增长,2019年,累计564家企业通过认证,成为"品字标浙江制造"认证企业(多次认证的企业计为1家)。

其次,从认证机构类型来看,"品字标浙江制造"企业培育与"品字标浙江制造"认证证书的发布均以国内认证机构为主,见表2.4。截至2019年年底,国际认证联盟的14家高品质认证机构共计颁发"品字标浙江制造"认证证书962张,培育"品字标浙江制造"认证企业564家。其中,CQM、万泰和CQC是"品字标浙江制造"认证的主要机构,且均属中国内资认证机构,三家累计培育"品字标浙江制造"企业数量、发布"品字标浙江制造"认证证书数量均超过总量的60%。在国际认证机构中,汉德完成企业认证、发布认证证书数量最多,分别为65家和109张。

① "品字标"认证信息查询方式:1.微信公众号"浙江制造品牌建设"——"掌上平台"——"品字标"认证信息查询;2.浙江省品牌建设联合会(http://www.zhejiangmade.org.cn):信息发布——浙江制造认证——证书查询。

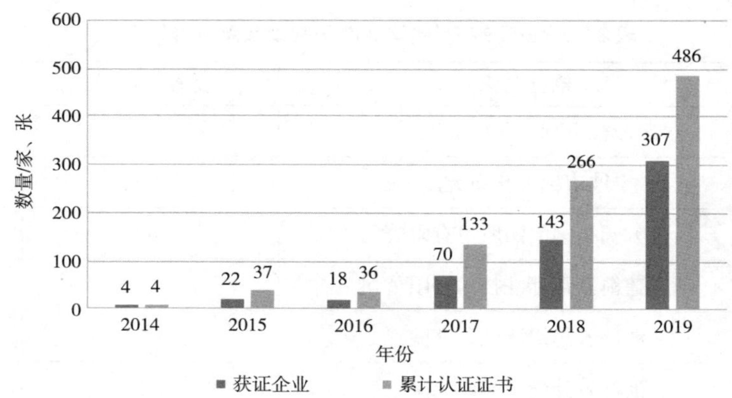

图2.11 "品字标浙江制造"认证企业与认证证书数量分布情况

资料来源:浙江制造品牌建设网,http://www.zhejiangmade.org.cn.

表2.4 国内外机构发布认证情况

认证机构名称	简称	认证企业/家	占比/%	发布证书/张	占比/%
方圆标志认证集团	CQM(中国)	136	24.1	223	23.2
杭州万泰认证有限公司	万泰(中国)	135	23.9	236	24.5
中国质量认证中心	CQC(中国)	76	13.5	115	12.0
杭州汉德质量认证服务有限公司	汉德(国际)	65	11.5	109	11.3
通标标准技术服务有限公司	SGS(国际)	65	11.5	112	11.6
上海天祥质量技术服务有限公司	ITS(国际)	34	6.0	78	8.1
南德认证检测(中国)有限公司	南德(国际)	19	3.4	30	3.1
必维欧亚电气技术咨询服务(上海)有限公司	BV(国际)	16	2.8	39	4.1
威凯认证检测有限公司	威凯(中国)	8	1.4	8	0.8
苏州UL美华认证有限公司	UL(国际)	7	1.2	9	0.9
莱茵检测认证服务(中国)有限公司	莱茵(国际)	1	0.2	1	0.1
中国建材检验认证集团股份有限公司	国检集团(中国)	1	0.2	1	0.1
中国船级社质量认证公司	CCS(中国)	1	0.2	1	0.1
浙江方圆检测集团股份有限公司	FYT(中国)	0	0.0	0	0.0
合计		564	100	962	100

资料来源:浙江制造品牌建设网,http://www.zhejiangmade.org.cn.

再次,从地区分布状况来看,"品字标浙江制造"认证的企业和证书数量在区域分布上较不均衡(见图2.12、图2.13)。截至2019年年底,宁波、台州、杭州、金华和嘉兴五地"品字标浙江制造"获证企业数量(91家、85家、84家、77家和66家)与获得认证证书数量(164张、146张、134张、124张和121张)均领先省内其他地区,上述五地共占认证企业、认证证书总量的71.4%和71.6%,而衢州、丽水和舟山等地区的认证企业和认证证书数量较少。从整体发展基础水平来看,宁波等五地在经济、社会、科教、文化和生态等综合发展水平上为企业开展标准研制和认证提供了全方位的支撑和保障;从政策扶持力度来看,宁波等五地出台的扶持政策较多、配套设施较为完善,当地政府从抓好顶层设计,完善政策配套,强化服务指导着手,引导制定扶持政策覆盖全市,对重点培育企业走访帮扶;从企业层面来看,宁波等五地的企业,其较高的综合实力为支撑企业持续投入研发、制定标准做出了有力保障。因此,综合排名靠前的地市,通过全面保障、大力扶持,从而推进"品字标浙江制造"认证工作取得快速发展。

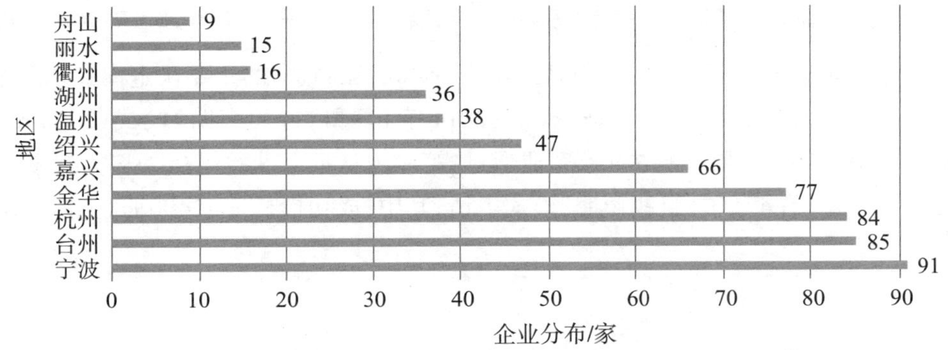

图2.12 浙江省各地区"品字标浙江制造"认证企业分布情况

资料来源:浙江制造品牌建设网,http://www.zhejiangmade.org.cn.

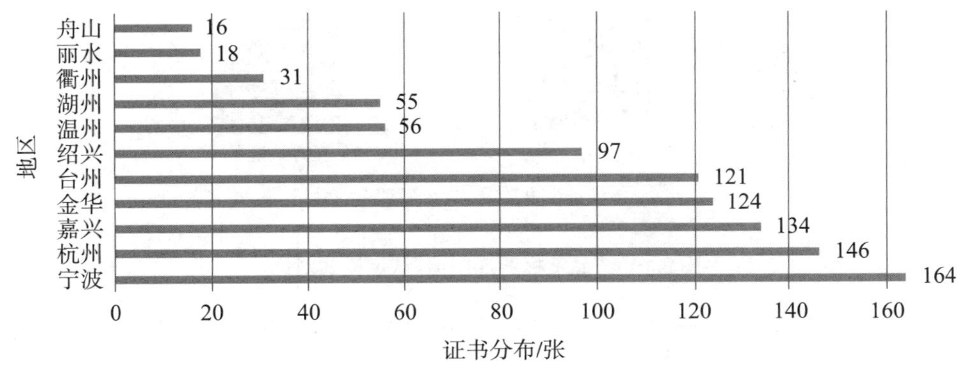

图2.13 浙江省各地区"品字标浙江制造"认证证书分布情况

资料来源:浙江制造品牌建设网,http://www.zhejiangmade.org.cn.

拓展阅读

"雏鹰行动"！浙江在全省这样培育隐形冠军企业

通过建立健全中小微企业梯度培育机制，浙江将以"品字标浙江制造"作为巨大契机，打造一批细分行业的"隐形冠军"，推动中小微企业高质量发展。第一，浙江省持续鼓励企业瞄准国际先进标准开展对标达标提升行动，到2022年，力争规模以上工业企业主导产品采标率达到70%以上；第二，支持企业主导或参与制（修）订并贯彻实施国际标准、国家标准、行业标准和先进团体标准，到2022年，力争累计主导制（修）订国际标准45项以上、"品字标浙江制造"标准3000项以上；第三，开展"品字标浙江制造"品牌培育工程，优先支持"雏鹰行动"培育企业，到2022年，争创"品字标浙江制造"品牌中小企业达到800家以上。

资料来源：根据浙江省政府．关于开展"雏鹰行动"培育隐形冠军企业的实施意见．2019改写。

最后，从认定模式来看，"第三方认证"是"品字标浙江制造"的主要认定模式。"品字标浙江制造"认定模式包括"第三方认证"模式（2014年起）和"自我声明"模式（2018年起）两种。①截至2019年年底，累计有564家企业通过"第三方认证"，获得了962张"品字标浙江制造"认证证书；累计有471项"自我声明"模式申请，其中，成功授权证书400张（见图2.14）。

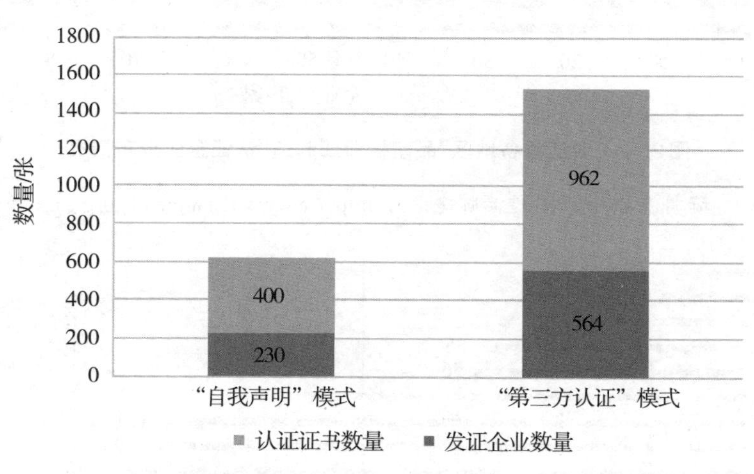

图2.14 "品字标浙江制造"认定模式对比

资料来源：浙江制造品牌建设网，http://www.zhejiangmade.org.cn.

① "自我声明"模式包含"自我声明+承诺"和"自我声明+保险"两类，有关认定模式的具体说明，详见第三章第二节内容。

二、"品字标浙江制造"发展成效

"品字标浙江制造"品牌建设工程开展几年以来，成效显著，在"点"上打响了一批能够代表"品字标浙江制造"的名品，"线"上打响了一批能够代表"品字标浙江制造"的知名行业，"面"上打响了一批有知名度的区域公共品牌，一大批实体经济由此摆脱"低端锁定"，企业效益摆脱"低谷徘徊"，诸如台州马桶盖、嵊州集成灶等一大批块状产业品质高地快速崛起，"品字标浙江制造"区域公共品牌逐渐成为中国标杆品牌和国际知名品牌，在提高企业经济效益、增强产品国内外市场竞争力、提升品牌的溢价能力和国际影响力等方面成效显著。

(一)品牌溢价提升经济效益

"品字标浙江制造"优质优价的品牌赋能给企业带来了巨大的变化，企业经济效益不断提升。2018年，浙江省"品字标浙江制造"企业的主营业务收入达6328亿元，出口交货值1135亿元，增幅达11.00%以上；2019年上半年，浙江省"品字标浙江制造"企业主营业务收入约2841亿元，利润总额343亿元，同比增长16.00%，远高于非"品字标浙江制造"企业。

在"一带一路"出口过程中，以"品字标浙江制造"为代表的企业和产品，不断推动浙江省出口商品实现更高的品牌溢价和经济回报，出口结构不断优化，优势产业与产品竞争优势更加突出。从出口企业主体来看，2019年国有企业与民营企业进出口产品持续增长(见表2.5)。从出口的商品类型来看，高新技术产品出口额1605.4亿元，同比增长14.00%(其中，太阳能电池增长最快，出口额134.3亿元，增幅59.60%)；机电作为浙江省第一大类出口商品，出口保持稳定增长，2019年浙江省机电产品出口额10130.9亿元，同比增长10.03%(机电产品中，增长最快的是汽车、金属加工机床和医疗器械，出口增速分别达到22.40%、18.30%和13.80%)(详见表2.6)。

表2.5 2019年浙江省企业进出口情况

企业类型	进出口额/元	进口额/元	出口额/元	进出口同比增长/%
国有企业	246776548143	134992031472	111784516671	5.19
外商投资企业	568828665193	221290074724	347538590469	−0.79
集体企业	77724668976	28104799861	49619869115	−9.31
私营企业	2178753615274	390287402003	1788466213271	11.56
个体工商户	3554050192	94511273	3459538919	−9.17

资料来源：中华人民共和国杭州海关，http://hangzhou.customs.gov.cn/.

表2.6 浙江省主要出口商品情况

商品类型	2019年出口额/元	2018年出口额/元	增幅/%
机电产品	1013097390700	920765337748	10.03
纺织纱线、织物及制品	293480221933	268605178210	9.26
高新技术产品	160542088040	140829358038	14.00
文化产品	100487568766	86249922456	16.51
塑料制品	87172129224	74685735034	16.72
汽车零配件	59062732922	56566818699	4.41
灯具、照明装置及零件	41766733033	38223812654	9.27
箱包及类似容器	38150522452	35669752010	6.95

资料来源：中华人民共和国杭州海关，http://hangzhou.customs.gov.cn/.

"品字标浙江制造"在给企业带来优质品牌溢价的同时，更是给地区发展带来了巨大的契机，浙江省以"品字标浙江制造"品牌建设为抓手，加速产业结构调整，加快新旧功能转化，实现价值提升，全面促进区域经济高质量发展。如浙江省慈溪市，在"品字标浙江制造"的持续推进过程中，一批家电、化纤、轴承、汽配等传统产业通过技术革新，变"制造"为"智造"，降成本、提品质，走出产能过剩、电商冲击的困局，重新焕发生机。2017年，慈溪市工业增加值861.2亿元，同比增长12.10%，其中规模以上工业增加值571.8亿元，同比增长13.20%，充分发挥了"品字标浙江制造"品牌建设对经济发展的促进作用。

拓展阅读

"品字标浙江制造"提升企业质量的量化指标

"品字标浙江制造"为浙江省企业带来了全方面的提升。以2015年获得"品字标浙江制造"认证的26家企业为例，尽管2015年"品字标浙江制造"仍处于起步阶段，但获得认证的企业已经在市场占有率、研发投入、自主知识产权等五个方面名列前茅，显示出"品字标浙江制造"的巨大潜力。

第一，"品字标浙江制造"认证企业的市场表现更突出。26家企业的平均国内市场占有率达27.70%；浙江名牌企业平均国内市场占有率仅为17.80%；浙江规模以上企业的平均国内市场占有率仅为5.70%。

第二,"品字标浙江制造"认证企业更注重技术研发投入。26家"浙江制造"获证企业R&D投入为3.10%,比浙江名牌企业高0.70%,比有R&D活动的规模以上企业高0.90%。

第三,"品字标浙江制造"获证企业在拥有自主知识产权方面走在前列。平均每家企业拥有授权发明专利24.6项,国家级新产品0.4个,分别比浙江名牌企业高15项和0.18个,而规模以上企业平均每家企业拥有授权发明专利仅为0.33项。

第四,"品字标浙江制造"获证企业更好地掌握了标准话语权。26家企业采标率达100.00%,制定国际标准2项、国家标准65项、行业标准114项,而浙江名牌企业采标率77.30%,规模以上企业的采标率为58.00%,平均制(修)订国际、国家、行业标准的数目也远远小于"浙江制造"认证企业。

第五,"品字标浙江制造"认证企业更注重社会责任和诚信建设。26家获证企业均发布了社会责任报告和企业诚信报告,而浙江名牌企业曾发布过社会责任报告的比率为28.00%,曾发布过诚信报告的比率为32.00%,规模以上企业发布此两项报告的比例较低。

资料来源:根据浙江省品牌建设联合会,http://www.zhejiangmade.org.cn/改写。

(二)产品竞争力持续增强

"品字标浙江制造"品牌建设帮助一大批企业主导或参与"浙江制造"标准研制和"品字标"认证,勤修内功,不断增强自身软硬实力,全面扩大了认证企业和产品的知名度、竞争力和影响力,有力抢占了市场话语权。例如,杭氧集团、诺力智能装备、万事利丝绸等企业得益于"品字标浙江制造"的品牌效应,迅速在各自领域打开了新的局面,逐步形成了高质量发展梯队。

杭氧集团自2015年通过"品字标浙江制造"第三方认证以来,充分利用高水平"浙江制造"团体标准助力高档次的浙江制造。无论是国内等级最大的神华宁煤六套100000m³/h空分装置,还是排名世界前列的伊朗120000m³/h空分装置,均以"浙江制造"标准为生产基线。2017年2月,杭氧与浙江石油化工有限公司就四套83000m³/h空分设备合同正式签约,这是"品字标浙江制造"又一重大国产化项目的运用,也是杭氧继神华宁煤六套100000m³/h空分装置合同签订以来的最大合同订单,该项目自2016年年初起便引来国内外各大厂商的关注,德国、法国和美国的世界空分设备知名企业陆续派出精兵强将前来争夺,杭氧以其高标准、高品质赢得了最后的胜利。

诺力智能装备是国内唯一一家实现从手动到电动再到全智能集成方案的"品字标浙江制造"企业,其"品字标浙江制造"认证产品销量年均增速达20%以上;浙江金盾风机在通过"品字标浙江制造"第三方认证后,国内市场份额迅速由39.00%攀升至51.00%;新海科技集团公司经过"品字标浙江制造"认证后,其打火机产品受到高端客户的青睐,产品销量保持年均近15.00%的增长,国内的市场份额超10.00%,打火机价格可以卖到市场上同类打火机的2~3倍。

得益于"浙江制造"团体标准和"品字标浙江制造"认证，杭州万事利丝绸产品——数码双面印花丝巾，在2016年杭州G20峰会上一经亮相，就获得了线上线下众多用户抢订，峰会期间万事利丝绸产品的销售额大幅增长超50.00%。2018年，万事利更是以数码双面印花技术与国际奢侈品集团路威酩轩正式建立重要合作伙伴关系，这代表着"浙江制造"团体标准成功走出国门。

2019年，国内唯一获得德国IF工业设计大奖、唯一获得中国专利设计优秀奖、唯一获得美国IDEA设计大奖的浙江好易点智能晾衣机，荣获"品字标浙江制造"认证，这是好易点品牌建设的又一重要里程碑。作为行业标准制定唯一组长单位与"中国制造"标准主起草单位，好易点始终坚持以品质建设为核心，塑造行业标杆企业品牌形象，打造高品质要求的浙江产品，为推动行业发展做出了积极的贡献。

拓展阅读

好易点与国际工业设计大奖

2016年2月26日，德国IF设计大奖在慕尼黑举办，浙江好易点智能科技有限公司设计的HOO8荣耀系列好易点智能晾衣机在IF工业设计大奖赛参展期间得到了国内外评委的一致好评，成为全球首家获得德国"IF设计大奖"的晾衣机品牌。IF设计奖以"独立、严谨、可靠"的评奖理念闻名于世，旨在提升大众对于设计的认知，其最具分量的金奖素有"产品设计界的奥斯卡奖"之称。奔驰、宝马、IBM、LG、三星、索尼、华硕等国际巨头齐聚IF，并展示最新的设计产品。伴随着"德国制造"在世界赢得的信誉，IF的影响力逐渐扩大到全世界的众多企业，在设计师的心目中也有着举足轻重的地位。

2017年，根据《中国专利奖评奖办法》的规定，国家知识产权局和世界知识产权组织授予"好易点智能晾衣机"外观设计专利中国外观设计优秀奖，是晾衣机行业唯一获得该奖项的企业，同时获奖的还有知名企业格力、美的、农夫山泉、大疆、上汽等。作为国家电动晾衣机标准起草唯一组长单位，好易点始终坚持加大科技投入，落实知识产权促进与保护政策体系，以行业领先的创新科技、人性化设计和精湛的制造工艺，打造出高端衣物护理行业的高品质产品。截至2017年年底，好易点已经获得德国发明专利8项，累计拥有发明专利逾200项，稳居行业翘楚地位！

2018年，享誉世界三大设计大奖之一的美国"IDEA设计大奖"获奖名单正式对外公布，好易点智能晾衣机荣耀H008以其惊艳的外观和设计理念获得了IDEA 2018 Finalist奖项。IDEA（industrial design excellence awards）于1980年诞生在美国，设立该奖项的目的在于鼓励商业界和公众更多地认识优秀的工业设计给生活质量和经济带来的影响。IDEA设计大奖、德国IF设计奖和德国的RedDot红点奖并称世界三大工业设计奖，更有“工业设计界奥斯卡奖”的名望。

资料来源：根据2016 IF大奖品牌 好易点智能晾衣架掀起全国招商热潮，http://jiaju.sina.com.cn/news/20160816/6171244992372474667.shtml改写。

随着“品字标浙江制造”品牌建设的深入推进，获得“品字标浙江制造”认证的产品以品质高端、技术自主、服务优质、信誉过硬等特征，深受广大消费者的喜爱与信赖。在2018年的“双十一”活动中，绍兴市喜临门、亿田、帅丰、洁丽雅等四家“品字标浙江制造”企业交出了漂亮的成绩单。其中，喜临门当日销售额突破3亿元，稳居床垫类产品第一；帅丰线上线下销售量齐头并进，一天销售额突破2.26亿元，同比增长近一倍；亿田仅用13分钟，就在天猫、京东线上旗舰店突破1000万元销售额，同比增长近三倍；洁丽雅1小时突破500万元，24小时达成1240万元销售额。

（三）国际影响力不断扩大

认证认可是国际通行、社会通用的质量管理手段和贸易便利化工具，被称为质量管理的“体检证”、市场经济的“信用证”、国际贸易的“通行证”。“浙江制造”团体标准和“品字标浙江制造”品牌认证在确保国际贸易企业供应链安全、全面提升供应链管理水平、提升供应链效率、促进全球供应链开放互通等方面发挥了重要作用，“品字标浙江制造”产品也因其高标准和高品质不断收获国际好评，国际影响力不断扩大。

一方面，经过多家国际权威机构的认证，“品字标浙江制造”品牌企业拥有了走向国际市场的“通行证”，有力地扩大了国际影响力，推动浙江品牌更好更快地走出国门。例如，平湖新秀集团，通过实施“品字标浙江制造”国际、国内双认证，品牌价值翻一番，国际市场美誉度明显提升；另一方面，“品字标浙江制造”标准实力已经成为企业角逐国际市场的一大利器，引领“品字标”产品以更自信的姿态走向全球。例如，浙江天铁股份有限公司制定了《轨道交通用隔离式减震垫》标准，其产品在保证列车快速出行的同时，又能降低列车运行对周围环境的影响，减震垫产品已经在国内高铁和地铁项目中得到大量应用，并远销德国、美国、俄罗斯等国家和地区。

随着“一带一路”倡议、中东欧国家合作的加速推进，浙江和国内外认证机构与企业紧密合作，用认证认可的信任之“证”，架起经贸合作的稳固桥梁。2019年9月，省品联会联合浙江省标准化研究院，通过前期的征集筛选和专业外文翻译，正式公布了首批10项“浙江制造”外文团体标准，该10项标准主要涉及电动工具和日用小家电领域，且对应产品均以“一带一路”沿线国家为主要出口国，“品字标浙江制造”翻译成外文并通行“一带一路”，意味着“品字标浙江制造”标准进一步向国际化迈进。

拓展阅读

中国国际贸易促进委员会助企业提升品牌国际影响力

——中国出口商品品牌评价

“品牌”是国家的竞争力和国际地位的核心体现，更是企业的生命所在。中国出口型企业，特别是中小出口型企业目前面临的出口压力与日俱增，企业亟须提升出口商品的质量以形成品牌影响力。

为配合国家品牌战略、标准化战略的实施，更好地引导企业增强品牌意识，提升品牌管理能力，实现从产品经营向品牌经营转变，中国国际贸易促进委员会（简称“贸促会”）商事认证中心联合中国国际贸易促进委员会商业行业委员会推出中国出口商品品牌评价业务。

此业务通过整合贸促会系统资源，以“标准化+商事认证+贸易促进”新模式助力出口型企业品牌建设。首先由中国国际贸易促进委员会商业行业委员会依据《“中国出口商品品牌评价规范”T/CCPITCSC 015—2018团体标准》出具评价报告，贸促会及授权的地方贸促会、行业贸促会根据评价报告为达标企业出具《中国出口商品品牌证明书》，使用全新纸质证书和电子证书共同作为出证载体，获证企业可以自由展示、下载证书，并在其出口商品上加贴贸促会推荐认证标识。

获证企业不仅享有贸促会和中国国际商会在海外的广泛影响力，同时贸促会系统的平台资源助力企业更好地走向国际市场，提升国际竞争力。

资料来源：根据中国国际贸易促进委员会商业行业分会．中国出口商品品牌评价规范（T/CCPITCSC 015—2018）．2018；中国出口商品品牌评价！贸促会助您提升品牌国际影响力，http://www.ccpit.org/Contents/Channel_4256/2018/0913/1061347/content_1061347.htm 改写。

第四节 “品字标浙江制造”政府支持

“品字标浙江制造”品牌是区域公共品牌，具有许多公共品的特性，在建设过程中，为避免公共品生产的“市场失灵”现象，在“品字标浙江制造”发展过程中，浙江省政府发布了许多支持政策，支持“品字标浙江制造”品牌的打造。从支持的具体内容来看，政策包括总体规划、标准制定、认证、品牌培育和宣传等方面；从针对的主体来看，政策可细分为对企业、认证联盟、省品联会、行业协会等主体的支持。由此，“品字标浙江制造”形成了一套多维度、多主体的政府政策支持体系，其中还包含针对特定地区的集中培育政策。

一、多角度协同支持

浙江省在"品字标浙江制造"总体规划、标准制定、认证、品牌培育和宣传等方面出台的具体实施意见和扶持政策，促进了浙江省标准、质量、品牌、公共服务和制度等质量基础设施的不断进步和完善，并且为浙江企业、浙江产品迈向更高品质、更高水平，走出国门提供了有效途径和保障，是浙江标准强省、质量强省、品牌强省建设的强有力保证。

总体规划方面，政府及相关部门颁布各种纲领性政策指导和推进"品字标浙江制造"的稳步发展，并根据实际情况适时调整。2013年5月，中共浙江省委十三届三次全会通过《关于全面实施创新驱动发展战略 加快建设创新型省份的决定》，提出"全面提升浙江制造品牌影响力"决策。这个决策为"品字标浙江制造"构想的提出奠定了政策基础。为了进一步明确"品字标浙江制造"建设工作所要达到的效果，2016年5月，浙江省质量强省工作领导小组制订了《"浙江制造"品牌建设三年行动计划(2016—2018年)》；2017年7月，浙江省人民政府印发《浙江省质量提升三年行动计划(2017—2019年)》，这些政策都加快了浙江制造向浙江品牌的转变。随着新环境下数字化浪潮的涌现，2018年7月，浙江省人民政府又下发了《浙江省数字化转型标准化建设方案(2018—2020年)》，提出强化"品字标浙江制造"标准数字化要求，促进传统制造业高速发展。

标准制定方面，一方面，浙江省质量技术监督局牵头相关组织研制并发布了《"浙江制造"评价规范》，规定了"品字标浙江制造"的A标准，并对B标准研制提出了明确要求，浙江省市场监督管理局发布了《"品字标浙江制造"品牌服务评价要求》，规定了品字标浙江制造的C标准。另一方面，省政府和各地市、区、县(市)政府出台了相关政策鼓励企业参与标准研制或修订。对主导或参与制(修)订并发布"浙江制造"团体标准的企业，各市县分别给予5万～100万元的资金补助，部分政策见表2.7。例如，温州洞头区对主导制定"浙江制造"团体标准的企业给予30万元的资金奖励。台州温岭市对参与制定"浙江制造"团体标准并发布的企业资金奖励最多可达100万元。在舟山普陀区，除了现金奖励，对牵头制(修)订"浙江制造"团体标准和获得"品字标浙江制造"认证的企业还优先推荐参评各级政府质量奖。通过这些政策可以看出，各地政府重视并努力推动"品字标浙江制造"在当地的发展，对积极参与标准制定的企业给予资金奖励是其主要的支持方式。

表2.7 浙江省部分地区"浙江制造"团体标准制定奖励政策

地区	政策/文件	奖励细则
宁波鄞州区	《鄞州区"浙江制造"品牌培育试点实施方案》(2016年)	对主持制定"浙江制造"标准的企业单位补助15万元
金华市	《关于扶持"浙江制造"品牌发展的实施意见》(2016年)	对主导和参与制定"浙江制造"标准并发布的企业分别给予20万元和10万元奖励

续　表

地区	政策/文件	奖励细则
丽水龙泉市	《关于深化工业强市战略推进生态工业转型发展的若干意见》(2017年)	发布“浙江制造”标准奖励10万元
舟山普陀区	《关于大力推进“浙江制造”品牌建设的实施意见》(2017年)	对牵头制(修)订“浙江制造”产品标准的企业予以奖励20万元,并优先推荐参评各级政府质量奖
杭州滨江区	《关于进一步加强知识产权工作的实施意见》(2018年)	企业主导制定“浙江制造”标准、参与制定“浙江制造”标准并发布的,分别给予企业10万元、5万元的奖励
杭州富阳区	《关于实施高新工业强区战略的若干政策意见》(2018年)	奖励主导制定“浙江制造”标准的企业20万元
台州温岭市	《中共温岭市委 温岭市人民政府关于进一步推进产业优化升级振兴实体经济的若干意见》(2018年)	每家企业每年参与标准制(修)订补助最高可达100万元,并新增主导“品字标浙江制造”标准起草工作一次性补助20万元等激励政策
湖州吴兴区	《关于进一步加快吴兴区服务业发展的二十条政策意见(修订)》(2018年)	对主导制定“浙江制造”产品标准的企业,给予一次性奖励20万元;对参与制定“浙江制造”产品标准的企业,给予一次性奖励10万元
温州洞头区	《关于加快海洋经济高质量发展促进海洋强区建设的资金扶持办法(试行)》(2018年)	对主导制定“浙江制造”标准的企业,给予30万元奖励
嘉兴嘉善县	《嘉善县“浙江制造”品牌培育试点县工作实施方案》(2019年)	对获得“浙江制造”品牌认证的企业每个产品给予25万元奖励,为主制定“浙江制造”团体标准每项标准给予10万元奖励

认证方面,各地政府出台政策,鼓励企业参与“品字标浙江制造”认证和“品字标浙江制造”国际互认。在浙江省各地区出台的一系列鼓励认证的相关政策中,主要以现金奖励或补助为主(见表2.8)。其中,对通过认证企业补助最高的是金华市和台州玉环县,奖金达50万元。温州洞头区为了推进企业持续地参与认证,对首个产品获得“品字标浙江制造”品牌认证的企业,给予30万元奖励,后续每新增一个不同产品“品字标浙江制造”认证的,再给予10万元奖励;企业通过非认证渠道获得“品字标浙江制造”使用权限,被认定为“品字标浙江制造”企业的,给予一次性10万元奖励。另外,台州玉环县对取得“品字标浙江制造”国际互认证书的企业,额外再给予5万元奖励,体现出政府对国际认证证书的重视。总体来说,现金奖励或补助方式不仅激励更多的企业参与“品字标浙江制造”认证活动,更是对获得认证的企业产品的肯定。

表2.8 浙江省部分地区"品字标浙江制造"认证奖励政策

地区	政策/文件	奖励细则
宁波鄞州区	《鄞州区"浙江制造"品牌培育试点实施方案》(2016年)	通过认证企业补助10万元
金华市	《关于扶持"浙江制造"品牌发展的实施意见》(2016年)	获得"品字标浙江制造"品牌认证的企业给予50万元奖励资金
丽水龙泉市	《关于深化工业强市战略推进生态工业转型发展的若干意见》(2017年)	获得"品字标浙江制造"品牌认证奖励8万元
舟山普陀区	《关于大力推进"浙江制造"品牌建设的实施意见》(2017年)	获得"品字标浙江制造"品牌认证的企业予以奖励20万元,并优先推荐参评各级政府质量奖
杭州滨江区	《关于进一步加强知识产权工作的实施意见》(2018年)	获得"品字标浙江制造"品牌认证的企业获得20万元奖励
杭州富阳区	《关于实施高新工业强区战略的若干政策意见》(2018年)	奖励新获"品字标浙江制造"品牌认证企业30万元
温州洞头区	《关于加快海洋经济高质量发展促进海洋强区建设的资金扶持办法(试行)》(2018年)	对首个产品获得"品字标浙江制造"品牌认证的企业,给予30万元奖励,后续每新增一个不同产品"品字标浙江制造"认证的,再给予10万元奖励;企业通过非认证渠道获得"品字标浙江制造"使用权限,被认定为"品字标浙江制造"企业的,给予一次性10万元奖励
台州玉环县	《关于进一步加强"三强一制造"建设加快质量提升的若干意见》(2019年)	通过"品字标浙江制造"产品认证的,一次性给予奖励50万元,取得"品字标浙江制造"国际互认证书的企业,额外再给予5万元奖励

最后,各地区政府出台"品字标浙江制造"相关配套政策促进品牌培育和宣传。根据区域产业特点,行业整体质量、品牌和效益水平等具体情况,各地区层面出台了许多促进"品字标浙江制造"品牌建设的配套政策、措施和奖励机制。从表2.9可以看出,各地区在品牌培育方面采取的政策主要有以下三点。第一,为了让县(区)政府以及企业明确品牌发展的重要性,将品牌培育工作纳入市政府对县(区)质量工作考核内容。第二,对品牌培育工作落实较好的企业进行直接资金奖励,在政府采购项目,参加国内外知名展会,挂牌、上市后备企业培育等方面给予重点扶持。第三,充分利用广播、电视、报刊、网络等媒介,加大对打造"品字标浙江制造"品牌工作的宣传力度,营造良好的社会舆论氛围。注重总结、推广"品字标浙江制造"品牌培育工作中的好经验、好做法,挖掘培育"品字标浙江制造"品牌企业成功案例,充分发挥典型的示范带动作用,引领更多的企业迈入"品字标浙江制造"先进行列,促进质量效益

提升和产业转型升级。[①]

表2.9　浙江省各地区"品字标浙江制造"品牌培育政策

地区	政策/文件	相关内容
绍兴	《大力推进"浙江制造"品牌建设的实施意见》(2014年)	把推进实施"品字标浙江制造"品牌工作纳入区、县政府的质量工作考核;对获得"品字标浙江制造"产品认证的企业加大财政资金和政策支持;引导和鼓励使用"品字标浙江制造"品牌产品
舟山市	《关于大力推进"浙江制造"品牌建设的实施意见》(2015年)	强化政府主导,将打造"品字标浙江制造"品牌工作纳入市政府对县(区)质量工作考核内容
宁波市	《关于推进"浙江制造"品牌建设的实施意见》(2015年)	对"品字标浙江制造"标准制定和产品认证企业,给予相应奖励
湖州市	《湖州市"浙江制造"品牌建设三年行动计划(2016—2018年)》(2016年)	制定了加快开展质量、标准、品牌三大升级行动,大力实施标准提档、质量提升、创新能力提升、品牌培育等七项重点计划,着力打造高品质、高端化的"品字标浙江制造"品牌
金华市	《关于扶持品字标"浙江制造"品牌发展的实施意见》(2016年)	对获得"品字标浙江制造"品牌认证的企业给予50万元奖励,对主导制定"品字标浙江制造"标准的企业给予20万元奖励。同时在政府采购项目,参加国内外知名展会,挂牌、上市后备企业培育等方面给予重点扶持
杭州市	《杭州市"浙江制造"品牌建设资助经费管理办法》(2018年)	对杭州企业申报"品字标浙江制造"品牌建设资助经费的程序、金额等进行明确细化;对杭州市级相关政府部门在开展资助经费审批、分配和企业申报等环节依法落实相应法律责任

拓展阅读

永康的集中培育政策

永康市自2014年列入浙江省首批"品字标浙江制造"品牌培育试点市(县)以来,立足自身产业优势,积极参与"浙江制造"团体标准制定,创新集中培育模式,取得了显著成效。截至2019年9月底,永康市已建立70多家重点培育企业和101项重点培育产品库。全市累计主导和参与"浙江制造"团体标准73个,主导颁布"浙江制造"团体标准52项。30多家企业获"品字标浙江制造"认证证书48张,"浙江制

① 具体的品牌推广和宣传政策见第五章。

造一带一路”国际认证证书20张，品字标“丽水山耕”证书2张。无论是标准立项数，还是认证证书获得数，永康都高居金华首位，在全省县市区中也位居前列。永康的集中培育政策主要有四方面。

第一，完善政策引导。先后出台《永康市“浙江制造”品牌培育试点实施方案》《永康市“浙江制造”品牌建设三年行动计划》《永康市集中推进“浙江制造”品牌培育试点实施方案》等多项政策文件。对主导制定“浙江制造”团体标准的企业奖励20万元，对获得认证的项目奖励50万元。2018年，市财政又增设专项资金1000万元，大力度推进“品字标浙江制造”品牌建设的培训、宣贯、制标、认证和质量提升等工作。另外，企业在国内主流媒体（省级卫视及以上）投放广告并宣传“品字标浙江制造”的，按广告费用的20%予以补助，单家企业一次性最高补助30万元。

第二，精心筛选培育对象。多渠道汇集信息后，再分类甄选出重点培育行业、企业和产品，梯队进行集中培育。

第三，加大舆论宣贯推广。市政府召集所有成员单位、行业协会以及培育企业高规格举行“质量中国行”启动仪式暨“永康·浙江制造试点动员大会”，强势铺开“品字标浙江制造”培育工作。

第四，持续举办“品字标浙江制造”集中培训活动。特邀省局专家进行专题集中培训，从“浙江制造”团体标准立项、制定、管理提升、对标认证等一系列环节对企业进行宣贯指导，加快“品字标浙江制造”集中培育进程。引进多家第三方服务机构，讲授、练习、演练三位一体，以大讲堂、工作坊、沙盘PK赛、标杆企业观摩等多种形式开展集中培训，打通“浙江制造”团体标准与企业实际场景的“最后一公里”。

资料来源：根据浙江制造品质永康，http://www.zhejiangmade.org.cn/Web/PubInfo/NewsInfo.aspx? Params=WYBiYurA7LGuXxE8MeHkRYjZlYC5XeiupVTC7DhImUeMfITCwiBhU%2fLI2l5%2fD667ABPlhjSwzp6X2SQMj0KXP8SoBxns5ZnGXbk%2bS3mUQ%2bzS4F07iAHYcBMB4PA7Dxp改写。

二、多主体联动支持

从支持的对象来看，政府对企业、认证联盟、省品联会、行业协会等多元主体提供了各种政策支持。一方面保障“品字标浙江制造”体系的健康运转，另一方面也激发了多元主体的积极性，形成共治共建的良性发展格局。

从对企业的政策支持角度来看，政府对积极参与标准制定和品牌认证的企业给予多项优惠政策，包括资金支持、技术支持、融资上市等方面。在资金支持方面，建立专项资金为标准制定、产品认证以及宣传推广提供保障，如嘉兴市西塘镇设立了1500万元的专项资金。在技术支持方面，优先支持符合条件的“品字标浙江制造”品牌企业创建省级重点企业研究院、省级企业技术中心，对通过认证的“品字标浙江制造”产品，在省优秀工业新产品（新技术）、省装备制造业首台（套）产品评价过程中给予加分；申报省现代装备制造业协同创新、协同制造试点示范方案和省百企装备优化提升试点示范方案，给予项目评选加分。在融资上市方面，优先将“品字标浙江制造”品牌企业纳入拟挂牌、上市后备企业名单，帮助解决上市过程中各项制约因素，切实减轻成本负担，加快对接多层次资本市场。在浙江省市场监督管理局、浙江省人民政府金融工作办公室的指导下与省品联会共同建设符合“品字标浙江制造”品牌特色的定制板块——“浙江制造板”。重点推动“品字标浙江制造”企业的规范性培训培育、投融资对接与上市并购，通过持续和整体的资本市场培育，促进形成集质量、技术、服务、信誉为一体，市场与社会公认的“品字标浙江制造”区域公共品牌。

从对国际认证联盟的政策支持角度来看，浙江省政府给予国际认证联盟一定的经费扶持，例如，2019年，浙江省政府给予国际认证联盟600余万元的经费支持，主要支持其用于认证实施细则编制和日常工作运转。除了以经费对国际认证联盟进行直接支持外，其他更多的是对认证总体工作的支持，浙江省市场监督管理局推动各有关部门和单位支持国际认证联盟各项工作的开展；推动在省内相关产业政策和相关合格评定活动中采信“品字标浙江制造”认证结果。

从对省品联会的政策支持角度来看，首先，浙江省政府赋权省品联会负责“品字标浙江制造”公共品牌建设各项事务，使其充当政府和企业之间的桥梁；其次，浙江省政府对品联会开展标准研制和品牌建设等活动给予一定的经费支持。另外，政府推动社会力量，共同帮助省品联会解决“浙江制造”团体标准制定过程中面临的各种问题，例如以浙江省标准化研究院的标准馆藏数据库和标准动态管理系统为依托，将166万条标准题录信息、86万件文本进行共享，共涉及85个国内标准馆藏品种和67个国外标准馆藏品种。

从对行业协会的政策支持角度来看，浙江省市场监督管理局通过组织行业协会召开一系列的品牌建设工作专题会议，增强行业协会对品字标建设工作的认识，协助政府部门助推品字标建设工作高效开展。同时，充分发挥好行业协会支撑作用，推进各行业协会向先进标杆学习，主动深入推动行业协会开展改革试点，加大实施简政放权力度。浙江省政府将部分质量管理职权委托、让渡给行业协会，切实增强其在品牌培育、质量提升等方面作用的发挥；浙江省政府还给予行业协会组织标准研制和谋划企业认证等工作一定的资金支持。

拓展阅读

海盐县政府助力“品字标浙江制造”

自列入浙江省“品字标浙江制造”品牌培育试点县以来，海盐县市场监管局以标准引领、质量支撑、品牌建设合力打造“品字标浙江制造”高端区域公共品牌形象企业。截至2020年3月初，全县已制定“浙江制造”团体标准22项，获得“品字标浙江制造”认证书24张，国际认证2家，培育浙江制造重点企业69家，证书数量在全市排名前列。具体做法如下。

(一)标准引领

海盐县市场监管局鼓励企业主导或参与国家标准、行业标准和"浙江制造"团体标准制定,争当标准"领跑者",抢占标准话语权。组建"专家智囊团",邀请行业标准化专家,对企业开展一对一精准帮扶,在标准立项、起草、评审、报批等各个阶段提供"管家式"服务,累计帮助企业解决生产管理、标准研制等各类问题120余件。截至2020年3月初,全县已累计建立国家、省标准化技术机构各1个,企业参与制定国际标准1项,累计参与制(修)订国家标准、行业、团体标准212项。

(二)质量支撑

海盐县市场监管局深入开展质量对比、质量改进、质量提升等活动,引导企业在设计、生产、管理、服务等各环节逐步提升,激发企业内生动力。大力推动500余家企业导入实施ISO 9001等先进管理体系和卓越绩效管理模式,全面提升企业质量管理水平,截至2020年3月初,已有3家企业获评市长质量奖、2家企业获评浙江省人民政府质量奖。开展"百家企业对标达标活动",通过对标领军企业,推动重点企业对标一流,进一步引导企业重点产品采用国际标准和国外先进标准,全面提升企业产品质量,近三年全县采标率一直在75%以上。

(三)品牌创建

海盐县市场监管局聚焦精密工具、集成家居、核电关联等特色产业,精心筛选标杆企业和"拳头产品",建立全县69家企业"品字标浙江制造"培育计划。充分发挥"品字标浙江制造"区域公共品牌的国内外影响力,组织企业参加"品字标浙江制造"企业品牌价值评价结果发布活动、"品字标浙江制造"走进"一带一路"推介对接等活动,不断扩大海盐"品字标浙江制造"品牌企业的社会知晓面。积极帮助企业与认证机构和认证联盟对接,建立"一个标准,一次检测,一次认证,多国证书"一站式认证模式,推动金元亚麻、汇通家具先后取得《浙江制造国际互认证书》。

资料来源:根据海盐县市场监管局.以"品字标浙江制造"助力企业"行业领跑",http://www.zhejiangmade.org.cn/Web/PubInfo/NewsInfo.aspx? Params=WYBiYurA7LHRKFF%2fMJCHDJfBgVqWmcCy9xRcocWlHVgZoOayXlquA2GlupqKK5KQZ4FdhjehzqXndBVARYWODusgEiu82lNclsyj79igNGzLhBcHSB06ngX%2fsh4wGYLR改写。

课后思考

1. "品字标浙江制造"工作目前取得的成效有哪些?
2. 政府在"品字标浙江制造"的发展历程中发挥了哪些作用?
3. 采取集中培育的方式,对"品字标浙江制造"整体工作的推进有什么意义?

第三章

"品字标浙江制造"标准研制与品牌认定

学习目标

1. 了解"品字标浙江制造"团体标准研制过程、"品字标浙江制造"认定模式及过程。
2. 掌握"品字标浙江制造"标准是如何体现"好企业""好产品"和"好服务"要求的。
3. 掌握"品字标浙江制造"标准制定过程和品牌认定过程中是如何进行把关的。
4. 了解"品字标浙江制造"品牌的监管体系。

课前导读

《一次成型商务拉杆箱》"品字标浙江制造"团体标准启动会的召开

浙江卡拉扬集团有限公司(简称"卡拉扬")位于国家历史文化名城——嘉兴,主要经营箱包、箱包金属配件等,参与了《学生书包》"品字标浙江制造"团体标准和《婴幼儿腰凳背带(袋)》"品字标浙江制造"团体标准的研制,并在2019年10月11日通过了"品字标浙江制造"的认证。从2008年开始,卡拉扬开始在全国高校举办箱包设计大赛,定向培养人才,前后签约了90多位设计师入驻卡拉扬设计中心。因为这样的人才实力,卡拉扬年度研发箱包600多个,囊括了2000项国家专利。正是有了这些发明专利,才有了卡拉扬先后50次获得行业与国家荣誉,才有了卡拉扬如今行业技术标杆的地位。

2019年11月26日,一个阳光灿烂的早晨,在卡拉扬的会议室内,浙江省皮革行业协会李伟娟理事长、官敏健秘书长,海宁市皮革行业协会龚慧红秘书长,浙江省品牌建设联合会王子源工程师,浙江省产品质量安全检测研究院陈小珍教授级高级工程师、张丹云高级工程师,浙江省纺织测试研究院卢鸯高级工程师,海宁市市场监督管理局唐建波科长,浙江卡拉扬集团有限公司沈自洪董事长、品管部赵富仓经理等领导专家正在围绕《一次成型商务拉杆箱》"品字标浙江制造"团体标准展开讨论:该产品标准的适用范围是什么?产品的核心质量特性和关键技术指标是哪些?标准研制过程中需要参照的主要标准有哪些?如何与其他标准进行对比?如何进行研制……10位领导专家就此开展头脑风暴,畅所欲言。

(资料来源:《一次成型商务拉杆箱》"浙江制造"团体标准启动会暨研讨会在海宁市召开.http://www.zhejiangmade.org.cn/Web/PubInfo/NewsInfo.aspx?Params=WYBiYurA7LH5aynVa5J8Tu0Sgm7MUBTijOolJDqbbNr6%2bV9B39Eke%2ffgnrmhI0tb2MyoXDE3avgVXd6mq4sspd2vhsauR86HQEljOsVXpfuJiUZ5lIxiDq20N%2bxAqrFW4sfqeo3uaAg%2fdWLpNvaEvaKNh%2bePIZci.

【讨论】 那么"品字标浙江制造"团体标准到底是如何研制出来的呢?

"品字标浙江制造"区域公共品牌的打造是以标准和认定为抓手,通过高标准的运用实施来引领"品字标浙江制造"的高品质发展,并通过品牌认定来促使企业和产品达到高标准、高品质的要求。"品字标浙江制造"严格的标准研制流程确保了标准达到"国内一流,国际先进"的水平,规范的认定流程确保了认定的严谨性,多种认定方法的结合确保了认定的科学性。同时,"品字标浙江制造"品牌的良好运作离不开其监管体系,浙江省市场监督管理局、省品联会、国际认证联盟等监管主体对其严格的监控有利于推动浙江制造业的持续高质量发展。

第一节 "品字标浙江制造"标准研制

标准是国民经济和社会发展的重要技术支撑,拥有高标准才有高质量,构建高质量的标准是制造强国发展的必由之路。正如本书第二章所介绍的,"品字标浙江制造"标准分为"好企业"标准(A标准)、"好产品"标准(B标准)和"好服务"标准(C标准)。A标准和C标准为地方标准,是各个企业通用的标准规范,由浙江省市场监督管理局提出并归口。B标准为"品字标浙江制造"团体标准,是针对各行业、各产品个性化特点的要求,是省品联会为了满足市场和创新的需要,协调相关市场主体共同制定的标准。B标准在研制时涉及不同的产品和不同的部门,研制过程比较复杂,下面就B标准研制环节展开介绍,并对标准的研制过程及其内容进行深入解读。

一、标准研制过程

制定"品字标浙江制造"团体标准的一般程序包括:标准立项建议的提出,标准立项建议的论证,标准起草、评审、批准发布、复审和监督(见图3.1)。浙江制造标准申报系统已在省品联会官方网站(http://www.zhejiangmade.org.cn/)上线,在标准立项建议提出、标准研讨、征求意见、评审和报批阶段,申请"品字标浙江制造"团体标准制定的企业需线上完成相关材料提交和通知确认等操作,方可完成标准申报到发布的整个流程。

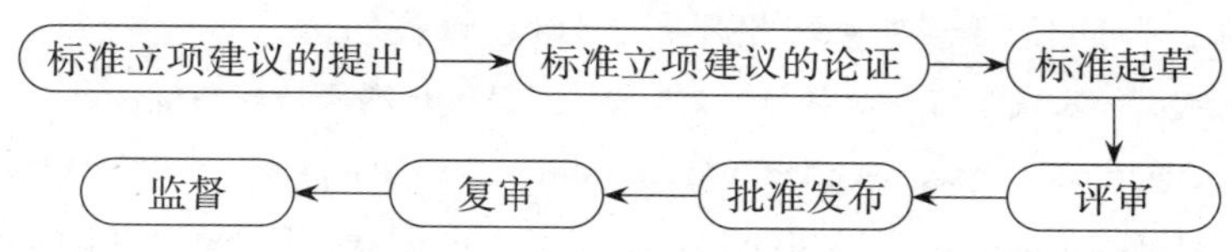

图3.1 制定"品字标浙江制造"团体标准的一般程序

在标准立项建议的提出阶段,首先由省品联会秘书处(简称"秘书处")根据"品字标浙江制造"品牌建设目标和要求,面向社会公开征集"品字标浙江制造"团体标准立项建议。各有关政府部门、标准化研究机构、检验检测机构、认证机构、专业标准化技术委员会、行业协会和企业都可以根据浙江省制造业的发展情况,向秘书处提出"品字标浙江制造"团体标准立项建议,并提交相关材料。建议立项的"品字标浙江制造"团体标准应当满足以下两点要求:第一,符合相关法律、法规和规章的规定,符合国家和浙江省相关产业政策,符合有关强制性标准和GB/T1《标准化工作导则》系列国家标准的要求;第二,主要技术指标达到"国内一流、国际先进"水平,若国际上没有同类产品,应达到国内一流水平,若国际上有同类产品,应达到国际先进水平。

标准立项建议的论证阶段主要分为形式审查、答辩会审和计划发布三个环节。在形式审查环节,由秘书处组织相关人员,对"品字标浙江制造"团体标准立项建议相关材料的文本完整性、内容完整性和项目重复性进行审查。文本完整性主要是指是否提交了《"浙江制造"团体标准项目立项建议书》(含证实性材料)、标准草案或申报产品执行标准文本、立项建议材料自查承诺等此类必要的文件;内容完整性是指相关材料是否包含了产品现行国内、国外标准的现状分析,是否说明了标准的必要性和可推广性,是否阐明了产品主要的质量特性、指标体系和国内外标准比对;项目重复性是指标准名称、范围和指标体系的雷同、交叉或一致。

拓展阅读

"浙江制造"团体标准项目立项建议书

《"浙江制造"团体标准项目立项建议书》的主要内容包括以下八个部分。

(一)标准申报信息:标准名称、产品名称、产品类型、行业分类等。

(二)申报单位基本信息:单位名称、统一社会信用代码、项目联系人、联系方式、检测合作机构、认证合作机构、国际对标/认证需求。

（三）行业背景（主要描述申报标准相应产品的国际和国内行业基本情况）：行业类别等发展趋势和发展前景、现阶段行业企业描述、配套技术服务机构基本情况、浙江省内行业现状和省内行业前五企业描述。

（四）主起草企业及产品信息：产品用途、申报产品销售额、市场地位、企业标准化基础、企业技术和管理优势、企业荣誉、其他反映企业综合实力的内容、产品执行标准、产品技术优势、主要客户群及主要销售区域（如有出口应说明主要出口地区、国家）、产品定价权、溢价水平和毛利率、产品所获的成果荣誉及重大支持/资助、其他反映产品先进的内容（例如产品进口替代情况等）。

（五）标准研制需求及目标：申报产品国内和国外标准的现状分析、标准行业应用前景分析、提出的核心技术指标或要求与现行国内外先进标准（或高端产品实物质量）的对比。

（六）标准研制计划：标准研制的时间计划及保障措施。

（七）参与起草单位：参与起草单位的名称、企业标准化基础、企业技术和管理优势、企业荣誉等。

（八）标准可行性：为主制定并已发布的"品字标浙江制造"团体标准号及标准名称、标准牵头组织制定单位的安排方式、检测机构名称及相应检验能力证明材料。

资料来源：浙江省品牌建设联合会官网标准立项申报系统，http://www.zhejiangmade.org.cn/Web/Apply/Declaration/Add.aspx？Params=JRa9iSWAbnt9TVkFBOM3rvC6o%2bvrPvn3aBF2GRQzin46nGutqczvFuzY4e4MS48mAXo4iQkj8WI%3d.

审查通过后进入答辩会审环节，由秘书处根据项目审查通过的时间，定期编制答辩会审清单，并通知各申报单位参加答辩会审。秘书处根据通知回复情况制订并公示答辩会审计划，随后，根据专业领域构建答辩会审专家组。答辩会审分为以下两个环节：①介绍环节，由申报单位答辩人员围绕"质量特性有需求、指标体系合理性、指标量化有依据、项目实施有保障"四个方面进行项目介绍。②提问环节，由专家组成员轮流主持进行提问。答辩结束后，专家组进行商议并投票表决，推荐票数低于2/3的不予推荐，予以推荐的项目由秘书处分批纳入"品字标浙江制造"团体标准拟立项计划。经秘书长审批同意后，向社会进行为期5日的公示（公示渠道：http://www.zhejiangmade.org.cn/）。经公示无异议或有异议但经协调一致的拟立项项目，由秘书处报浙江省市场监督管理局审阅批准后，发布"品字标浙江制造"团体标准制定计划，表3.1列出了部分2019年第三批"品字标浙江制造"团体标准制定计划。

表3.1　2019年第三批"品字标浙江制造"团体标准制定计划(部分)

序号	标准名称	主要起草单位	牵头组织制定单位	地市	区县	备注
1	防紫外线伞用机织物	浙江圣山科纺有限公司	浙江省纺织测试研究院	杭州	大江东	
2	连续缠绕玻璃纤维增强塑料夹砂管	浙江华丰新材料股份有限公司	—	杭州	富阳	集中培育
3	一体化通讯塔	浙江德宝通讯科技股份有限公司	—	杭州	富阳	集中培育
4	一次性使用聚醚砜微孔滤膜	杭州安诺过滤器材有限公司	—	杭州	富阳	集中培育
5	PVC专用轻质碳酸钙	浙江云峰纳米科技有限公司	浙江蓝箭万帮标准技术有限公司	杭州	建德	
6	液压缸	浙江华昌液压机械有限公司	—	杭州	临安	集中培育
7	工业用DL-酒石酸	杭州瑞晶生物科技有限公司	—	杭州	临安	集中培育

资料来源:2019年第三批"浙江制造"标准制定计划发布,http://www.zhejiangmade.org.cn/Web/PubInfo/NewsInfo.aspx? Params=WYBiYurA7LHmOVz9x4CF7uDzpcCkxAMyalrZRJ4wfS0bqG14euQLTs%2f78I8dWVf0wrHlbDnxCaSdbVoBP%2bv3%2bT09JUxAeK7BhYJYCfNdrZxMxx4vMd4K3A%3d%3d.

立项公布后,正式进入"品字标浙江制造"团体标准的研制阶段,包括启动、研讨和征求意见三个环节,主要由牵头单位负责标准制定过程的技术指导,工作组负责标准具体的制定工作。在标准制订计划发布后,牵头单位(或主要起草单位)应及时启动标准研制工作,做好宣传贯彻标准制定理念和要求、拟定工作组名单以及标准研制工作计划等前期准备后,召开启动会和研讨会。

经典案例

《浙味香肠》"品字标浙江制造"团体标准启动研讨会

2019年12月18日,《浙味香肠》"品字标浙江制造"团体标准启动研讨会在金字火腿股份有限公司召开(见图3.2)。这标志着已列入省品联会立项计划的《浙味香肠》"品字标浙江制造"团体标准制定工作正式开始。除主起草单位金字火腿公司及牵头单位金华标准化研究院相关人员外,来自金华市市场监督管理局开发区分局、浙江省肉制品协会、杭州万隆肉制品有限公司、浙江大康腌腊制品有限公司、浙江新辰食品股份有限公司、金华市食品药品检测研究院、浙江师范大学行知学院等单位的领导专家共20余人出席会议。经认真讨论研究,与会领导专家对起草单位提供的标准初稿提出了许多修改意见和建议。待起草单位修改完成后，形成修改稿，供下次专家会议审查。

《浙味香肠》“品字标浙江制造”团体标准是金华火腿协会会员企业承担起草的第二个食品类标准，是目前全省已通过评审或已立项的为数不多的几个食品标准之一，充分体现了会员企业的强大科技实力。

图3.2 《浙味香肠》“品字标浙江制造”团体标准启动研讨会召开

资料来源:《浙味香肠》“品字标”团体标准启动研讨会在金字火腿召开，http://www.zhejiangmade.org.cn/Web/PubInfo/NewsInfo.aspx? Params=WYBiYurA7LHf8KRsSu7AKz8g4ffRIlzUU%2fHHsbdMwraMd2kdMiw%2fIi1fcCQOSMPHooEExooAKNaZZkmNUfDFWUKuQk22qbeuGIpPfa3tsn1RmW6BUIN2dSHmM6NMJC3o%2fIgs7SB4OVI%3d.

在研讨阶段，应形成标准草案及标准编制说明，重点研讨并确定标准的名称、适用范围、参照的主要标准；确定产品的核心质量特性和关键技术指标，开展国内外标准先进性比对，明确拟提高或增加的关键技术指标；确定基本要求和质量承诺要求，涵盖设计、选材、制造、检测、使用、服务、回收等产品全生命周期的各个环节；对新增或提高的技术指标，系统论证其合规性、必要性、先进性、可操作性以及经济性；等等。研讨会应该着重围绕产品核心质量特性，依次从以下几个方面开展标准比对并及时跟踪最新动态：第一，与现行或已形成报批稿的国家标准、行业标准以及国际标准比对；对已有标准草案和送审稿的国家标准、行业标准以及国际标准，应予以参考。第二，与现行或已形成报批稿的国内外先进团体标准、国家或区域标准比对；对已有标准草案和送审稿的国内外先进团体标准、国家或区域标准，应予以参考。第三，与国内外先进企业或高端客户的标准比对。第四，关键技术指标和要求无法开展以上比对或有需要时，可选择其他比对对象，包括但不限于用户体验评价、国内外行业数据、先进企业样本、先进企业产品实物检测报告等。经过比对，形成“主要关键性能指标对比表”，表3.2列举了两种产品的“品字标浙江制造”团体标准、国家标准和国际标准三者的对比。经过上述研讨环节，最终形成包含技术要求、基本要求和质量承诺要求三部分的“品字标浙江制造”团体标准草案。

形成标准草案后，应由牵头单位（或主要起草单位）组织开展征求意见环节。征求对象包括同行企业、上下游用户、相关专业标准化技术委员会、教育科研机构、检验检测机构、认证机构、行业协会、消费者等利益相关方。其中，必须征求检验检测机构、认证机构、重要下游用户的意见。涉及消费者权益的，应当在省品联会官方网站上公开向社会征求意见，并对反馈意见进行处理协调，图3.3即为关于征求《高铁座椅套》“浙江制造”标准（征求意见稿）意

表3.2 容积式水表和旅行箱包主要关键性能指标对比

产品	技术指标	品字标标准	国家标准	国际标准
容积式水表	环境相对湿度	0 %~100 %;	与ISO国际标准相同	补充远程显示装置范围:0%~93%;
	压力	0.03 MPa~1MAP	与ISO国际标准相同	DN500及以上管径允许的压力至少0.6MPa
	质量承诺	提供至少6年的产品质量售后服务:客户所在地距离其所在地省会200 km及以内,24 h内到达现场; 200 km以外,48 h内到达现场。	无	无
旅行箱包	淋雨测试	防护等级IPX4	无	GS:防护等级IPX4
	缝合强度	不小于240N	不小于196N	不小于196N
	五金配件耐腐蚀性	五金配件测试24h	五金配件测试16h	五金配件测试16h
	工艺要求	满足人体工程学/环保要求	无	GS中要求满足人体工程学/环保要求

资料来源:根据浙江省浙江制造品牌建设促进会."浙江制造"团体标准《容积式水表》(T/ZZB 0224—2017),2017:3-16;浙江省浙江制造品牌建设促进会.浙江制造标准《旅行箱包》(ZZB 021—2015),2015:2-10等改写。

见的公告。征求意见完成后,经牵头单位确认,标准主要起草单位在浙江制造标准申报系统中提交反馈意见汇总表和征求意见表。已立项标准原则上必须在6个月内完成制定,如需延期,牵头单位可向省品联会提出书面的延期申请,延期时间不得超过6个月。

在"品字标浙江制造"团体标准研制完成后,就进入了"品字标浙江制造"团体标准的审评阶段,包括申请审查和组织评审两个环节。首先,工作组在研制完成后应形成标准送审稿、标准编制说明等材料,根据"五性并举"原则自查后向省品联会提出标准评审申请,并提供送审稿自查承诺、征求意见表、标准送审稿、标准送审稿编制说明等材料。其次,秘书处会对标准评审申请材料的完整性和符合性进行审查,审查通过后,还需由秘书处确定的评审专家组组长,根据"五性并举"原则对标准送审材料进行审查。两次审查都通过的,才能组建标准评审专家组进入组织评审环节。最后,在评审会上,评审专家组再次根据"五性并举"原则,对标准送审稿及标准送审稿编制说明进行审评并提出评审意见。

图3.3 《高铁座椅套》"品字标浙江制造"团体标准征求意见的公告

拓展阅读

五性并举

"五性并举"是指在标准的研制过程中应综合考虑标准内容的合规性、必要性、先进性、经济性以及可操作性并协调一致。

合规性，是指标准应符合相关法律法规、产业政策以及强制性标准要求，不得与国家有关产业政策相抵触。对于术语、分类、量值、符号等基础通用方面的内容应遵守国家标准、行业标准、地方标准的有关规定。技术要求不得低于强制性标准的有关技术要求。标准研制过程应符合标准化相关法律法规和管理办法要求。

必要性，是指在标准中提高或增加要求时，应从消费者角度切入，以改善消费体验、提升用户满意度为目的，聚焦产品核心质量特性，避免片面追求指标，避免脱离产业发展实际情况。

先进性，是指产品技术要求应涵盖国家标准、行业标准和地方标准的相关要求，原则上不低于现行推荐性标准要求。标准的核心技术指标达到"国内一流、国际先进"水平。企业能够按标准批量稳定组织生产。

经济性，是指标准核心技术指标的设置不增加或者少量增加企业成本，新增内容尽可能不产生新的风险或潜在问题。

可操作性，是指标准的技术要求均应有对应的检测方法，且可由第三方实验室检测,涉及非标检测方法的应做验证;基本要求可验证、可核实;质量承诺要求可追溯。

资料来源:浙江省品牌建设联合会.浙江省品牌建设联合会"浙江制造"标准研制细则(试行),2019:3-4.

最终的评审结论,由评审专家组进行表决,不少于专家组成员3/4以上同意为通过。未通过审评的标准,工作组应当重新起草标准,形成标准送审修订稿,再向秘书处提出标准评审申请;通过评审的标准,工作组应当在标准评审会后一个月内,根据评审专家提出的意见和建议,对标准送审稿进行修改完善,形成标准报批稿。

经典案例

《液体胶》"品字标浙江制造"团体标准通过专家评审

2019年8月8日,由宁波文具行业协会副理事长单位得力集团为主起草的《液体胶》"品字标浙江制造"团体标准通过专家组评审(见图3.4),这是协会协同培育下的以得力集团为主起草的第八个"品字标浙江制造"团体标准。

此次通过评审的《液体胶》"品字标浙江制造"团体标准在编制的过程中广泛征求、采纳了各方建议,并结合了文具产业现状和发展方向;该标准符合"精心设计、精良选材、精工制造、精准服务"四精特征,具有充分的理论、实践和验证基础。特定元素的可迁移量限值、防腐性能、总铅、总镉等安全性指标及胶体黏接性、冻融稳定循环等主要性能指标高于现行国家标准、行业标准,比肩欧美标准。标准中还体现智能制造、绿色制造要求,符合"国内一流、国际先进"水平。

浙江省家具与五金研究所教授级高级工程师梁米加、全国文具标准化技术委员会资深专家窦玮、宁波市标准化研究院质量研究中心主任周山山、宁波市产品质量检验研究中心副院长孙建强等10余位专家对《液体胶》"品字标浙江制造"团体标准文本内容进行了充分的质询和论证,对标准的先进性给予了充分肯定,并提出了完善意见。全国文具标准化技术委员会委员、宁波文具行业协会常务理事长汪勇作为本次会议的评审专家全程参加会议,并按照"品字标浙江制造"团体标准制定框架要求和"品字标浙江制造"团体标准编制理念及定位要求,从行业角度提出了建设性的建议。

图3.4 《液体胶》"品字标浙江制造"团体标准评审会

未来,宁波文具行业协会将继续鼓励、引导有条件的企业以"高标准、高品质"打造"品字标浙江制造"品牌,让更多好企业、好产品加入"品字标浙江制造"品牌建设中,提升宁波文具制造业整体品质形象和竞争能力，助推宁波文体用品产业集群建设。

资料来源：“浙江制造”团体标准《液体胶》通过评审，http://www.zhejiangmade.org.cn/Web/PubInfo/NewsInfo.aspx? Params=WYBiYurA7LEu5HOXzyIiDlZ61SEuHjKSFspwyGl026DCIknBp9w37ZcWi7GdhxrQgru8336pnyHtRIOesX9zbAXceTMz5Se2RHvq7521nSjkm5mZlj03ZM0bf6c0yHcJ.

标准报批稿形成后，工作组即可向秘书处提出标准报批申请并提交标准报批稿和标准报批稿编制说明等申请材料。秘书处组织人员对报批申请材料进行完整性和符合性审查。通过报批申请审查后，由评审专家组组长对标准报批稿及标准报批稿编制说明进行确认，经评审专家组组长确认已按评审意见修改到位后，秘书处按照《浙江省品牌建设联合会“浙江制造”标准管理办法》第十一条的规定对标准进行编号并对标准文本进行校验。校验完成后，在省品联会官网（http://www.zhejiangmade.org.cn/）予以全文发布，并免费供社会查阅。

拓展阅读

团体标准编号

根据国家标准化管理委员会发布的《团体标准管理规定》第十七条规定，团体标准编号依次由团体标准代号、社会团体代号、团体标准顺序号和年代号组成。团体标准编号方法如图3.5所示。

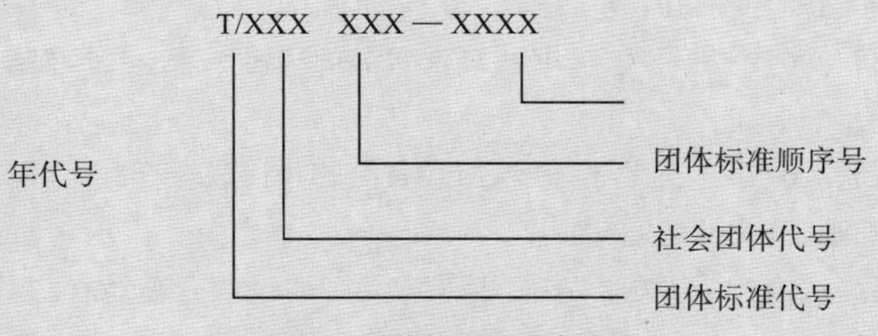

图3.5 团体标准编号方法

社会团体代号由社会团体自主拟定，可使用大写拉丁字母或大写拉丁字母与阿拉伯数字的组合。社会团体代号应当合法，不得与现有标准代号重复。

资料来源：国家标准化管理委员会.团体标准管理规定，2019:5.

在“品字标浙江制造”团体标准发布后，省品联会将定期组织复审，复审周期一般不超过三年。在标准实施过程中发现相关法律、法规、规章和强制性标准做了修订的，或国家和浙江省有关产业发展政策已做调整的，或标准的技术内容或指标已不符合“品字标浙江制造”团体标准定位要求，或引用的相关标准已做修订或废止并对本标准的内容和要求产生影响的，等等，省品联会须及时组织有关专家进行复审，确定标准修订或废止。

在“品字标浙江制造”团体标准形成的过程中，浙江省市场监督管理局会以抽查的方式，对其进行监督。对于不符合制定和复审要求的“品字标浙江制造”团体标准，责令有关单位对其进行整改。除此之外，浙江省市场监督管理局还需督促参与“品字标浙江制造”团体标准研制的企业在标准发布后一年内，对标达标成为“品字标浙江制造”企业、履行规范贴标、明示“主要关键性能指标对比表”等主体责任。省品联会定期报告未履行责任的企业信息，浙江省市场监督管理局以适当的方式进行公开，并通报标准研制单位所在地市场监督管理局及有关部门。标准起草牵头企业一年内未成为“品字标浙江制造”企业的，省品联会暂停受理其新的“品字标浙江制造”团体标准立项申请。终端消费品类“品字标浙江制造”团体标准发布实施后满三年，对标达标的“品字标浙江制造”企业不足三家的，省品联会须进行复审和修订。

拓展阅读

“品字标浙江制造”团体标准制定相关文件

B标准研制过程复杂，涉及单位众多，为了规范B标准研制过程，省品联会出台了以下相关文件进行说明：

(1)浙质标发〔2015〕144号《关于加快“浙江制造”标准制定和实施工作的指导意见》；

(2)浙促会〔2018〕6号关于印发《浙江省浙江制造品牌建设促进会“浙江制造”标准立项论证细则》的通知；

(3)浙品联〔2018〕23号关于印发《浙江省品牌建设联合会“浙江制造”团体标准专家管理办法》的通知；

(4)浙品联〔2018〕28号关于印发《浙江省品牌建设联合会“浙江制造”标准审评和批准发布细则(试行)》的通知；

(5)浙品联〔2019〕5号关于发布《浙江省品牌建设联合会“浙江制造”标准管理办法》的通知；

(6)浙品联〔2019〕10号关于发布《浙江省品牌建设联合会“浙江制造”标准立项论证细则》的通知；

(7)浙品联〔2019〕11号关于发布《浙江省品牌建设联合会“浙江制造”标准研制细则(试行)》的通知；

(8)浙品联〔2019〕12号关于发布《浙江省品牌建设联合会“浙江制造”标准审评和批准发布细则》的通知。

二、标准研制解读

前文已对“品字标浙江制造”标准体系构成进行了具体介绍，也对标准研制过程予以详细说明。下面将从"品字标浙江制造"标准如何达到"国内一流、国际先进"的定位展开详细阐述,即做到严格标准内容,切实体现"三好";严格研制流程,切实把好"四关",从而扩大优质增量供给,助推浙江制造业供给侧改革,增强浙江经济持续增长动力。

首先,严格标准内容,切实体现"三好"。"品字标浙江制造"区域公共品牌以"A+B+C"的标准体系实现"好企业""好产品""好服务"三好并举。通过高标准引领,"品字标浙江制造"区域公共品牌将培育一大批拥有卓越管理能力的"好企业",生产高品质的"好产品",为顾客提供货真价实、质量安全、服务优质、纠纷快处的"好服务"。具体来说,可以通过"品字标浙江制造"的总体目标、标准覆盖范围和四大基本理念三方面的内容,深入了解"品字标浙江制造"区域公共品牌的企业和产品是如何真正做到"三好"的。

一是从"品字标浙江制造"的总体目标看。"品字标浙江制造"坚持"国内一流、国际先进"的定位,坚持需求导向、问题导向与发展导向,坚持底线思维、用户思维和营销思维,以提高产品质量、提升用户体验、引领产业高质量发展为目的,实现以高端产品引领中高端消费市场、以高标准带动浙江制造业整体转型升级的目标。"品字标浙江制造"标准是一个高于国家标准和行业标准,比肩国际标准,代表着"先进企业、可靠产品、优质服务"的综合性、标杆性的标准体系。标准决定质量,有什么样的标准就有什么样的质量,只有高标准才有高质量。通过发挥标准的引领、规范和促进作用,越来越多的浙江企业优化了管理模式,打响了产品品牌,提高了经济效益,有效提升了"品字标浙江制造"品牌整体品质形象和竞争能力。

二是从"品字标浙江制造"的标准覆盖范围看。"品字标浙江制造"标准涵盖设计、选材、制造、检测、使用、服务、回收等产品全生命周期的各个阶段,瞄准国际先进技术水平,对产品的基本要求、技术要求和质量承诺等方面提出了更高要求。产品全生命周期管理体现了"品字标浙江制造"标准"精心设计、精良选材、精工制造、精诚服务"的核心内涵(详见第二章第二节)。"四精"理念充分考虑了产品质量、稳定性与可靠性及服务质量等影响因素,主要围绕雄厚的产品开发实力、严格的材料采购、严苛的生产过程控制、优质的服务承诺四个方面提出了具体的要求。"四精"理念引导企业从各个环节入手,结合消费者需求和市场的需要,对于高标准、高要求不断提升和改造。通过从设计、生产到市场流通的闭环质量管理,"品字标浙江制造"不断发挥标准引领和支撑作用,助力企业生产具有综合竞争力的高质量产品。

经典案例

野马电池——"四精"成就野马品质

浙江野马电池股份有限公司(简称"野马")是国内最大的干电池生产商之一,产业规模、产值、产品品质、设备制造能力、产品开发能力等都名列前茅。作为电池行业的"金字招牌","四精"成就的野马品质超过国内甚至国际标准,最为关键的放电性能在大多数应用场景下超过国家标准50%以上。

精心设计:野马具备对碱性锌—二氧化锰电池封口结构、关键零部件、整体安全进行设计的能力，保证更好的绝缘、防漏、泄放性能。同时具备电池生产线设计能力与电池使用材料和配方的设计研发能力，满足客户多样化需求。

精良选材：例如，电池正负极材料严格按照杂质含量标准，单位甚至精确到微克（1千克=10亿微克）；电池密封圈材料使用30%氢氧化钾60 ℃浸泡1000h无损伤、熔点高于200 ℃的材料。严苛的选材奠定了野马电池高品质的基石。

精工制造：为提高产品质量和生产效率，在生产过程中大量使用自动化设备和技术，如不良品自动检测识别系统、除尘净化装置、自动称重系统、数据采集技术等；同时，公司拥有完善的检验设施设备，具备对电池原材料、放电性能、安全性能的检测能力，以此保证产品质量。

精诚服务：自产品出厂36个月内，在客户正常的储存、运输、使用条件下，因产品的质量问题而不能正常使用时，野马提供免费更换服务。

资料来源："品字标""四精"成就野马品质，http://www.zhejiangmade.org.cn/Portal/Info/NewsInfo.aspx? Params=WYBiYurA7LGkQ1H3qDUXw9AjJ8P8K%2bK2RYPEZVG4Sbl5FipjnX%2b4aPVZSLoiHTeGArbetIdoLAViLDJ5fb5Cq8E900aoWl70m13LJ4eTOdI%3d.

三是从"品字标浙江制造"所贯彻的四大基本理念看。在《通用要求（2014）》中明确地提出了"品字标浙江制造"企业和产品所要贯彻的四大基本理念——"品质卓越、自主创新、产业协同、社会责任"（详见第二章第二节）。具体来说，在品质卓越方面，"品字标浙江制造"区域公共品牌要求企业引入GB/T 19580《卓越绩效准则》、GB/T 19001《质量管理体系 要求》等，加强产品和服务过程质量管控，引导企业全面提高质量管理水平、追求卓越；"品字标浙江制造"产品瞄准国内外先进技术水平，对企业技术实力、产品技术水平给出了标杆性要求，以此来提升产品附加值和产品质量。在自主创新方面，《管理要求（2017）》确切指出了自主创新能力评价标准，还提出了技术创新的激励政策和措施，设备设施的自动化、数字化、网络化和智能化水平建设等多个创新要求。在产业协同方面，《管理要求（2017）》提出企业要与关键供方和合作伙伴确立长期的良好合作关系，在生产和服务的各个环节建立紧密联系，共享信息，促进双向交流，共同提高过程的有效性和效率，确保外部提供的产品和服务等符合要求，实现产业链的高效运转。在社会责任方面，《管理要求（2017）》引入了GB/T 24001《环境管理体系要求及使用指南》、GB/T 28001《职业健康安全管理体系要求》和GB/T 29467《企业质量诚信管理实施规范》，这三项标准的引入要求企业除具备经济实力和技术能力外，还应该履行产品和服务质量安全，诚信经营，履行公共责任，做一个富有社会责任感的企业；为保证顾客的权益，"品字标浙江制造"团体标准必须包含质量承诺要求，通过质量承诺获得顾客的信任和认可，提高企业产品的信誉度，有利于企业良好形象的树立。

经典案例

双童公司——小吸管中的“大生意”

创建于1994年的义乌市双童日用品有限公司(简称“双童”)是一家专业从事饮用吸管研发、生产和销售的有限责任公司,是目前全球饮用吸管行业质量好、品种全,高端创新吸管多,市场覆盖面广的吸管生产企业,是当之无愧的“吸管行业领导者”。早在2017年,双童公司就通过了“品字标浙江制造”的认证,现已获得了三张“品字标浙江制造”认证证书。

品质卓越:公司在2009年导入卓越绩效管理模式,于2011年获得“金华市市长质量奖”。此外,公司掌握了塑料吸管生产和质量控制的核心技术,相关技术的水平居于国内乃至全球吸管行业的领先水平。

产业协同:公司与供应商建立了密切的双向沟通机制,通过电子商务、经销商微信群等形式,加深沟通和交流,形成了一条诚信、共赢的绿色价值链;公司还通过多种渠道和方式搜集不同顾客对产品各方面需求的信息,倾听他们的意见,更好地为顾客提供全面的服务。公司原辅料包装物的供应企业大多来自于浙江,合格供应商名录里,浙江企业占比57%,在发展自身的同时有效促进了下游产业和区域经济的发展。

自主创新:公司在第二个五年发展规划中明确提出“技术改造、产品创新”的发展战略,研发投入逐年递增,据财务数据统计,2014年研发投入347.1万元,2015年436.3万元,2016年1—11月417.6万元,研发投入占销售总额的比重为2.6%左右,公司目标是研发费用占销售总额的3%。研发创新是企业核心竞争力的重要来源,公司将研发创新作为工作重中之重,研发投入计划也在逐年加大。此外,双童吸管拥有200多项专利,其中8项发明专利,掌握了吸管领域全球70%的知识产权,牢牢把握了全球吸管行业的话语权和中高端产品定价权。

社会责任:公司在厂房建设之前融入“生态工厂和节能降耗”思路,建成了“雨水收集、中水回用、余热收集、屋顶绿化”等为一体的绿色生态工厂和节能降耗循环系统,成为行业的标杆。公司秉承着“做一个有社会责任的企业”使命,持续地开展环境管理工作,在保证企业效益的同时,还把握了环境效益以及社会效益,推动企业的可持续发展。

其次,严格研制流程,切实把好“四关”(见图3.6)。在标准研制过程中,主要有四个关口,通过科学统筹、标准研制流程规范化、多部门专家参与,省品联会从三“性”和四个方面严把“立项关”;从人员、方法、时间等方面聚焦“研制关”;从评审原则、目的、职责分工、专家评审等方面完善“评审关”;从复审条件、修订流程、职责分工等方面把好及时“修订关”。严把

"四个关口",遵循"五性并举"原则,保证标准研制流程的科学性和严谨性,实现品质标杆、创新领先。具体如下。

图3.6 严格研制流程,切实把好"四关"

第一,严把"立项关"。虽然标准立项阶段征集公开、流程公开、要求公开、内容公开、结果公开,但其过程却是十分严肃、细致和谨慎的。标准立项时期最为重要的是论证阶段,省品联会根据《浙江省品牌建设联合会"品字标浙江制造"标准立项论证细则》,组织有关专家对提交的"品字标浙江制造"团体标准立项建议的合规性、必要性、可行性、先进性等进行评估。论证阶段严格分为形式审查、答辩会审和计划发布三个环节,不仅要对提交材料的文本完整性、内容完整性和项目重复性进行严格审查,还需要组建专业领域的专家组在答辩会审环节对项目从"质量特性有需求、指标体系合理性、指标量化有依据、项目实施有保障"四个方面进行相关检索和论证,确保其行业影响、综合实力等满足"好企业"要求,其项目影响力、产业发展趋势、技术等满足"好产品"要求,其先进性、可操作性等满足"好标准"要求。由此可见,在标准立项阶段,重点要从三"性"和四"面"来保证三"好"。

第二,聚焦"研制关"。标准研制需要省品联会、牵头单位、标准工作组三方的共同合作,由牵头单位负责标准制定过程的技术指导,由标准研制工作组负责标准具体的制定工作,而省品联会则主要负责监督工作。在这一阶段,重点是以下三个环节:牵头单位组建工作组、标准研讨、征求意见。在组建工作组时,要广泛吸收龙头企业、行业协会、上下游先进企业、科研院所、检验检测机构、认证机构、高校、政府部门、消费者等相关方参与,多方组织的参与确保标准的合规性、必要性、先进性、经济性以及可操作性。在标准研讨时,要围绕产品核心质量特性,从多个方面开展标准比对并及时跟踪最新动态。标准比对不仅仅局限于与国家标准、行业标准以及国际标准的比对,国内外先进团体标准或区域标准,甚至是国内外先进企业或高端客户的标准也需进行比对。同时,标准比对不仅仅关注现行或已形成报批稿的标准,对已有标准草案和送审稿的标准也应予以参考,还需充分考虑设计、原材料、生产工艺、检验检测等产品形成全过程的相关要求,促进企业转变传统质量观念,构建科学严谨的质量观念,保障产品全过程质量稳定。对设定的量化指标,也应进行试验验证,确保指标的科学性和合理性。在征求意见时,征求范围也应覆盖上述的相关方来保证标准的合规性、必要性、先进性、经济性以及可操作性。此外,在研制时间上还提出了具体的要求,已立项的标准应当在6个月内完成制定。由此可见,在标准研制阶段,主要从人员、方法、时间等方面来确保研制过程的严谨性。

第三，完善“评审关”。首先，“品字标浙江制造”团体标准评审环节由核心专家与标准相关方参与，依据“五性并举”原则，由核心专家评价标准是否科学、合理、先进，由标准相关参与方评价标准是否满足用户需求以及方便认证与实施。通过此评价模式对标准进行细致的考量，为浙江制造打造卓越标准。其次，标准评审相关方职责分工明确，牵头单位的职责主要包括提出审评申请、协助召开标准评审会、牵头送审稿的修改与完善等；主要起草单位职责则包括形成全套送审资料、向审定专家介绍标准制定情况、根据专家意见继续修订标准至报批等，落实落细责任，帮助参与人员高标准、高质量做好评审工作。最后，评审环节重视专家评审，充分发挥专家的专业特长，为标准评审把好关口、做好服务。为确保专家评审环节有章可循、有据可查、有规可依，省品联会发布了《浙江省品牌建设联合会“浙江制造”团体标准专家管理办法》，最大限度地杜绝了人为操作的可能性。秘书处严格按照标准，择优动态遴选评审专家与核心专家，评审专家需德才兼备，核心专家除了需要符合评审专家的条件之外，还需深刻认识“品字标浙江制造”品牌建设意义与团体标准内涵，以及获得“品字标浙江制造”团体标准评审组长好评三次及以上或参与制定标准三次及以上。专家评审工作有一整套严谨制度作为依托，评审专家要严格遵守评审工作纪律，做到工作态度端正、廉洁与保密，两次以上负面评论的专家将不予采用。秘书处还重点对专家评审意见的撰写质量提出更具全面性、科学性、针对性的要求，为量化评价做了有益补充，有助于标准的修改与完善，进一步提高了评审的科学性。由此可见，在标准评审阶段，主要从评审原则、目的、职责分工、专家评审等方面确保评审阶段的科学性、公正性、合理性和可操作性。

第四，及时“修订关”。首先，为了保证标准的有效性、先进性、适用性与可操作性，省品联会根据相关产业政策、国家标准等情况的变化，定期对已经发布实施的“品字标浙江制造”团体标准进行复审、修订。且省品联会始终遵守“五性并举”原则，完善标准修订程序，快速响应市场需求。其次，“品字标浙江制造”团体标准的修订是一项严谨复杂的系统性工作，标准修订各相关方协同合作、职责明确，牵头单位主要负责向省品联会提交申请修订材料、按照标准制定程序组织标准修订等，主要起草单位主要负责及时跟进标准实施情况、提出标准修订意见等，促进复审工作规范化、标准化。最后，标准修订阶段需要特别关注以下情况：标准有两处以内修改的，修订过程按照“品字标浙江制造”团体标准修改管理规定执行；标准有两处以上修改的，修订过程与标准研制流程一致，以提高标准修订过程的严谨性。由此可见，在标准修订阶段，着重从复审要求、修订流程、职责分工等方面确保修订工作的规范化。

第二节 "品字标浙江制造"品牌认定

标准的研制与发布为"品字标浙江制造"开展品牌认定提供了依据和指引。"品字标浙江制造"的品牌认定涉及认定模式和认定流程。其中,认定模式包括"第三方认证"模式和"自我声明"模式,这两种模式分别对应不同的认定流程。本节将详细介绍上述两种模式及其具体的认定流程。

拓展阅读

认证的起源与发展

认证(certification)一词的英文原意是一种出具证明文件的合格评定活动。认证的具体定义和内涵在不同时期略有不同,ISO/IEC 17000《符合性评定——词汇和基本原理》(2004)对认证的定义是:有关产品、过程、体系或人员的第三方证明。《中华人民共和国认证认可条例》对认证的定义是:认证是指由认证机构证明产品、服务、管理体系符合相关技术规范、相关技术规范的强制性要求或者标准的合格评定活动。同时,认证机构、检查机构、实验室以及从事评审、审核等认证活动人员的能力和执业资格,需要认可机构予以承认。

19世纪下半叶,蒸汽机、柴油机、汽油机和电力的发明,伴随着工业标准化的诞生。但随之带来的锅炉爆炸和电气失火等大量恶性灾难,使民众意识到第一方(产品提供方)的自我评价和第二方(产品接收方)的验收评价,因自身的弱点和缺憾均变得不可靠。民众强烈呼吁,由独立于产销双方,不受产销双方经济利益所支配的第三方,用公正、科学的方法对市场上流通的商品进行评价、监督,以保证公众的合法利益。

1903年,英国首先以国家标准为依据对英国铁轨进行合格认证并授予风筝标志(或称"BS"标志),开创了国家认证制的先河,并开始了在政府领导下开展质量认证工作的规范性活动。之后,工业发达国家广泛开展认证活动,比如法国"NF"认证、日本"JAS"认证。到20世纪60年代,认证活动在基本上所有工业发达国家和地区得到普及,20世纪七八十年代扩展到发展中国家,认证也从本国认证发展到国与国之间的双边、多边认可,出现了国际认证制度,成为国际贸易中消除非关税壁垒的一种有效手段。

资料来源:刘建辉,袁勋,旷乐.国际认证认可:质量管理与认证实践.北京:清华大学出版社,2018:3-5;刘宗德.认证认可制度研究.北京:中国计量出版社,2009:34-36.

一、认定模式

首先,"第三方认证"模式是由国际认证联盟成员机构组织实施的,主要根据《"浙江制造"评价规范》(A标准)、《"浙江制造"团体标准》(B标准)和《"品字标浙江制造"品牌服务评价要求》(C标准)开展认证工作[①],A标准和B标准是评价企业管理水平、产品质量技术先进程度的综合性创新认证模式。A标准以GB/T 19001、GB/T 24001、GB/T 28001(ISO45001)、GB/T 19580、GB/T 29467标准为基础,集品质卓越、自主创新、产业协同、社会责任和先进的质量管理方法为一体。通过专家评审,评分达到600分以上(1000分制),表明申请组织已满足《管理要求(2017)》的要求,"品字标浙江制造"管理体系的认证评审合格。B标准从产品品质、生命周期、标杆定位等方面客观公正地提供了评价产品特性的依据,由符合要求的检测机构进行产品检验来判定产品是否合格。同时满足A标准和B标准才能通过认证。"第三方认证"模式提供了客观、真实、具有公信力的认证结果,"品字标浙江制造"利用认证手段促进产品创新,推动产业升级,这一先行先试之举得到了中国国家认证认可监督管理委员会的明确鼓励和支持。从表3.3中可以看出,自2014年起,在短短的六年时间里,一大批代表浙江制造业先进性的企业和产品通过认证,认证证书数量明显增长。截至2019年年底,累计有564家企业通过"第三方认证",获得了962张"品字标浙江制造"认证证书(样例见图3.7),如得力集团有限公司的档案盒和宁波方太厨具有限公司的家用水槽洗碗机(双槽、标准、嵌平式)就采用了"第三方认证"模式获得了认证证书。

表3.3 "品字标浙江制造""第三方认证"情况统计

年份	获证企业/家	累计认证证书/张
2014	4	4
2015	22	37
2016	18	36
2017	70	133
2018	143	266
2019	307	486
合计	564	962

资料来源:浙江制造品牌建设网,http://www.zhejiangmade.org.cn.

① 标准体系包括A标准、B标准和C标准,截至2019年12月,C标准的认证实施细则还没发布,认证工作主要针对A标准和B标准。

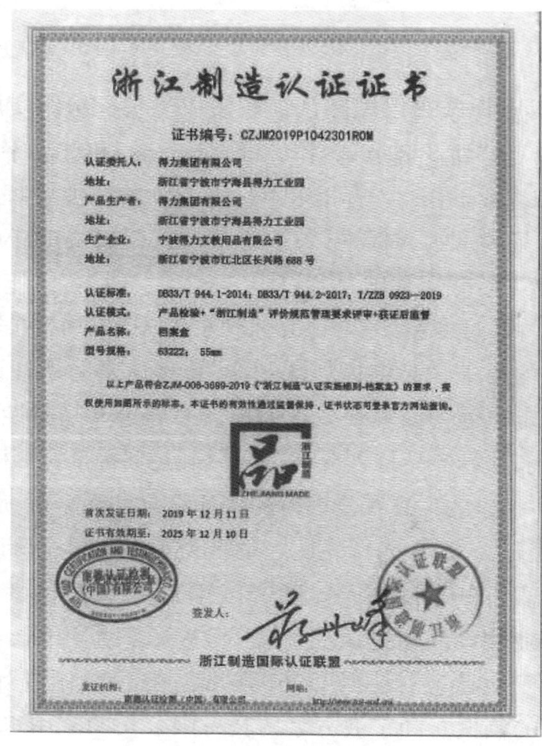

浙江制造认证证书

证书编号：CZJM2019P1042301R0M

认证委托人：得力集团有限公司
地址：浙江省宁波市宁海县得力工业园
产品生产者：得力集团有限公司
地址：浙江省宁波市宁海县得力工业园
生产企业：宁波得力文教用品有限公司
地址：浙江省宁波市江北区长兴路688号

认证标准：DB33/T 944.1-2014；DB33/T 944.2-2017；T/ZZB 0923-2019
认证模式：产品检验+"浙江制造"评价规范管理要求评审+获证后监督
产品名称：档案盒
型号规格：63222；55mm

以上产品符合ZJM-008-3699-2019《"浙江制造"认证实施细则-档案盒》的要求，授权使用如图所示的标志。本证书的有效性通过监督保持，证书状态可登录官方网站查询。

首次发证日期：2019年12月11日
证书有效期至：2025年12月10日

签发人：

浙江制造国际认证联盟

发证机构：
网址：

图3.7 "品字标浙江制造"认证证书

拓展阅读

认证的基本类型

按照法规性质划分，认证的基本类型可分为自愿性认证和强制性认证；按照认证对象划分，根据《中华人民共和国认证认可条例》，认证分为产品认证、服务认证和管理体系认证。

（1）产品认证：产品认证是指依据产品标准和相应技术要求，经认证机构确认并通过颁发认证证书和认证标志来证明某一产品符合相应标准和相应技术要求的活动。产品认证的对象是特定产品，又可以分为强制性产品认证（安全认证）和自愿性产品认证（合格认证）。

（2）服务认证：服务作为一种无形的特殊产品，其认证有别于产品认证和管理体系认证。服务认证实质是服务特性认证，认证对象是服务提供者，与产品认证衡量和评价其质量及水平不同，服务认证更关注消费者感知、采信、接受和知晓。国际上知名的服务认证包括保柏认证、JCI认证、ASQA服务质量认证、COPC-2000认证、SGS服务认证等，涉及医疗服务、航空服务、机场服务、企业服务等内容。

(3)管理体系认证：按照ISO 9000:2005定义，管理体系即建立方针和目标并实现这些目标的体系。任何组织，不论其处在哪个行业，在其运转的过程中都客观地建立并运行着一个管理体系，以确保组织有效运作。管理体系认证根据所依据的标准不同可以分为质量管理体系认证(ISO 9001标准)、环境管理体系认证(ISO 14001标准)、职业健康和安全管理体系认证(OHSAS 18001标准)、危害分析和关键控制点认证(HACCP)等。

资料来源：刘建辉，袁勋，旷乐.国际认证认可：质量管理与认证实践.北京：清华大学出版社，2018:35-38.

此外，在"第三方认证"模式的基础上，"品字标浙江制造"引入了信用手段，实施"自我声明"模式，细分为"自我声明+承诺"和"自我声明+保险"两种模式。"自我声明"模式的提出也是"品字标浙江制造"的创新举措之一。"第三方认证"模式虽然保证了品牌建设的严肃性、权威性，但也增加了企业负担。4万~5万元的首次认证费用、短则三个月长则半年的认证时间、每年复检、三年要进行新一轮认证(2019年8月起认证证书有效期改为六年)等要求都削弱了企业参与"品字标浙江制造"认证的积极性。为切实解决品牌维护费钱、费时间、费精力的问题，免除企业的后顾之忧，"品字标浙江制造"优化了品牌建设的进入机制，引入"自我声明"模式，帮助企业缩短时限提高效率，降低企业认证成本。

在"自我声明+承诺"模式下，申请组织需符合下列条件之一：①获得县级以上政府质量奖的；②通过质量管理、环境管理、职业健康安全管理"三体系"认证满三年，且尚在有效期内的；③"品字标浙江制造"认证或自我声明证书期满申请延续的；④本企业"品字标浙江制造"认证或自我声明产品的同系列产品(执行同一"品字标浙江制造"团体标准)申请授权的。"承诺"指的是申请组织需要以承诺书的形式对产品符合标准要求、"品字标浙江制造"品牌标识使用、产品展示时提供《质量承诺》、按时提交《"品字标"品牌标识使用情况年度报告》等四方面做出承诺。而在"自我声明+保险"模式下，申请组织管理体系应持续有效运行，且"品字标浙江制造"品牌保险应在合同履行期限内。"保险"指的是"品字标浙江制造"品牌保险，即被"品字标浙江制造"品牌管理机构采信，由保险公司为符合"品字标浙江制造"品牌标准的企业提供产品质量相关保险。"自我声明"模式经过2018年试点，于2019年11月15日正式启动(截至2019年年底，正式开展的是"自我声明+承诺"模式，后续推出"自我声明+保险"模式)。

此外，除特定产品类别(如国家生产许可证管理类产品、中国强制性认证产品等)暂不开展该模式外，其余申报"自我声明"模式的企业必须满足以下要求：近三年未因质量问题受到行政处罚、未列入严重违法失信企业名单、承诺履行《"品字标浙江制造"品牌服务评价要求》(C标准)、申报产品近五年未因质量问题受到行政处罚等四项基本条件。"自我声明"模式采取网上申报的方式提交申报产品相关信息、产品对标佐证材料和自我声明公开信息截图文件等相关材料，由省品联会组织专家组对其材料进行审核，通过后由省品联会颁发"品字标"公共品牌标识使用授权证书(样例见图3.8)。截至2019年年底，"自我声明"申请共477项，发布授权证书400张，具体情况统计见表3.4。比如，浙江五洲新春集团股份有限公司的中小型深沟球轴承套圈车件、浙江一鸣食品股份有限公司的蛋奶饮料就通过“自我声明”模式获得了授权证书。

“品字标”公共品牌标识使用授权证书

证书编号：BCF2019023300100

申请组织/制造商：浙江五洲新春集团股份有限公司

地址：浙江省绍兴市新昌县七星街道泰坦大道199号

生产厂：浙江五洲新春集团股份有限公司

地址：浙江省绍兴市新昌县七星街道泰坦大道199号

评价模式：“自我声明”模式

（DB33/T 944.1-2014、DB33/T 944.2-2017、T/ZZB 0962—2019、DB33/T 2221-2019）

产品名称：中小型深沟球轴承套圈车件

型号规格：IM-6311-47D、OM-6311-2RS-47D

授权（限申请组织/制造商及授权产品）使用标识：

发证日期：2019年12月18日　　有效日期：202[illegible]年[illegible]月17日

（扫描可查询证书状态）

浙江省品牌建设联合会

（发证机构公章）

图3.8　“品字标”公共品牌标识使用授权证书（“自我声明”模式）

表3.4　“品字标浙江制造”“自我声明”授权情况统计

年份	发证企业数/家	证书数/张
2018	156	180
2019	74	220
合计	230	400

资料来源：浙江制造品牌建设网，http://www.zhejiangmade.org.cn.

拓展阅读

认证对企业质量和品牌提升的影响

认证作为一种由专业机构依据相关法规、标准或技术规范所进行的符合性评定活动，为企业提高管理水平，改善产品、服务质量提供了一条重要途径。在经济快速发展阶段，认证发挥的质量管理和质量保障作用日益显著，认证对企业质量的影响主要体现在以下几方面：一是能够促使企业产品（服务）和管理更加符合标准和技术规范的要求；二是通过监督审查等方式不断对企业提出新要求，提出质量改进意见等，使企业从根本上提高管理水平，改善经营风险和加强风险防范；三是加强品质管理，提高产品质量和企业效益，增强企业在市场上的竞争力，促使企业融入国际市场。

认证也成为提升品牌价值的重要策略之一。一是权威的认证一定程度上验证了产品的性能，提高产品的卖点，凸显企业品牌的点睛之处；二是能够迅速赢得消费者对产品的信任，起到引导消费者的作用，建立起企业自身的品牌理念，成为广大消费者选择自己所需要的产品或服务的重要依据；三是能够实现品牌的有效传播，实现品牌与目标市场的有效对接，包括打破国际贸易技术壁垒，实现与国际的接轨，为品牌及产品拓展市场奠定基础。

资料来源：刘卫军.强化认证认可作用 创新市场监管机制.中国市场监管研究，2018:59-64.

二、认定流程

（一）“第三方认证”模式

“第三方认证”模式的实施主要是国际认证联盟以《“浙江制造”评价规范》为基准，研究制定了《“浙江制造” 第2部分：管理要求 评审指南》（简称“《评审指南（2017）》”）。《评审指南（2017）》将“品质卓越、自主创新、产业协同、社会责任”的基本理念和先进的质量管理方法融为一体，对企业的管理水平进行评价，筛选出一批体现“品质卓越、自主创新、产业协同、社会责任”[①]特征的好企业。由国际认证联盟结合“品字标浙江制造”团体标准，从产品品质、生命周期、标杆定位等方面量身定制产品认证实施细则，客观公正地评价产品特性，帮助消费者识别优质产品。其具体认证流程如图3.9所示。

图3.9 “第三方认证”模式下的认证流程

在认证申请与受理阶段，具有申请“品字标浙江制造”认证意愿的企业，企业可先对照“好企业”标准、“好产品”标准以及“品字标浙江制造”认证实施细则等相关文件进行自我评价，如符合要求，可向国际认证联盟成员机构提出认证申请。企业需填写《认证申请书》相关信息并提供由“品字标浙江制造”认证实施细则注明的认证申请资料，包括申请书、营业执照、商标注册证明（适用时）、其他行政许可性文件；产品结构图、产品原理图（适用时）；生产工艺流程图；主要的生产设备、设施，检测设备清单等十多项资料。认证委托人将准备好的

① 虽然，浙江省市场监督管理局在2018年年底发布了《“品字标”品牌管理与评价规范 第1部分：管理要求》（DB33/T 944.1—2018），将“品质卓越、自主创新、产业协同、社会责任”总结并替换为“质量第一、创新驱动、履责守信”，但是现在认证的主要依据还是原来的理念。

《认证申请书》和随附资料提交至认证机构，认证机构会对认证委托资料进行评价，称为“文件评审”（简称“文审”）。

拓展阅读

“品字标浙江制造”认证相关文件

为了规范“品字标浙江制造”第三方认证的过程，省品联会和国际认证联盟出台了相关的文件进行说明，主要文件名称列示如下：

（1）DB33/T 944.1—2017《“浙江制造”评价规范 第1部分：通用要求》；

（2）DB33/T 944.2—2017《“浙江制造”评价规范 第2部分：管理要求》；

（3）《“浙江制造”评价规范 第2部分：管理要求评审指南》；

（4）相关产品“品字标浙江制造”团体标准；

（5）相关产品“品字标浙江制造”认证实施细则；

（5）《“浙江制造”认证受理规范》（第二版）。

拓展阅读

文件评审要求

文件评审分初审、监督、扩大、再认证时的文件评审，简称文审。除在文审阶段编制《文件评审报告》外，对文件的适宜性、可操作性、有效性、充分性最终评价应在《认证评审报告》中体现。

文审针对的是认证受理过程中组织提交的文件和资料，文审的要求包括以下方面：①建立了所需的文件体系；②阐明了管理体系的实施范围，包括任何组织认为其管理体系的应用范围不适用本标准的某些要求，是否说明了理由；③建立了适当的方针；④制定了相应的目标；⑤识别和确定了应控制的过程，并制定了相应的控制措施；⑥识别了应遵守的法律法规和其他要求；⑦对管理体系的运行绩效建立了必要的监控机制；⑧规定了管理体系各个职能与层次的相应职责、有关的责任机制和信息交流机制，并确定了必要的资源能力；⑨规定了对管理体系进行内审和管理评审并持续改进的要求；⑩再认证时，通过以往的评审报告，确定体系及审核有关信息。

资料来源：“浙江制造”国际认证联盟.“浙江制造”评价规范 第2部分：管理要求 评审指南(CZJM-205)，2016：37-38.

通过文件评审后,进入产品检验阶段,申请人可选择工厂现场审核时抽样或提前按照要求送样。如确定为工厂现场审核时选取,抽样过程则应在审核组进行现场审核活动期间完成;如确定为提前按要求送样,则现场工厂审核一般应在产品检验完成后一年内完成,否则应重新进行产品检验。认证产品由认证人员参照"品字标浙江制造"团体标准,从出厂检验合格的成品中抽取,经双方确认后,产品再由认证机构指定的有资质的检验机构进行检验。检验方式一般采取型式检验。

拓展阅读

型式检验

为了认证目的进行的型式检验,是对一个或多个具有生产代表性的产品样品利用检验手段进行合格评价。这时检验所需样品数量由质量技术监督部门或检验机构确定和现场抽样封样;取样从制造单位的最终产品中随机抽取。检验地点应在经认可的独立的检验机构进行。型式检验主要适用于对产品综合定型鉴定和对企业所有产品质量是否全面达到标准和设计要求的判定。

资料来源:华正.产品认证的基本要素.监督与选择,2002(4):34.

认证机构在产品检验阶段需明确检验方案。企业初次申请认证时,检验项目按"品字标浙江制造"团体标准中的相关条款要求执行,企业也可以提交具有资质和能力的第三方检测机构出具的有效检验检测报告,由认证机构评估报告中可以采纳信用(采信)的部分和需要进行差异性补充测试的项目(如有),然后确定产品检验方案(包括初次审核及监督审核中涉及的样品数量和具体检验项目),产品检验方案的内容需在认证实施细则和送样通知中明确。

拓展阅读

采信原则

1. 检验机构应为经过中国计量认证(China Inspection Body Laboratory Mandatory Approval,CMA)或中国合格评定国家认可委员会(CNAS)、国际实验室认可合作组织(International Laboratory Accreditation Cooperation,ILAC)、亚太实验室认可合作组织(Asia Pacific Laboratory Accreditation Cooperation,APLAC)认可,具有检验能力的实验室(包括由于检测机构未覆盖"品字标浙江制造"团体标准范围的原因,其出具的盖有检测机构检测专用章的检测报告数据);

2. 所涉及产品的检验报告日期距现场审核日期原则上不得超过6个月或12个月,视情况而定;

3.所涉及产品的执行标准和种类、质量等级与认证产品所确认的执行标准和种类、质量等级一致；

4.所涉及产品的具体型号/规格能代表认证产品时；

5.所涉及产品检验的具体项目满足认证产品确认标准的要求时，且经检验符合要求。

资料来源：根据“浙江制造”国际认证联盟.塑料安全帽“浙江制造”认证实施细节（ZJM-001-3697-2019），2019：8；“浙江制造”国际认证联盟.电动削笔机“浙江制造”认证实施细节（ZJM-005-3891-2019），2019：7等改写。

认证机构委派审核组对出具的检验报告按采信原则，对检验检测机构的资格以及检验报告中所涉及产品的抽样日期、执行标准等具体项目进行审查。采信第三方检验报告时，应保存好带有审核组现场确认签字的检验报告，以证实采信报告的合理性，便于认证机构判定审核材料的合规性和有效性。

初次工厂审核的主要内容为工厂综合能力评价和产品一致性评价。工厂综合能力评价是评价申请认证的企业满足《通用要求（2014）》和《管理要求（2017）》的程度，以及申请认证的产品满足“品字标浙江制造”团体标准相关条款要求的程度，评价范围包括与申请认证产品相关的所有生产场所、部门、人员及活动。产品一致性评价是审核时在生产现场对申请认证的产品进行一致性检查（如检查现场生产的认证产品的型式、结构与产品检验时的样品一致性等），除此之外，如有必要还可进行现场指定试验，即可以从“品字标浙江制造”团体标准的出厂检验项目表中随机抽取项目进行现场指定试验，或是对其产品特有的要求进行指定试验。完成现场审核后，由审核组组长组织编制《认证评审报告》，主要包括认证评审信息、评审综述、认证要求的遵守情况、改进内容、评审结论等内容。报告中的“管理体系运行及质量保证能力评审结果”是对《管理要求（2017）》评审内容的总结，此项结果合格则表示企业通过认证。此外，《认证评审报告》中分为通用要求评分结果以及管理要求评分结果。《通用要求（2014）》着重从品质卓越、自主创新、产业协同和社会责任四个方面对企业进行评价，满分为100分，最终结果则需要结合“品字标浙江制造”认证的第三方产品检验报告结果，评定为合格或不合格。管理要求评价主要根据《评审指南（2016）》，按GB/Z 19579卓越绩效评价准则1000分的要求设定，对其进行评分。其中，组织环境和战略、领导作用、策划、支持和改进部分各100分；运行部分设置为300分；绩效评价部分设置为200分；初次认证审核的合格分为600分。

经典案例

大维高新通过“品字标浙江制造”品牌认证现场评审

浙江大维高新技术股份有限公司（简称“大维高新”）是国家高新技术企业、国家知识产权优势企业、“品字标浙江制造”企业、浙江省“隐形冠军”企业，以嵌入式系统为核心的特种高压电源及高端环保应用装置的研发、设计、销售和服务为主营业务，产品包括除尘用高压电源及超低排放/节能装置、水泥窑烟等。

2019年10月12—13日，浙江大维高新技术股份有限公司“品字标浙江制造”品牌认证评审会议在公司金华厂区举行(见图3.10)。经国际认证联盟委派，由方圆标志认证集团有限公司组建的专家评审组一行4人对大维高新进行了现场审核。大维高新公司董事长施小东以及各部门相关负责人20余人参加会议。

本次认证审核内容包括制造水平的先进性和管理水平的卓越性，同时整合企业评价和团体标准，形成一次性集成式采信认证结果。依据《通用要求(2014)》《管理要求(2017)》《除尘用高频高压整流设备》(T/ZZB 0550-2018)“品字标浙江制造”团体标准以及《“浙江制造”认证实施细则除尘用高频高压整流设备》(ZJM-003-4612-2018)等相关文件，评审组通过两天的现场检查、产品检测、数据分析、资料汇总，对公司的品质卓越、自主创新、产业协同、社会责任方面的能力进行了全面评价，一致认为大维高新无论在品质管控、技术创新、现场管理还是品牌建设、社会责任方面均符合“品字标浙江制造”的评审要求，并一致同意通过现场评审。

图3.10 大维高新“品字标浙江制造”品牌认证评审会议

此次现场审核的通过，标志着大维高新正式跻身于“品字标浙江制造”高端品牌的大家庭，成为全国特种高压电源行业首家通过“品字标浙江制造”品牌认证现场评审的企业。这对大维高新而言是自我审视和改进成长的良好契机，既是一种荣誉，也是一份责任。大维高新不仅仅满足于“合格制造”，更要进一步在“精品制造”上下功夫。作为《除尘用高频高压整流设备》“品字标浙江制造”团体标准的主要起草单位，多年来，大维高新在研发设计、生产工艺、经营管理等各方面不断进行创新尝试，成为行业标杆。今后将更加重视产品技术创新与品牌建设相结合，借助“品字标浙江制造”平台和企业内部资源整合，有效开展高标准产品的制造工作，不断改进优化，推动企业更扎实、健康地成长。

资料来源：大维高新通过品字标“浙江制造”品牌认证现场评审，https://www.zjdoway.com/news_cont.html? id=142.

现场审核后，进入认证结果评价与决定阶段，认证机构对产品检验、工厂审核结论进行综合评价，评价合格后，向申请企业颁发产品认证证书。认证证书主要包括认证委托人、企业基础信息、认证标准、认证模式、产品名称、型号规格等信息。认证实施过程中，产品检验不合格或工厂审核不通过的，不予发证。企业凭认证证书向省品联会备案申请“品字标浙江制造”授权。省品联会根据认证证书的范围给予“品字标浙江制造”授权，并颁发授权证书，授权有效期、授权状态与认证证书一致。

获证后监督阶段,认证机构需对认证产品及其生产企业实施获证后监督。获证后监督一般采取跟踪审核和监督检验的方式,必要时可采取跟踪审核和监督检验相结合的方式。认证机构根据《"浙江制造"评价规范 第2部分:管理要求》对工厂进行跟踪审核,主要检查产品和企业的综合要求、产品一致性审核以及"浙江制造"认证标志使用等内容。监督检验是指认证机构采取抽样检验的方式,根据产品的"浙江制造"团体标准对其进行检测。一般情况下,获证六个月后即可安排年度监督,两次监督的间隔不超过十二个月。如不能如期接受监督,持证人应向认证机构提出申请并获批准,否则暂停认证证书。最后,认证机构对跟踪审核和监督检验结论进行评价,跟踪审核和监督检验合格的,判定监督通过,认证证书继续有效。

企业在证书到期需再认证时,持证人应在证书有效期届满三个月前提出再认证申请,再认证的程序同初次认证。需要说明的是,2019年7月及以前发布的认证细则中规定认证证书有效期为三年,8月起认证证书有效期改为六年。如浙江超人科技股份有限公司、浙江金大门业有限公司所获得的认证证书有效期为三年,而嘉善天路达工贸有限公司、杭州圣玛特毛绒有限公司所获得的认证证书有效期为六年,有效期内通过年度监督确保其有效性。

此外,2019年1月"品字标浙江制造"认证管理系统正式在省品联会官方网站(http://www.zhejiangmade.org.cn/)上线,申请"品字标浙江制造"认证的企业均可通过该系统在线完成申报到发证的流程。目前,该系统主要针对认证机构、认证申报企业开放,用于"品字标浙江制造"认证的申报、受理、上传审核计划、检测报告和形成认证证书号发证等操作。后续将进一步建立"认证监管部门"应用版块,各级行政监管部门可利用该系统,实时查询数据更新变化,有针对性地跟踪属地"品字标浙江制造"相关企业的认证进展情况,形成企业、认证机构和监管部门间良性互动。这一认证系统最高权限为国际认证联盟所有,从申请到发证实行全过程监管,资料上传确认后无法更改,一定程度上约束了审核员,也便于联盟管理以及资料的随时调取。

(二)"自我声明"模式

"自我声明"模式的授权工作由省品联会负责。相较于"第三方认证"模式,"自我声明"模式在流程上更为简洁。通过深入总结"自我声明"评价模式试点工作经验,省品联会对相关制度进行了优化完善,制定了《"品字标"品牌标识使用授权("自我声明"模式)工作规范(试行)》。下面将依据上述文件详细介绍"自我声明"模式的实施步骤。具体流程如图3.11所示。

图3.11 "自我声明"模式的实施步骤

在省品联会官网(http://www.zhejiangmade.org.cn)注册后,进入"品字标浙江制造"授权申请阶段,申请组织通过网站在线提交备案申请资料,包括"品字标浙江制造"品牌标识使用授权申请及自我承诺，申请组织/制造商、生产厂商信息及营业执照副本扫描件（盖章），自评报告盖章扫描件（一年内）等多个资料。在形式审查阶段，由省品联会对提报的备案资料进行形式审查，原则上在15个工作日内完成。未通过形式审查的备案资料会退回申请组织，经修改完善后可重新提交。通过形式审查后，省品联会对项目进行"预授权"，企业需要上传贴标材料（产品、外包装、合格证及说明书等部位先行贴标的佐证图片）。申请组织完成贴标情况资料上传后，经确认符合要求的，在线生成《"品字标"公共品牌标识使用授权证书》。申请组织可在线下载授权证书，应根据《"品字标"品牌标识使用手册》有关要求，作为责任主体合规使用品牌标识。

最后，申请组织需对获得授权证书的项目进行授权维护。其中包括：①申请组织应自觉接受相关方组织的监督检查，发生违规行为的，承担相应主体责任；②适用的评价依据、评价程序等发生变化，应重新自我评估并备案；备案的组织和产品信息发生变化，应及时申请变更；③证书每满一年时提交《"品字标"品牌标识使用情况年度报告》；④证书即将满三年到期时，如需延续，应提前重新申请授权，申请时应一并提交最后一年度《"品字标"品牌标识使用情况年度报告》。

经典案例

宁波水表获得全省首张"品字标"品牌标识使用授权证书

2018年9月4日，宁波水表股份有限公司（简称"宁波水表"）在浙江省品牌建设联合会网站上顺利完成"自我声明"，并获得首张"品字标"品牌标识使用授权证书，这标志着宁波江北区在"品字标浙江制造"品牌建设工作中取得实质性进展。

2018年7月，浙江省市场监督管理局探索引入信用管理手段，优化完善"品字标浙江制造"品牌建设制度体系，在"品字标浙江制造"品牌培育试点县的政府质量奖企业中开展"品字标浙江制造""自我声明"评价模式试点。宁波江北区市场监督管理局第一时间对江北区历届政府质量奖企业进行筛选，对照已经发布的"品字标浙江制造"团体标准，筛选三家符合"自我声明"要求的企业开展"自我声明"工作。宁波水表生产的旋转活塞式无线远传冷水水表（型号：LXHY-15GW2）产品采用以旋转式活塞水表为基表，通过无磁计数功能机电转换方式，以及最新型的NB-IoT网络形式进行数据远传，产品具有计量精度高，网络覆盖广，信号稳定可靠，发讯模块与基表采用分体式安装，互换性好等诸多特点，该产品顺利通过此次"自我声明"形式审查，获得全省首张"自我声明"使用授权证书。企业通过"自我声明"形式获取"品字标浙江制造"认定，不仅方便了企业，还将有利于快速形成更多"品字标浙江制造"产品，更进一步提高"品质浙货"在国际市场上的品牌美誉度。

资料来源：宁波水表获得全省首张自我声明评价证书.http://www.zhejiangmade.org.cn/Web/PubInfo/News-Info.aspx? Params=WYBiYurA7LEAiwpiA2uTPcLjIqdw2LWxCWxqjV9xMrF9vqJ6IfGpNZL3Ls%2bQ3PViNz84KA892PII2tFxA0CRRuZPY1FtfQ3iDfvQKWk0Gq1JQV7LpGvPBStDKsiMdCw8ok%2flSzhsZrM%3d.

三、认定解读

标准是推动质量提升的标杆、集聚质量要素的源泉、实现质量价值的手段,认定("第三方认证"和"自我声明")是企业提高管理水平,改善产品、服务质量的有效途径。标准与认定两者之间相辅相成、相互促进,密不可分。离开了标准,认定就无据可依;离开了认定,标准就形同虚设。为保证"品字标浙江制造"标准全面、深入、高效实施,"品字标浙江制造"对认定过程严格要求,主要体现在以下几个方面:

第一,多主体协同合作增强认定的有序性。为更好地打造"品字标浙江制造"品牌,浙江省市场监督管理局、省品联会和国际认证联盟等多主体合理分工、有序运作,形成了以市场主导、政府引导的协同布局,确保"品字标浙江制造"认定工作的高效推进。在认定过程中,浙江省市场监督管理局的工作职责主要包括政策支持与指导、认证涉及产品目录的制定与公布、认证监督检查等;省品联会主要负责"品字标浙江制造"品牌标识使用授权工作和"自我声明"模式的开展;而国际认证联盟主要负责"第三方认证"工作,是开展"品字标浙江制造"认证工作的核心组织。认监委发文明确支持浙江省开展第三方认证,积极支持以认证机构联盟形式开展"品字标浙江制造"认证试点工作。通过市场手段,联盟成员机构发挥各自技术优势,提供了客观、真实、具有公信力的认证结果,助力浙江制造业质量提升和"品字标准浙江制造"国际化。

为推动"品字标浙江制造"认证持续有效健康发展,切实增强认证结果的公正性与权威性,国际认证联盟依照相关法规和认证管理要求建立了完善的章程,发布实施了《"浙江制造"认证联盟成员机构管理要求》《"浙江制造"认证受理规范》和《"浙江制造"认证项目管理规范》等多项"品字标浙江制造"认证相关制度,对联盟自身及成员机构、认证技术文件、认证和标志等方面提出了具体的要求。通过制度体系的构建,国际认证联盟将会大大提升其认证公信力,推动标准有效落地实施,引领更多产业进行科技创新。

拓展阅读

国际认证联盟相关认证制度(部分)

为了规范组织运行,国际认证联盟出台了相关文件,主要文件名称列示如下:

(1)《"浙江制造"认证联盟成员机构管理要求》;

(2)《"浙江制造"认证人员管理办法》;

(3)《"浙江制造"认证联盟技术文件管理办法》;

(4)《"浙江制造"认证联盟成员自律管理办法》;

(5)《"浙江制造"信息通报要求》;

(6)《"浙江制造"认证证书和标志管理办法》;

(7)《"浙江制造"认证受理规范》;

(8)《"浙江制造"认证项目管理规范》。

资料来源:十项"浙江制造"相关认证制度解读,http://www.zjzwfw.gov.cn/art/2015/11/18/art_923934_261019.html.

第二,规范认定流程确保认定的严谨性。在文件制定上,省品联会发布了《"品字标"品牌标识使用授权("自我声明"模式)工作规范(试行)》和《"品字标"品牌标识使用授权("自我声明"模式)在线申报操作指南》,浙江省市场监督管理局(原浙江省质量技术监督局)出台了《关于实施"浙江制造"认证工作的指导意见》和《"浙江制造"认证指南》等一系列文件,这些都为"品字标浙江制造"认证工作的开展提供了明确的指导,使得认证工作有章可循。除此之外,国际认证联盟以A标准为基准,研究制定了《评审指南(2016)》。《评审指南(2016)》对文件审核、审核记录、评审报告等方面做出了明确的规定,确保"品字标浙江制造"评价规范认证工作的一致性。同时,依据B标准制定了产品认证实施细则,以细则的方式规定了认证单元的划分、认证模式、认证实施的环节及要求等内容,帮助认证机构客观公正地评价产品特性。在管理方式上,借助信息化技术平台(http://www.zhejiangmade.org.cn/),申请"品字标浙江制造"认定的企业均可在线完成申报到发证流程。不管是"第三方认证"模式还是"自我声明"模式,认证机构与申报组织都可将数据、文件、图片等信息上传至平台,这不仅能有效保证"品字标浙江制造"认定过程及结果的完整性、客观性,而且有利于各级行政监管部门对认证工作进行监督与管理。

第三,结合多种认定方法保证认定的科学性。以"第三方认证"模式为例,首先,专家定量评价和机构检测相结合。专家定量评价主要是指认证机构专家对通用要求和管理要求进行评价,前者着重从品质卓越、自主创新、产业协同和社会责任四个方面对企业进行评价并打分,满分为100分;后者是指对企业组织环境和战略、领导作用、策划等七个方面的管理情况进行评分,满分为1000分。机构检测是指认证机构在工厂选取具有代表性的样品,交由指定的有资质的检验机构,利用型式试验等手段进行合格性评定。只有专家定量打分合格并且通过检测机构检测符合B标准要求的产品才能最终获得"品字标浙江制造"认证证书和"品字标"品牌授权。

第四,非现场评审和现场评审相结合。非现场评审主要是指文件评审,旨在确定文件所述的体系与审核准则的符合性,涉及认证过程的多个阶段和环节。比如,在第三方认证下,认证申请时,认证机构会对认证资料进行评价,判断其是否受理;产品检验时,认证机构在采信原则下,对检验报告进行评估,重点关注文件的可操作性和有效性。现场评审是指认证机构通过企业现场考察开展认证评估工作。现场评审主要包括工厂综合能力评价和产品一致性评价。工厂综合能力评价是指通过现场考察评价申请认证企业及认证产品满足A标准、B标准和C标准的程度。产品一致性评价是认证机构在生产现场对申请认证的产品进行一致性检查。在现场评审中如有必要,还可进行现场指定试验。

第三节　“品字标浙江制造”品牌的监管体系

“品字标浙江制造”品牌是反映浙江省制造业先进性的区域公共品牌，如果存在产品冒用、滥用“品字标”等“搭便车”的行为会给“品字标浙江制造”品牌的建设和发展带来巨大的影响和危害，严重破坏“品字标浙江制造”品牌的形象。为了减少及杜绝此种现象，务必要对“品字标浙江制造”品牌进行严格的监控，避免“品字标浙江制造”品牌危机事件的发生，为“品字标浙江制造”品牌的持续、健康发展奠定基础。本节将详细阐述如何对“品字标浙江制造”区域公共品牌进行监管。

一、“品字标浙江制造”品牌的监管主体

浙江省市场监督管理局、省品联会、“浙江制造”国际认证联盟是“品字标浙江制造”品牌的主要监管主体，是“品字标浙江制造”区域公共品牌监管工作的主要运作者和管理者。浙江省市场监督管理局负责“品字标浙江制造”品牌监管整体的统筹规划，发布了《“品字标”品牌管理与评价规范 第1部分：管理要求》，为品牌监管制定了基本的规范，并且开展一年一度的质量监督抽查。省品联会受浙江省市场监督管理局的委托，负责“品字标浙江制造”品牌标识的授权和使用管理的工作，采取年度检查、专项检查等方式对被授权使用“品字标浙江制造”品牌标识的企业进行监督。“浙江制造”国际认证联盟对已取得“品字标浙江制造”认证的产品以及企业进行获证后监督，检查获证企业及其产品是否持续满足“品字标浙江制造”的要求，并且检查企业认证标志和认证证书的使用情况。

除此之外，在“品字标浙江制造”品牌打造中，社会各界也发挥着积极的监督作用。为了维护和提升“品字标浙江制造”品牌影响力，社会各界可向浙江省市场监督管理局、省品联会、国际认证联盟等举报与投诉有关“品字标浙江制造”品牌使用违规行为，聚集社会力量促进“品字标浙江制造”品牌发展。

二、“品字标浙江制造”品牌的监管重点

“品字标浙江制造”品牌的监管内容主要包括以下四个方面：①获得“品字标浙江制造”认定的企业是否持续保持企业和产品符合“品字标浙江制造”品牌标准要求；②获得“品字标浙江制造”认定的企业对“品字标”授权证书和“品字标浙江制造”品牌标识的使用是否规范；③获得“品字标浙江制造”认证的企业对“品字标浙江制造”认证证书和认证标志的使用是否规范；④是否存在伪造、贩卖“品字标”授权证书、“品字标”品牌标识、“浙江制造”认证证书和

认证标志等侵权行为。

具体来看，第一，对“品字标浙江制造”企业及产品是否持续满足“品字标浙江制造”标准的要求进行监管。若是通过“第三方认证”模式获得认证的“品字标浙江制造”企业及其认证产品未达到“品字标浙江制造”标准被查实的，认证机构将暂停或撤销其认证资格并上报省品联会，省品联会也会做出暂停或撤销其“品字标浙江制造”授权的决定。若是通过“自我声明”模式获得认定的企业及产品未达到“品字标浙江制造”标准被查实的，直接由省品联会暂停或撤销其“品字标浙江制造”授权。

第二，对“品字标浙江制造”企业是否按规定正确使用“品字标”授权证书和“品字标浙江制造”品牌标识进行监管。在“品字标”授权证书监管方面，省品联会提出了以下要求：①企业若是以“第三方认证”模式获得授权的，在认证证书发生变化时，应在10个工作日内向省品联会提出“品字标”授权证书变更申请；②企业若是以“自我声明”模式获得授权的，适用的评价依据、评价程序等发生变化时，应根据要求重新自我评估并申请备案；当备案的企业和产品信息发生变化时，应在10个工作日内向省品联会申请变更。

另外，在“品字标浙江制造”品牌标识监管方面，省品联会要求“品字标浙江制造”企业根据《“品字标”品牌标识使用手册》正确使用品牌标识，建立企业内部的品牌标识使用和管理制度，将品牌标识的使用情况记录和存档，并在“品字标”授权证书每满一年时提交《“品字标”品牌标识使用情况年度报告》。《“品字标”品牌标识使用手册》中明确要求了“品字标浙江制造”品牌标识的使用条件和范围：①“品字标浙江制造”企业在授权有效期内方可使用；②使用范围包括厂区厂房、对外宣传及授权产品等，不得在未授权的产品中使用；③“品字标浙江制造”企业在管理体系发生重大变化时，未经确认，不得使用；④授权产品发生变更时，未经确认不得使用。若是发现“品字标浙江制造”品牌授权企业未按时提交《“品字标”品牌标识使用情况年度报告》，或未按规定使用“品字标浙江制造”品牌标识等情况的，省品联会将暂停其“品字标浙江制造”授权。

第三，对“品字标浙江制造”获认证企业是否按规定正确使用“浙江制造”认证证书和认证标志进行监管。“浙江制造”国际认证联盟发布了《浙江省“浙江制造”认证证书和标志使用规范》，明确提出了“浙江制造”认证证书和认证标志的使用要求：①证书持有人在认证有效期内，可在产品广告、产品宣传材料上使用认证证书，可在投标、产品销售过程中，向顾客出示“浙江制造”认证证书；②证书持有人在认证有效期内，可在认证合格产品及其包装和说明书上使用认证标志；③获证企业应保持获证产品质量稳定并持续符合浙江制造认证要求，认证产品变更未经同意，不得使用该认证证书和标志；④获证企业应保证发生法律法规、生产场所、认证产品、组织结构等影响证书有效性重大变化时，应及时报告“浙江制造”认证证书发证机构，并接受监督评审，监督评审前及监督评审不合格者，不得使用该认证证书和标志；⑤获证企业应妥善保管好证书，以免丢失、损坏，如发生证书丢失、损坏的，可申请补发；⑥获证企业应确保认证委托人、生产者、生产企业营业执照的合法性（应包括有效期内的年检证明），确保商标注册证明或使用合同的合法有效；⑦企业在使用“浙江制造”认证标志时，可以根据需要按等比例放大或缩小复制，一般不得改变标志颜色，如必须改变颜色，则仅可使用纯白色或纯黑色标志；⑧企业不得在超出认证范围或者认证有效期的产品、包装及广告宣传中使用"浙江制造"认证标志。

若发现企业误用"浙江制造"认证证书和标志/标识，发证机构将责令其立即停止继续使用，并采取纠正措施。否则，发证机构将按照规定暂停或撤销其使用认证证书和认证标志的授权。被撤销认证资格后仍继续使用证书、标志的企业，经指出后仍不纠正的，必要时，认证联盟成员机构按法律程序追究其法律责任。

当认证机构在第一次监督评审时，发现企业未使用认证标志，应出具认证标志使用提示报告，要求企业在一个月内向认证机构提交认证标志使用方案，必要时，进行实物或现场验证。当认证机构在第二次监督评审时，发现企业仍未使用认证标志，可对其暂停认证证书和认证标志的授权，并予以公示。获认证企业在三年内均未使用认证标志的，认证机构不再受理其再认证。

第四，对是否存在伪造、贩卖"品字标"授权证书、"品字标"品牌标识、"浙江制造"认证证书和认证标志等侵权行为进行监管。《浙江省"浙江制造" 认证证书和标志使用规范》中明确指出，证书不准伪造、涂改、出借、出租、转让、部分出示或部分复印。对于伪造、贩卖认证证书和认证标志等侵权行为，"浙江制造"国际认证联盟成员机构将根据国家相关法律法规规定，提出诉讼。《"品字标"品牌标识使用管理办法(试行)》中也明确指出，省品联会会对仿造、冒用"品字标"品牌标识的企业追究相关法律责任。

三、"品字标浙江制造"品牌的监管手段

品牌的价值在于其本身的质量，"品字标浙江制造"作为一个浙江省区域公共品牌，"品字标浙江制造"企业管理水平、产品的质量是否符合质量标准是直接关系到区域品牌建设的重要因素。"品字标浙江制造"获证后监督与认证质量监督抽查是"品字标浙江制造"品牌监管的主要手段，是切实维护品牌质量的重要举措。

"浙江制造"国际认证联盟为确保获证企业以及其产品持续满足《通用要求(2014)》《管理要求(2017)》与认证产品的团体标准的要求，委派国际认证联盟成员机构对获证企业以及其产品实施获证后监督。获证后监督一般包括跟踪审核和监督抽样检验的方式。认证机构采取跟踪审核方式对获证企业以及产品实施监督，采取监督抽样检验的方式对认证产品实施监督。跟踪审核的内容至少包含《管理要求(2017)》中规定的"8.3产品和服务的设计和开发、8.4外部提供的过程与产品和服务的控制、8.5生产和服务提供、8.6产品和服务的放行"等条款、卓越绩效评价准则的相关要求等条款、相应认证产品的团体标准执行情况以及获证企业"品字标浙江制造"认证证书与认证标志的使用管理等。并且，在证书有效期内的两次跟踪审核的内容要覆盖《管理要求(2017)》的全部条款。监督抽样检验时，认证机构按照认证流程中产品检验的要求抽取样本，根据产品的"浙江制造"团体标准对其进行检测。最后，认证机构对跟踪审核、监督抽样检验结论进行评价，跟踪审核和监督抽样检验合格的，判定获

证后监督通过,认证证书继续有效。

此外,为进一步加强对获证企业及其产品的质量监管,浙江省市场监督管理局自2017年起开展一年一度"品字标浙江制造"认证质量监督抽查,截至2019年12月,检查总共涉及75个受检企业。浙江省市场监督管理局统筹规划了"品字标浙江制造"认证质量监督抽查工作,制订了"品字标浙江制造"质量监督方案并发布质量检查有关事项的具体通知。浙江省市场监督管理局以"双随机、一公开"监管模式对认证产品及其生产企业开展检查,即浙江省市场监督管理局通过双随机系统随机抽取过去一年获得"品字标浙江制造"认证的企业,并建立由"浙江制造"国际认证联盟技术专家、联盟外认证专家、当地市场监管部门监管人员组成的检查组,检查组对获证企业的认证过程材料(包括企业认证申请材料、审核组人员注册信息及能力评价信息、审核记录、审核报告、检测报告等)进行文件评审,检查组还需要直接去已获证的受检企业进行现场监督抽查,检查获证企业的企业管理体系、创新能力、合规性、产品一致性、工厂质保能力等方面,文审抽查和现场监督抽查发现的重大问题由检查组上报浙江省市场监督管理局,由浙江省市场监督管理局在其官方网站上进行公示。

拓展阅读

嘉善天惠服饰有限公司质量监督

嘉善天惠服饰有限公司成立于2007年,坐落于有着"中国纽扣之乡"之称的浙江省嘉善县西塘镇大舜村,是专门从事服饰辅料设计、生产和销售于一体的企业,纽扣年产量4亿颗,年产值3000万元。公司拥有嘉善县天惠纽扣服饰技术研究开发中心、天惠金属纽扣纳米加工技术市级高新技术研究开发中心,先后被评为浙江省科技型中小企业、国家高新技术企业。

嘉善天惠服饰有限公司采用先进的管理模式,控制生产成本和品质的稳定性。公司高层高瞻远瞩,积极推进天惠品牌高质量发展,以"品字标浙江制造"标准引领高质量发展。嘉善天惠服饰有限公司是"品字标浙江制造"标准《金属工字扣》(T/ZZB 0552—2018)和"品字标浙江制造"标准《撞钉》(T/ZZB 0778—2018)的主要起草单位;是"品字标浙江制造"标准《铜质气眼》(T/ZZB 0785—2018)、"品字标浙江制造"标准《铜质四合扣》(T/ZZB 0863—2018)和"品字标浙江制造"标准《不饱和聚酯树脂纽扣》(T/ZZB 0791—2018)的起草单位之一。2018年12月,获得3张《金属工字扣》"品字标浙江制造"认证证书;2019年4月,获得2张《撞钉》"品字标浙江制造"认证证书、1张《铜质气眼》"品字标浙江制造"认证证书和1张《铜质四合扣》"品字标浙江制造"认证证书。

2019年,嘉善天惠服饰有限公司被浙江省市场监督管理局"双随机"系统随机抽取为质量监督检查对象。首先,检查组对嘉善天惠服饰有限公司的认证过程材料进行文件评审,经评审,嘉善天惠服饰有限公司的企业认证申请材料、认证合同、审核计划、审核组人员注册信息及能力评价信息、检测报告等过程材料均无问题。同年9月26日，长三角监管专家王丽静赴嘉善天惠服饰有限公司进行质量监督现场检查，重点检查了审核人员、审核起始时间、贴标情况以及《管理要求(2017)》中的核心条款等内容。其中，嘉善天惠服饰有限公司的品字标贴标情况出现了一个问题，因嘉善天惠的认证产品是服饰配件，所以难以贴标，嘉善天惠与监管专家进行沟通后，后续将在认证产品的产品包装上贴标。嘉善天惠服饰有限公司除了未建立省级以上企业技术中心，其余质量监督现场检查条款均未发现任何问题。嘉善天惠服饰有限公司通过了文件评审和现场监督审查，表明其企业管理水平、产品安全性能等持续符合"品字标浙江制造"标准，践行了公司一贯的品质承诺。未来，嘉善天惠服饰有限公司将继续领跑金属纽扣行业。

资料来源：嘉善天惠服饰有限公司简介，http://www.th-fs.com/wap_about_cn/id/1.html.

课后思考

1. 简述"好产品"标准研制流程与"好企业"和"好服务"标准研制流程的区别。
2. 简述"品字标浙江制造"是如何实现高标准定位的。
3. 简述"第三方认证"模式和"自我声明"模式各自的适用性。
4. 简述"品字标浙江制造"品牌的监管主体及其相应的监管工作。

第四章

贯标“品字标浙江制造”，助力企业高质量发展

学习目标

1. 熟知企业贯标“品字标浙江制造”的作用。
2. 了解企业贯标“品字标浙江制造”过程中运用的质量管理工具和方法。
3. 了解影响企业积极贯标“品字标浙江制造”的主要因素。

课前导读

加西贝拉——世界冰箱“心脏”与“品字标”

成立于1988年的加西贝拉，多年来始终以“工匠精神”做卓越的“冰箱之芯”，严守质量生命线，将冰箱压缩机综合竞争力做到了行业领先地位，如今已跻身全球压缩机行业数一数二的位置。

这一傲人成绩离不开加西贝拉多年来对质量管理和品牌建设工作的重视，特别是在2007年实施卓越绩效模式以来，企业采用并跟踪国家、国际先进管理标准，在行业内率先推行卓越绩效管理。同时，应用一系列先进质量管理工具，加强过程管控，推行精益管理，开展贯穿全年的“优化服务、强化质量”全员竞赛活动，企业经营绩效持续提升。凭借着高质量和高标准，加西贝拉2008年荣获嘉兴市首届市长质量奖，2011年摘取浙江省人民政府质量奖，2014年问鼎“全国质量奖”，2015年荣获“品字标”浙江制造。借助“品字标”品牌驱动，加西贝拉的产品品质稳步提升、质量管理持续完善、质量标准人才不断充实，品牌赋能效应也逐渐显现。在2018年，

加西贝拉更是荣膺亚洲质量领域的最高荣誉——亚洲质量卓越奖。

作为行业"龙头",多年来,加西贝拉在不断提升自身竞争能力的同时,也不忘积极带动行业发展。比如,领衔修订冰箱压缩机国家标准、"品字标浙江制造"标准,组织开展各种技术交流、技术援助和晋级达标活动,促进行业技术进步,成为一名合格的推进行业高质量发展的担当者。

【讨论】 你认为"品字标浙江制造"能给企业带来哪些帮助?企业想要获得品字标认证需要做出哪些努力?

经过几年的持续推动,"品字标浙江制造"正在实现"破茧成蝶"的华丽蜕变,标准不断提档升级,品牌影响力不断扩大,帮助了一大批浙江企业在质量和效益等方面获得显著提升。对于企业而言,引入全面质量管理等先进管理工具已成为贯标"品字标浙江制造"的一大"利器",而贯标"品字标浙江制造"则会切实有效地推动企业的质量管理工作稳步前进。此外,精益求精、专注专业、勇于创新的新时代工匠精神已成为一股驱动企业贯标"品字标浙江制造"的内在力量,帮助企业在追求高质量发展的道路上实现新突破。

第一节 贯标"品字标浙江制造"对企业发展的作用

和国际标准等"浙江制造"标准基于"国内一流、国际先进"的定位对企业和产品的要求极为严苛,在国家标准的基础上,扩展了标准的内容,对设计研发能力、原材料选用、工艺控制、检测能力提出了更加具体的规定。贯标"品字标浙江制造"能够帮助企业提质增效,在一定程度上,不仅能促进企业引入先进质量管理工具和方法提升产品质量水平,而且也有利于提升企业的科技创新能力与先进标准的转化能力,助力企业实现智能化发展;此外,还可以增强产品在国内及国外市场上的竞争力,提升品牌的溢价能力,有利于企业开拓国内及国外市场。本节将结合浙江亿田智能厨电股份有限公司和浙江星星便洁宝有限公司的具体案例探讨贯标"品字标浙江制造"对企业发展的作用。

一、贯标"品字标浙江制造"是企业提质增效的利器

质量是企业的生命,标准是质量的前提,只有抓住了标准这个根本,企业才能立于不败之地。贯标"品字标浙江制造"能够帮助企业提质增效,具体表现在以下三个方面。

第一,贯标"品字标浙江制造"能够促进企业引入先进质量管理工具和方法,提升产品质量水平。"品字标浙江制造"自建设以来,不断制定与完善各类先进标准,促使企业通过技术

改进、设备优化以及引入先进质量管理工具和方法等手段来提高自己的生产水平，由此，增强了企业的质量技术基础，帮助企业在国内及国际市场上取得竞争优势。例如，作为首批入选“品字标浙江制造”的企业，杭州老板电器股份有限公司（简称“老板电器”），通过导入各类质量管理工具和方法，如IE改善、精益T系统等，建立了科学高效的质量管理体系。在“品字标浙江制造”企业“对标德国”质量活动中，老板电器代表“品字标浙江制造”厨电企业参与了吸油烟机的标准对比活动，在全压效率、噪声、常态气味降低等指标上超过了“德国制造”。据老板电器发布的2019年度业绩快报显示，老板电器2019年1—12月实现营业收入77.61亿元，同比增长4.52%，在2019年中国厨电市场处于下滑趋势之时，老板电器依然保持“高歌猛进”，这势必与老板电器十分重视产品质量和技术改进有着紧密的关系。

拓展阅读

贯标、对标内涵及其相互关系

贯标指的是贯彻标准，标准有很多；通常所说的贯标就是指贯彻ISO 9000质量管理体系标准、ISO 14000环境管理体系标准和OHSAS 18000职业健康安全管理体系规范、知识产权管理规范等，依据国际标准建立企业管理体系，既是适应市场发展的客观需要，又是规范企业管理行为的内在要求。其核心思想是以顾客为关注焦点，以“顾客满意”为核心标准，通过发挥领导的作用，全员参与，运用过程方法和系统方法，持续改进工作的一种活动。加强贯标工作，是一个企业规避质量风险、品牌风险、市场风险的基础工作。

对标是一种管理方法，实质是标杆管理，就是通过规范、连续的比较分析，帮助企业寻找确认、跟踪、学习并超越自己的竞争目标，从而不断改进管理手段的良性循环过程，其核心就是对照标杆，寻找差距，持续改进，全面提升，建立一套“比、学、赶、超”的管理体系，并且按照层级将指标进行逐项分解，形成“人人前面有目标、人人肩上有指标、人人工作有压力”的工作局面。开展对标工作是国家结合行业实际，寻找差距、明确发展目标、自我加压、增强危机意识、建立良性竞争机制的一项重要举措，是学习先进管理思路、管理经验和管理模式的探索。

对标、贯标工作在目标、要求、过程控制以及分析检查、考核监督等方面具有内在的一致性，联动推进可以充分发挥协同互补功能和放大效应。对标突出方向目标，是前进的动力；贯标突出过程控制，强调持续改进，是实现目标的保障。开展对标、贯标工作并使之常态化，就是要做到时时有目标、事事有标准、件件能落实，通过不断发展目标，持续提升管理水平，增强核心竞争力，达到主动适应形势，抓抢发展机遇，实现科学发展的良性循环和良好发展态势。

资料来源：石来彬. 浅谈对标、创优、贯标工作联动对促进基础管理上水平的重要意义. 广西烟草学会2010年学术年会论文集，2010：423-425.

第二,贯标"品字标浙江制造"能够帮助企业提升科技创新能力,助力企业实现智能化发展。一方面,企业在贯标过程中会不断增加科技创新投入,再通过市场给予回报,形成创新—收益—再创新的良性循环,提高企业加大投入研发创新的积极性。另一方面,政府通过激励政策引导企业贯标"品字标浙江制造",打造一批创新能力强、智能化发展好的"样板企业",促使其他中小型企业向这些先进企业看齐,这在一定程度上会加大企业的研发投入,促使企业以技术创新推动智能化新发展。在获得"品字标浙江制造"认证的企业中,通过健全"产、学、研"一体化的创新机制,从而实现企业智能制造的案例比比皆是。例如,浙江菲达环保科技股份有限公司牵头制定的《电除尘器》"浙江制造"团体标准,达到新材料的技术突破和"零排放"的严苛要求,实现了企业以标准研制带动技术创新,以技术创新带动市场竞争的发展新思路。

第三,贯标"品字标浙江制造"能够增强产品在国内外市场上的竞争力,提升品牌的溢价能力。"浙江制造"团体标准在制定的过程中,直接对标国际先进,甚至高于国际先进标准的要求。对于企业而言,"品字标浙江制造"的证书更像是产品的"信用证"和"通行证",加快产品在市场上的流通速度,增强产品在国内外市场上的竞争力。同时,"品字标浙江制造"认证证书的颁发也会倒逼企业不断完善公司管理体系,提升生产制造能力,以过硬的质量提升市场占有率,品牌的影响力也会随之增强,溢价能力逐渐得到提升。除此之外,"品字标浙江制造"通过国内外认证机构联合认证的模式,开展一次认证、多国证书,减少了出口技术风险和市场壁垒。对于一些有出口需求的企业来说,它们在获得"品字标浙江制造"认证的同时,也会获得多张出口目的国的认证证书,实现"一次认证,多国证书"后,有利于企业在国内外市场上站稳脚跟。很多企业借助"品字标浙江制造"的影响力,获得了市场认可,比如杭州西子智能停车股份有限公司的立体车库在出口欧盟时,曾遭遇出口认证的难题,而在获得"品字标浙江制造"认证证书后,顺利出口欧盟,如今该企业的产品已经出口到新加坡、越南等诸多地区。

以高标准作为提升质量的有效标尺,把高质量作为构建品牌发展的核心;积极贯标"品字标浙江制造",让企业实现了"产品高标准+质量高水准+品牌高基准"。目前,通过标准提升质量,促进品牌增效的"品字标浙江制造"企业有很多,如:公牛集团股份有限公司、义乌市双童日用品有限公司、浙江哈尔斯真空器皿有限公司、浙江亿田智能厨电股份有限公司和浙江星星便洁宝有限公司等,下面将以浙江亿田智能厨电股份有限公司和浙江星星便洁宝有限公司为例,讲述企业与标准对话的故事。

二、案例一:亿田智能厨电——与标共舞,与质同行①

浙江亿田智能厨电股份有限公司(简称"亿田")在发展过程中形成了自己独特的亿田之道。亿,安也;田,乃财富之源。亿田人秉承"修己以安人"之初心,以致力于创建无害厨房环

① 本部分主要参考:吴锡英,金斌.新时代的嵊州故事——"亿田"烹香亿万家庭,http://sznews.zjol.com.cn/sznews/system/2017/11/14/030517720.shtml.

境为使命,通过创新发展,为千家万户提供卓越的厨具产品和服务。亿田深耕厨电产业多年,始终牢记自己的使命:实现无烟厨房、无害厨房,在未来还要实现无人厨房,真正让厨房成为智能化、个性化、模块化、定制化的智能场所。如今,"中国制造2025"推动产业智能发展,厨具"革命"仍在继续,亿田更是以"主人翁"的姿态,续写厨房的时代故事。

(一)品质亿田,由标引领

浙江亿田智能厨电股份有限公司始创于2003年,在品牌创始人孙伟勇的带领下,亿田已经成功从一家名不见经传的灶具厂,发展为嵊州厨电行业的领头羊,这一巨大的转变背后,是亿田严苛的品质管控。亿田一直以"精确结构、精良选材、精工制造"为制造产品的原则,通过对所有原辅材料、每一个零部件及生产过程中每一道工序、每一件产品的精密质量检测来保证产品质量,使每一个客户真正做到省心、放心、舒心。同时,亿田还结合产品的生产特点、易出现的问题和相关方要求,制定了一系列程序文件、实施细则和检验标准、规范,对影响产品产量和质量的相关因素进行控制,使生产过程按确定的程序在受控状态下进行,确保生产的每一件产品质量都符合要求。

谁抢占了标准制定的话语权,谁就掌握了市场竞争的主动权,2014年,嵊州市把厨具行业作为"品字标浙江制造"建设的重点行业,亿田率先试水,通过标准引领、引进设备、改进管理等措施,大幅度提升制造水平,并在2015年12月,拿到四张"品字标浙江制造"认证证书;2017年,亿田再添两张"品字标浙江制造"认证证书,成为厨具行业内获得最多"品字标浙江制造"认证证书的企业。2017年,亿田从数万家中型企业中脱颖而出,荣获浙江省最高质量奖——"浙江省人民政府质量奖"(见表4.1)。对于亿田董事长孙伟勇来说,亿田能够获得这个奖项,既让他惊喜又让他欣慰。惊喜的是,2017年度,全省只有三家企业获得"浙江省人民政府质量奖";欣慰的是,亿田一直走在坚守品质的道路上,从未停歇。

表4.1 浙江省人民政府质量奖历年获奖名单

年份	企业名称	年份	企业名称
2010	万向钱潮股份有限公司 中天建设集团有限公司 浙江正泰股份有限公司 雅戈尔集团股份有限公司 康奈集团有限公司	2011	浙江三花股份有限公司 浙江盾安人工环境股份有限公司 宁波方太厨具有限公司 加西贝拉压缩机有限公司 浙江奥康鞋业股份有限公司
2012	杭州汽轮机股份有限公司 人民电器集团有限公司 浙江中控技术股份有限公司 浙江山蒲照明电器有限公司 浙江世友木业有限公司	2013	杭州鸿雁电器有限公司 杭州杭氧股份有限公司 浙江菲达环保科技股份有限公司 德华兔宝宝装饰新材股份有限公司 浙江联宜电机股份有限公司
2015	浙江万丰奥威汽轮股份有限公司 浙江西子富沃德电机有限公司	2017	浙江吉利控股集团有限公司 杭州中美华东制药有限公司 亿田智能厨电股份有限公司

（二）智能亿田，创新领航

作为智能厨电先行者，亿田不断突破局限，用行动向同行业证明，创新才是企业发展的基石。亿田一向以“高研发投入、长期技术积累”战略著称，每年将近6%的营业收入用于研发，并成立了浙江省级研发中心、国家级实验检测中心等。此外，为了能够达到“品字标浙江制造”产品的高品质水平，提高产品的市场竞争力，亿田加速推进“机器换人”，投入1.5亿元建设新智能工厂，全线引进高端全自动流水线、物流设施、智能化模具库管理系统，全面实现数据信息化。以集成灶关键部件“不锈钢钣金部件大围板”为例，过去靠手工多次成型、人工搬运，32个工人一天才能完成450件；在智能改造后，流水线上削减了近50道人工作业工序，两个工人一天就能完成1800件，产品合格率也从95.0%提升至99.9%。

亿田凭借过硬的产品质量、尖端的科技研发及先进的智能化水平，使得企业的市场效益大幅度提升。自从2015年获得“品字标浙江制造”认证之后，亿田集成灶每台售价上涨近千元，产品溢价率达10.0%。2016年，集成灶销售额同比增长35.0%，市场占有率从8.0%提升到12.0%。2017年，亿田集成灶的市场规模达到了150万台左右，零售规模突破百亿。2018年上半年，集成灶线上市场零售量、零售额分别达到15.5万台、9.5亿元，分别同比增长97.7%、138.3%，市场规模保持倍增态势，行业均价达到6164元，同比提升20.6%。

（三）标杆亿田，圆梦世界舞台

亿田能够顺利通过“品字标浙江制造”的认证与嵊州市不断强化标准引领有着密不可分的关系。嵊州市以“国内一流、国际先进”的“浙江制造”团体标准为抓手，通过“提标、对标、达标”行动，为嵊州厨具植入“一流”品质内核。一是“提标”引领创新，按照“国内一流、国际先进”的要求制定“好产品”标准，引领嵊州制造从“国内合格”走向“国际优质”。二是“对标”找准差距，以集成灶产品为主，开展“品字标浙江制造”对标活动，找准质量短板，明确质量提升方向。三是“达标”促进提升，对照智能制造、精益制造、“浙江制造”团体标准，全面推进厨具企业工业制造水平、科技研发水平和企业管理水平的提升。

亿田产品不仅在全国享有高度赞誉，而且还远销“一带一路”沿线部分国家。例如，在马来西亚、越南、印度尼西亚等国，亿田已经成为当地厨电市场的高端品牌。同时，为进一步推动“品字标浙江制造”品牌的国际影响力，促进经济贸易快速发展，亿田多次参加具有全球影响力的交流合作展会，如中国香港春季电子展、中国进出口商品交易会（广交会）、越南国际贸易博览会等，积极发掘全球优秀经销商，展开全球性合作交流，将“品字标浙江制造”品牌推向全球市场。作为行业内首批获得“品字标浙江制造”认证的企业，亿田无疑是推进“品字标浙江制造”品牌发展的骨干企业，不仅担负着“品字标浙江制造”品牌推动的使命，更担负着引领行业走向标准化、高效化、专业化的品牌建设使命。在亿田的引领下，帅丰、森歌、美多、金帝、奥田等嵊州当地的骨干企业都纷纷加入到“品字标浙江制造”品牌建设工作中来，助推嵊州厨具企业走在中国厨具企业发展前列。

细数亿田在发展道路上的成就：率先生产侧吸式油烟机和侧吸下排集成灶，建设中国厨电科技馆，联盟中科院打造无害厨房，荣获嵊州市长质量奖、绍兴市长质量奖，首家通过“品字标浙江制造”认证企业、成为集成灶国家标准主要起草单位……亿田的每一次跨越发展，都是嵊州厨具界的传奇和神话。未来，亿田也将继续弘扬正能量，继续讲好嵊州故事，继续加大“品字标浙江制造”品牌推广力度，持续推进无害厨房建设，同时走好企业环保升级道路，深度落实“百亿企业，百年亿田”战略，助力嵊州厨具早日全面实现转型升级。

三、案例二：星星便洁宝——高标定位，“智”造名品①

一提到“马桶盖”，就不得不想到2015年国人疯抢日本“马桶盖”的事件。据报道，当时，在距春节短短10天内，45万国人在日本就消费了近60亿元，人均1.3万元，而这其中有很大一部分就是花在购买马桶盖上；单价2000元以上的产品几乎全部被中国买家扫空，购买时根本不问价格，甚至有一家三口买了5个马桶盖。

在疯抢之余，他们全然不知自己在日本疯抢的部分马桶盖原来竟产自中国浙江。该消息一经媒体报道后，引起国内消费者一片哗然。在这一事件背后，值得我们深思的是，国人去日本抢产品，无非是看中了“日本制造”的高质量。那么，国产品牌的智能卫浴产品如何才能得到消费者认可呢？在这场与洋品牌的白热化竞争中，浙江卫浴品牌企业——浙江星星便洁宝有限公司（简称“星星便洁宝”），凭借过硬的质量和不断迭代的突破创新，成功开辟出一条自主品牌发展之路。

（一）标准建设带来企业转机

浙江星星便洁宝有限公司成立于1998年，主营智能坐便器的研发、制造和销售。成立后，经过几年的发展，星星便洁宝智能马桶生产已经颇具规模，在当时国内市场成为“第一智能卫浴品牌”，但在品牌知名度、技术、标准等方面均与“洋品牌”相差甚远。随着时代的发展，消费者对国外卫浴品牌的青睐日益增加，星星便洁宝的发展一度陷入困境，饱尝亏损困惑。

幸运的是，2014年，星星便洁宝迎来了筹建以来最大的转机。在标准强省、质量强省、品牌强省与“品字标浙江制造”建设的引导下，台州市椒江区围绕浙江省、委省政府提出的高质量发展要求，开展智能马桶产业质量提升行动，推动国家级智能马桶国家检测中心、标准化示范区等“国字号”项目落地，逐步形成浙江制造的新优势，推动智能马桶产业集群发展。在该过程中，星星便洁宝作为行业龙头，参与起草了行业国家标准，带领着当地一批新兴智能马桶企业向着快车道迈进。2015年，星星便洁宝趁热打铁，开始引进精英人才，建立了首个

① 本部分主要参考：台州椒江：一只智能马桶盖的逆袭，http://www.zhejiangmade.org.cn/Web/PubInfo/NewsInfo.aspx? Params=WYBiYurA7LEq8nqxoBvkH5q%2f0g4PG8lT6Srz9mLq3%2f6PIwjaj18FM0Lmxvgo5cXyAgY3XXMvFJ0aI6Nak2KlfO5k5b%2f1%2bwc5Ut9j4tDhW%2b6YBJsuYsec QIU0vTiJw%2b8A17mTdgAI8wa1dPnzAT2evgZoJKW2R%2fCdCHtl81d7ewINKcwPr%2bCPFw%3d%3d；星星便洁宝坚守行业二十年成就国产智能马桶品质“代言人”，http://www.zhejiangmade.org.cn/Web/PubInfo/NewsInfo.aspx? Params=WYBiYurA7LEuyU%2bTGun%2fTkFnJ330CWF%2bkWLcS7vDdtPlnwCtMWOcFpdDYP0yMulRDExmP28vSv5zDsCZ2UXV1%2b2rjtbDdBOHKkOzHdNadkU0%2f5irK9HynIlRe3qFW%2f01pgVb8Bn3xUt7u7lS33N1qmD7pDKkawRtHJxp8ASMrmc%3d.

国家级智能马桶实验室。实验室中,星星便洁宝的马桶都要被反复无情地"摧残",比如电路板要在80℃和-40℃的环境下反复循环测试不变形、不损坏;产品要在通电的情况下"全身水洗"不漏电;座圈、座盖要做6万次翻转、踩踏和摇摆还能正常运行等。像这样严苛的测试共计57项,只有通过所有检测且完好如初的产品,才能走出实验室,进入市场。2016年,结合自身实战经验,星星便洁宝对标国际,牵头起草了智能坐便器"浙江制造"团体标准。在"品字标浙江制造"的推动下,2016年台州智能马桶国家监督抽查合格率从2015年的20%上升至75%。当年国内共销售智能马桶200万台左右,其中约有100万台产自浙江台州,而100万台中又有六成在椒江区生产。2017年,星星便洁宝成功获得"品字标浙江制造"认证,成为首家获得此认证的智能卫浴企业,同时借助"品字标浙江制造"一次认证、多国证书的优势,星星便洁宝同时获得了美国UL认证,25项关键技术接近或达到国际先进水平。星星便洁宝创新突破的脚步并未就此停止,为保证出厂品质,星星便洁宝建立了全国第一条全自动电脑检测生产线。走进星星便洁宝的生产车间,会发现整个车间一尘不染,所有物品堆放井井有条,严格按六西格玛管理条例打造;车间内建成了组装、检测、包装全自动生产线,实现了系统自动在线全检,将肉眼观察到的特征转化为实时数据,提高检出率和出厂品质,全面构建起"不良品零流出"的生产体系。2019年,星星便洁宝自主研发的3.0版大健康"品字标浙江制造"马桶亮相,消费者只要上个洗手间,就能拿到尿检报告。

(二)做标准,是实力更是动力

星星便洁宝辉煌成就的背后,离不开多年来对质量的高要求,而标准是用来保证产品质量的关键。在星星便洁宝总经理黄朝阳看来,能够'做标准',对于企业来说,是荣誉更是责任,是实力更是动力。截至2019年年底,公司参与起草了国家、行业、地方三大标准(国家标准《卫生洁具智能坐便器》(GB/T 34549—2017)、行业标准《智能坐便器》(CBMF 15—2016)、地方标准《浙江制造标准——智能马桶》),为全行业规范产品技术标准、提升产品质量做出积极贡献。对比国家标准,公司参与起草的智能马桶"浙江制造"团体标准要严苛很多。在国家标准中,只要求对智能马桶整机做5000次寿命周期检测,但"浙江制造"团体标准要求高达4万次。另外,"浙江制造"团体标准并非简单的在国家标准基础上将各项指标要求提升,还新增了很多国标中暂未明确的检测项目及指标。如智能马桶产品的抗菌率指标,"浙江制造"团体标准要求产品抗菌率达90%以上,而国标目前暂无明确要求。除了直面产品的系列指标要求,"品字标浙江制造"标准在其他方面也设立了要求。如企业必须要进行自主品牌发展;企业必须要有持续自主创新的能力;并拥有产品核心技术的自主知识产权;作为"品字标浙江制造"企业,不光要重视企业自身发展,还要带动周边产业的整体提升和发展,并积极参与社会活动,承担相应的社会责任。参与起草一系列标准,让星星便洁宝自身的生产工艺也得到了大幅度提升。

然而,回望星星便洁宝的发展历程,并非一帆风顺,也并没有想象中"第一品牌"的传奇故事,更多的是一次次面对亏损、一次次不言放弃的艰难选择。

1998年成立至今,二十多年的业务中,十多年都是在亏损。面对整个行业无品牌、低价竞争的现象,想要有多高的质量要求也就成了天方夜谭。低价一定不会成为企业取胜的长久途径,随着消费者个性化需求,品牌意识的越来越强,大多数民营企业开始转型升级,不再追求依靠低价来占领市场,而是以创新和核心技术来创造高质量产品。虽然价格可能会更高,但产品体验会更好。市场规则正在一步步适应时代发展,优胜劣汰也依然是发展过程的不变定律。面对转型,成功则能快速发展,失败则陷入危机甚至被迫离开这个行业。因此,该如何转型成了众多企业的难题,其中也包括星星便洁宝。

面对这一难题,星星便洁宝选择紧跟政府的脚步。自2014年浙江"标准强省、质量强省、品牌强省"战略和"品字标浙江制造"品牌战略提出后,椒江区就开展智能马桶产业质量提升行动,星星便洁宝一直积极参与其中。事实证明,对标准的正确认识和对质量的高要求促进了企业的转型升级。星星便洁宝自2015年升级生产线后,每年实现盈利,成为中国畅销品牌。如今,不仅能在西湖国宾馆、西湖景区五星公厕看到星星便洁宝的产品,还可以在全国1000多家实体店线下购买产品,其线下门店几乎覆盖了全国各省区的地级市。贴着"品字标浙江制造"标识的智能马桶备受消费者青睐,未来,星星便洁宝将不断制造出让顾客满意的智能卫浴产品,营造快乐卫浴空间,让"品字标浙江制造"标识在星星便洁宝的产品上熠熠生辉。

第二节　全面质量管理助推企业贯标"品字标浙江制造"

全面质量管理是一种管理哲学,更是企业实现高效发展的"利器"。从20世纪60年代提出到现在,"全面质量管理"一直都是质量管理领域的一颗"常青树"。对企业而言,引入全面质量管理可以规范企业质量管理体系,切实有效地使质量管理工作得到落实。同时,也能促进企业持续改进、寻求创新,帮助企业在激烈的市场竞争中获得竞争优势。此外,全面质量管理作为一种顾客的需求和期望驱动的管理哲学,强调通过产品质量赢得顾客和市场,对强化企业"以客户为中心"的经营理念产生了积极作用。本节将结合得力集团有限公司和宁波方太厨具有限公司的具体案例,探讨全面质量管理是如何助推企业贯标"品字标浙江制造"的。

一、全面质量管理是企业贯标"品字标浙江制造"的有效途径

全面质量管理(total quality management,TQM)是一种由顾客的需求和期望驱动的管理哲学。这一概念最早是在20世纪60年代初,由美国著名"质量大师"阿曼德·费根堡姆提出,费根堡姆在其著作《全面质量管理》中提出了一个比较完整的质量管理理论体系,他指出,全

面质量管理是指"为了能够在最经济的水平上,并考虑充分满足顾客要求的条件下,进行市场研究、设计、制造和售后服务,把企业内各部门的研制质量、维持质量和提高质量的活动构成一种有效的统一体系"。随着全面质量管理思想在越来越多的国家及地区推广,更多质量领域的专家对其进行了定义,但内涵都是以质量管理为中心,以全员参与为基础,目的在于通过顾客满意和本组织所有成员及社会受益而达到长期成功。全面质量管理方法的基本要求通常被概括为"三全一多",即全员的质量管理、全过程的质量管理、全企业的质量管理和多种方法的质量管理。

拓展阅读

"三全一多"的质量管理方法

在已有的研究中,常常将全面质量管理的基本要求概括为"三全一多",分别指:全员的质量管理、全过程的质量管理、全企业的质量管理和多种方法的质量管理。

全员的质量管理,即要做好全员的教育、培训,制定好各部门、各类人员的质量责任制,落实责、权、利;同时,开展多种形式的群众性质量管理活动。全过程的质量管理,即要体现以预防为主、不断改进的思想和为顾客服务的思想。全企业的质量管理,即想要保证和提高产品质量,必须使企业的研制、维持和质量改进等所有活动构成一个有效的整体,一多即多种方法的质量管理。

资料来源:李晓飞.智能制造时代的企业全面质量管理推进.中国工业和信息化,2020(5):28-33.

其实在费根堡姆提出"全面质量管理"这一概念之前,美国另外一位质量管理专家戴明博士就已经提出过质量领域的另一个重要管理理论:PDCA(计划plan,执行do,检查check,处理act)循环,又称戴明环。因此,在已有研究中,大部分学者认为全面质量管理是在PDCA循环的基础上提出的,PDCA循环是全面质量管理所应遵循的科学程序。此外,结合目前企业推进全面质量管理的实践情况,六西格玛管理、精益管理等也成了帮助企业推进全面质量管理的方法和工具。

结合"品字标浙江制造"认定企业的实践和相关理论研究,我们认为全面质量管理助推企业贯标"品字标浙江制造"主要表现在以下几点:

第一,引入全面质量管理可以规范企业质量管理体系。对于一个优秀企业来说,企业发展从来都不能单单依靠"高层"管理者们,企业的产品与服务是每一位员工劳动的成果。尤其是在质量管理工作中,倘若不能让每位员工从思想上认识到质量的重要性,那么,开展质量管理工作只能是"纸上谈兵"。企业只有通过在全企业范围内进行组织协调,让每一位员工都积极参与到质量控制的环节中,规范企业的质量管理体系,形成一种有机的系统和整

拓展阅读

PDCA 循环

PDCA循环是管理学的一种方法，是全面质量管理所应遵循的科学程序。由美国管理学专家沃特·阿曼德·休哈特博士首先提出，后被美国质量管理学专家戴明博士完善。PDCA循环中P(plan)指计划，包括方针和目标的确定以及活动计划的制定；D(do)指执行，执行就是具体运作，实现计划中的内容；C(check)指检查，就是要总结执行计划的结果，分清哪些对了，哪些错了，明确效果，找出问题；A(act)指行动(或处理)，对总结检查的结果进行处理，成功的经验加以肯定，并予以标准化，或制定作业指导书，便于以后工作时遵循；对于失败的教训也要总结，以免重现。PDCA循环的四个过程不是运行一次就完结，而是周而复始地进行。

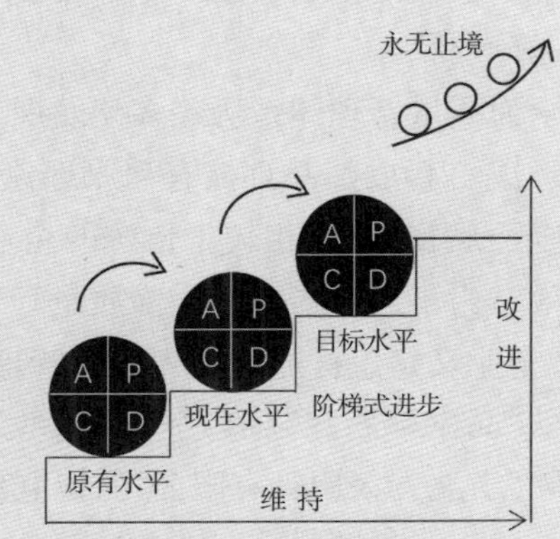

图4.1 PDCA循环阶梯式上升过程

一个循环结束了，解决了一部分问题，可能还有问题没有解决，或者又出现了新的问题，再进行下一个PDCA循环，依此类推。PDCA循环也不是停留在一个水平上的循环，不断解决问题的过程就是水平逐步上升的过程(见图4.1)。

资料来源：根据电力企业管理创新，http://www.weixinyunduan.com/gzzh/artview-1.html? wid=408615&rid=595816改写。

体，才能够切实有效地使质量管理工作得到落实。而这种全企业、全过程、全员参与的质量管理方法，正是全面质量管理所推崇的基本质量管理方法。

第二，引入全面质量管理可以促进企业持续改进、寻求创新。创新是企业发展的动力之源，面对当下变幻莫测的市场环境，持续改进、寻求创新是企业必须掌握的技能之一。在企业内推行全面质量管理、有效运用PDCA循环，是帮助企业有序推进可持续发展的一大“利器”，在很大程度上可以帮助企业摆脱凌乱无章法的管理方式，为企业建立良好的管理系统；从而将企业的制度文件程序化、规则化，让创新、改进变得有章可循，有制可依。在“品字标浙江制造”品牌建设推进的过程中，也有不少获得“品字标浙江制造”认证的企业引入了全面质量管理，从这些企业的发展来看，运用全面质量管理方法成效显著。例如，洁丽雅集团为提升品质，打造高品质毛巾，在企业内部实施了PDCA循环，不断升级产品生产工艺，先后参与制定了13项国家标准和行业标准，并于2017年顺利获得“品字标浙江制造”认证。

第三,引入全面质量管理可以强化企业"以客户为中心"的经营理念。用高质量的产品占领市场、赢得顾客,这是全面质量管理的指导思想和最终目标。全面质量管理强调企业需要从顾客需求的角度出发,严格把控产品品质。把顾客至上作为一种经营理念、一份企业责任融入企业的经营方针中,而不是以市场竞争压力倒逼企业被动地开展质量管理活动。再结合"三全一多"的管理方法,让员工深入理解"以顾客为中心"的经营理念,并在各项活动中充分贯彻执行。不断开展对顾客需求、顾客满意度的调查活动,并根据调查结果改进质量,开发新产品。通过全方位了解顾客的需求,促使企业打造更符合顾客需求甚至超出顾客预期的"好产品"。

全面质量管理体系历经多年发展,不断吸收并总结质量管理先进企业的成功管理经验,已经形成一套成熟并且拥有深厚理论背景支撑的质量管理体系。对于企业而言,在企业内推行全面质量管理,相较于传统的企业管理方法,拥有更强的系统性、协调性与更显著的管理成效。为了进一步了解全面质量管理是怎样在企业中得到有效推行的,以及"品字标浙江制造"企业又是怎样通过引入先进管理方法和工具成功获得认证的,下面选取了两家具有代表性的"品字标浙江制造"企业——"文具龙头"得力集团有限公司和"中国高端厨房电器第一品牌"宁波方太厨具有限公司,以它们为例,讲述企业的质量管理故事。

二、案例一:得力集团——用全面质量管理,造世界文具王国①

从一支笔到"文具王国",从江南一隅到世界舞台,从生产五金小件到覆盖学习文具、办公设备与耗材、办公纸品等19大门类……得力集团有限公司(简称"得力")用30多年的艰苦奋斗,书写着一段段行业传奇,刷新着一项项辉煌业绩。追溯这些年的风起云涌,文具行业早已"换了人间",得力在中国经济浪潮的搏击中经历坎坷与沉浮之后,仍满载光荣,成了文具行业的强者之音,这背后的奥秘值得我们去探索与发现。

(一)品质得力,发展给力

得力的故事起源要追溯到30多年前。1981年,得力创始人娄甫君为国有企业生产金属零配件,但加工得到的利润相当微薄,娄甫君不愿为别人打工的想法越来越强烈。1992年,娄甫君关闭了别人眼里红火的加工厂,用当时积累的100万元成立了"宁波新时代文具有限公司",并把产品品牌定为"环球",这个品名,暗含了他的梦想:"希望将品质出众的产品销售到世界各地,开辟文具行业新天地。"但挑战和机遇同时存在,娄甫君刚成立的"宁波新时代文具有限公司"只有不到20名员工,虽有3000平方米的厂房,但设备简陋,产品品种也只有5个。当时浙江有一家规模很大的文具销售批发公司,销路很广,遍布浙江各市,娄甫君看中了这一点,立马联系了这家批发公司,利用它的销售网络迅速占领浙江市场,为公司在文具

① 本部分主要参考:汪帆,秦钰阳.探秘中国最大制笔工厂:一元一支的学生笔,线上就卖了一亿支,http://i.wshang.com/Post/Default/Index/pid/261053.html;曹蔚翔.得力:质量,是企业发展的基石,http://js.ifeng.com/a/20191015/7758425_0.shtml.

用品市场的发展打下了良好的基础。随着时间推移,一个内涵更加丰富的品牌名称——"得力"呼之欲出,"好品质,选得力,办公学习更得力",随着品牌定位更加鲜明清晰,得力也步入发展正轨。

作为中国文教行业领导者,多年来,得力主导及参与制定多项办公用品国家标准,包括《环境标志产品技术要求(文具)》《文具用品术语及分类》及《学生用品的安全通用要求》等,主导及参与制定办公用品行业标准多达29项,包括订书机、自动号码机、电动削笔机、手动切纸机、碎纸机、打孔机、起钉器、装订机等类别产品。2017年,得力生产的"0466省力型订书机"获得全省文具行业首张"品字标浙江制造"认证证书;2018年1月,得力生产的"DL-1555、DL-1556、DL-1557、DL-1558"四款电子计算机也相继通过"品字标浙江制造"认证;此外,得力获得"品字标浙江制造"认证的其他产品(如碎纸机、削笔机等),产值平均增速达到了46%,其中,增速最快的省力型订书机单款产品的产值已突破1000万元。

通过品字标"浙江制造"产品标准的严格检验,得力的产品质量有了进一步提升,同时还扩大了品牌声誉、增强了企业的市场竞争力,也让更多人看到了"品字标浙江制造"企业的独特魅力。

(二)创新不断,精进不止

文具行业是典型的"小产品、大市场"。目前,3亿左右的学生构成文具产品庞大的核心消费群体。为此,2017年,得力专门成立了一支庞大的制笔研发团队,引进德国、日本研发人员,力求突破创新。一支笔看似简单,但单是笔头的制造就有20多道工序。由于笔尖选材为钨钢,所以其硬度高、耐磨性强,加工难度极大。为了突破难题,得力专门从瑞士引进了几十台全世界最先进的笔头加工机。其次是质量检测难的问题,由于笔头是空心的,只能通过200倍显微镜检测,尺寸的精确度需要用微米来计量,16个检测员每天要在高倍显微镜下,抽检3000余个笔头,区分笔头有无裂缝、是否堵塞等,从两毫米左右的笔头上寻找一条缝,考验的不仅是眼力,还有经验。除了笔头,球珠和笔芯里的油墨也颇有讲究。目前,得力在生产中选用的球珠多达12种,这些形色各异的球珠,要与多款油墨进行匹配测试,才能找出最佳搭档的球珠和油墨。比如,润滑性能好的油墨,就要选择相对表面粗糙的球珠,保证球珠带墨能力的同时,又不会打滑。一支好笔,除了性能卓越外,舒适度也很重要。在设计笔外壳时,研发团队融入了人体工学设计,能极大程度缓解用户的握笔疲劳。同时,为了延长球珠寿命,团队还专门在笔头部加上了按压头,每按一次,球珠就会旋转一个方向。此外,得力还投资数亿元,建立了由全球打印领域顶尖专家组成的研发团队,在持续不断的钻研下,成功攻克了打印领域技术最尖端的激光和喷墨两大核心品类,打破了国外企业对打印机技术的垄断。技术上的持续改进和研发上的不断投入,使得得力在国际化的道路上走得更加稳健。

三十年如一日,得力深耕文教行业,以"中国制造向中国创造转变、中国速度向中国质量转变、中国产品向中国品牌转变"为己任,以发挥品牌引领作用为核心,提升得力品牌在国际国内市场的竞争力。

（三）全面管理，"质"造不凡

作为办公文具行业的引领者，得力认真践行标准提档、产品升级、质量提升行动，不断优化和提升产品品质及服务水平，持续创新与变革，坚持为全球消费者提供性价比最优的产品，让得力产品始终处于行业领先水平。近年来，得力陆续成为杭州G20峰会、"一带一路"高峰论坛、金砖国家领导人峰会等国际性会议的指定文具品牌。得力的品质得到了国内与国际市场的广泛认可，能够取得如此大的成就与集团的高质量意识息息相关。

品质是企业发展的基石，得力的品质提升工程从未停歇。为了保证和提高品牌的信誉度，得力实行了严格的质量管理制度。在质量管理、设计开发、战略规划等各个环节，都讲究精益求精。在质量管理过程中，得力大力推行全面质量管理，为确保质量管理体系持续有效地融入公司业务，公司高层充分授权、指导和支持各部门、各岗位员工积极参与质量管理体系的策划、控制及改进活动；同时，运用PDCA循环分析，结合公司实际经营情况，动态地整合、优化资源，不断完善公司管理流程，推动公司持续有效的运作。此外，还采用科技攻关、精益生产、6S管理（整理seiri，整顿seiton，清扫seiso，清洁seiketsu，素养shitsuke，安全security）、质量控制小组活动、合理化建议等形式多样的方法，全员、全方位参与改进和创新活动，确保改进活动的有效性。在设计和开发过程中，公司运用FMEA分析（failure mode and effects analysis，即失效模式及后果分析），通过对以往问题和经验的系统分析，对潜在的风险制定措施，确保设计满足要求，减少差错。在制订年度战略规划时，公司在质量管理、设备管理、技术改造、生产订单管理、人员管理、成本管理等各个方面都确定改进要求，确保产品质量及生产流程的安全。技术的不断改造升级，不仅有力保证了得力产品的质量，而且为公司带来了良好的经济效益。

世界文具看中国，中国文具看得力。三十多年前，得力看到的是机会，而三十多年后的今天，得力看到的是责任与担当。得力三十多年的发展，既是一场质的飞跃，也是一次品牌的蜕变。只要时间还在行走，得力就不会停下探索的脚步，得力未来将继续为"让中国制造走向世界"这个梦想而努力，为打造成为一家"值得信赖且受人尊敬的企业"而持续努力。

三、案例二：方太厨具——选先进管理工具，占厨具高端市场①

"方"有正刚，"太"有极致；"不上市、不打价格战、不并购，三不原则；把产品做成精品的话，一辈子只做一件事都不为过"。简简单单三句话，是宁波方太厨具有限公司（简称"方太"）多年来秉承不变的原则。

（一）专注高端厨电领域

1996年，茅忠群创办方太，成立之初规模很小，只有两三个人，仅20平方米不到的办公室，资金也十分紧缺。当时，国内厨电市场还远远没有饱和，大量优质易用的家用电器让中

---

① 本部分主要参考：第四期"浙江制造"品牌培育训练营活动纪实走进标杆——方太的卓越经营之路，http://www.zjzwfw.gov.cn/art/2017/11/27/art_923931_13330028.html.

国消费者眼花缭乱。这些产品往往都是国内民营企业购买国外二手生产线或者自己仿制生产出来的，成本较低，定价自然较为优惠。不少企业凭借这场价格战主攻中低端市场，获益颇丰。反观国内高端厨电市场，全是“洋品牌”，茅忠群希望方太能改变这个局面，让国货厨电产品在高端市场占据一席之地。

2007年方太确定了做“中国高端厨房电器第一品牌”的战略目标，将“专业驱动厨房科技，做技术和设计领先的厨房电器专家”确定为新的品牌发展战略；不再走中低端路线，将“专业化、高端化、精品化”作为方太的品牌定位。而后，方太每年将不少于销售收入的5%投入研发。2013年，方太被国家知识产权局评为第一批国家级知识产权示范企业。实践领域的创新需要不断注入更多新鲜的理论，2017年，方太基于自身多年对烹饪油烟机的研究，携手北京大学、清华大学、中国科学院等顶级院校和多家单位，共同拿下国家“十三五”重点科研项目中的“油烟高效分离与烟气净化关键技术与设备”专项。在全国家电标准化技术委员会牵头成立的中国吸油烟机标准与技术产业联盟内，方太凭借先于行业的创新实力担当联盟主席，成为技术标准代言人。截至2019年7月，方太已拥有近3000项专利，其中发明专利数量超400项，雄厚的科研力量，确保了方太的创新实力。

“专业化、高端化、精品化”的企业定位与“品字标浙江制造”以高品质引领转型发展的要求不谋而合。自2014年浙江省政府提出打造代表浙江制造业先进性的“品字标浙江制造”区域公共品牌后，方太就积极参与到了“浙江制造”团体标准制定及“品字标浙江制造”品牌建设工作中，成了首批通过“品字标浙江制造”认证的4家企业之一。

（二）“价值战”中的制胜法宝

回望方太在质量领域的成就，获奖连连，殊荣不断。2011年，方太荣膺当时具有中国质量管理“诺贝尔奖”之称的“全国质量奖”，是国内首个摘得这一殊荣的厨电行业企业，同年，也获得了“浙江省人民政府质量奖”。2015年，方太获中国质量奖提名奖，2017年，再次入围中国质量奖现场评审。众多殊荣足以看出多年来方太对产品质量的重视，对产品品质的掌控。

早在成立之初，方太就导入了各类先进的管理工具，是浙江省最早导入卓越管理绩效模式的企业之一。先进管理工具推进初期，公司制定了三个“三年”推进战略。第一个三年为学习期，学好六西格玛管理，边学边用。第二个三年为践行期，用好六西格玛管理，以项目为核心推进。第三个三年为植根期，成立管理学院，融入企业文化。同时，方太还在公司内组织相关培训，鼓励更多员工学习掌握精益六西格玛管理。通过六西格玛管理的开展，供应链的整体绩效数据QCD方面（质量quality，成本cost，交付delivery）都有很大的提升，不论是市场质量、过程质量，还是库存周转率、材料成本、工费成本等都得到了很大的改善。质量管理工作取得优异的成效离不开茅忠群在内的众多高层领导的大力支持，他们每年会亲自参与策划推进方案的讨论和年度总结。公司内刊、看板、晨会等场合也都会反复强调六西格玛的重要性，加深企业内部从高层领导到一线员工对六西格玛管理的认识。此外，为了更高效、更专业地推进六西格玛管理相关工作，公司成立了六西格玛推进中心，隶属革新管理部，直属于副总裁直接管理,在团队成员的共同努力下,完善了三级培训体系和推进管理体系。结合多年的实践经验,方太不断改进完善,已经形成了独具企业特色的管理系统,并在供应链端、供应商端、研发端同时推进六西格玛管理。其中,供应链端,全面推行精益六西格玛管理;供应商端,成立六西格玛俱乐部;研发端,基于集成产品开发流程推行六西格玛管理。

拓展阅读

六西格玛(6σ)管理

西格玛(σ)是统计员用的希腊字母,指标准偏差,用以描述总体中的个体离均值的偏离程度。六西格玛指换算为百万分之3.4的错误/缺陷率的流程变化(六个标准偏差)尺度,即99.99966%是无缺陷的。

六西格玛最早是由摩托罗拉公司的比尔·史密斯于1986年提出,其目的是设计一个目标:在生产过程中降低产品及流程的缺陷次数,防止产品变异,提升品质。真正流行并发展起来是从通用电气公司的实践开始的。杰克韦尔奇于20世纪90年代发展起来的六西格玛管理成为一种提高企业业绩与竞争力的管理模式。该管理法在摩托罗拉、通用电气、戴尔、惠普、西门子、索尼、东芝等众多跨国企业内被反复实践,成效显著。

为了达到六西格玛,首先要制定标准,在管理中随时跟踪考核操作与标准的偏差,不断改进,最终达到六西格玛。现已形成一套使每个环节不断改进的简单的流程模式,即DMAIC模式。界定(define):辨认需改进的产品或过程,确定项目所需的资源;测量(measure):以灵活有效的衡量标准测量和权衡现存的系统与数据,了解现有质量水平;分析(analyze):利用统计学工具对整个系统进行分析,找到影响质量的少数几个关键因素;改进(improve):运用项目管理和其他管理工具,针对关键因素确立最佳改进方案;控制(control):监控新的系统流程,采取措施以维持改进的结果,以期整个流程充分发挥功效。

资料来源:拉尔斯·索尔奎斯特.持续改进——管理者六西格玛指南.上海质量杂志社,译.北京:中国质检出版社,中国标准出版社,2019:100.

一枝独秀永远没有百花齐放的场面壮观,一桶水的盛水量也只能取决于最短的那块木板。为在整个供应链推行六西格玛管理,提升零部件质量,培养一批优秀的供应商,提升整个供应链市场竞争力,同时,让更多企业了解并推行六西格玛,方太成立了华夏六西格玛俱乐部,让有意愿的企业加入俱乐部平台,在这里,企业可以互相学习交流成长,学会如何更好地满足客户需求,提升企业竞争力。

此外,作为首批通过"品字标浙江制造"认证的四家企业之一,方太也一直是"品字标浙江制造"企业的典范。在以往的"品字标浙江制造"品牌培育训练营标杆活动中,也担任过活动内的学习标杆。在活动中，方太高管分享了集团优秀的实践管理经验，并组织学员亲临企业内部参观，让更多想要获得“品字标浙江制造”认证的企业更加透彻感受先进质量管理工具在企业发展中的作用，同时，通过探讨帮助更多企业顺利开展质量管理活动。

不断改善，不断推进。为了成为受人尊敬的六西格玛管理践行者和推广者，为了实现“成为一家伟大的企业”的愿景，方太依然在不断努力！

第三节 工匠精神促进企业贯标“品字标浙江制造”

在本书第一章中就曾提及中国古代工匠精神，“尚巧守拙、述而又作、精雕细琢、技进乎道”。像“胡庆余堂”“张小泉剪刀”“王一品斋笔”和“稻香村”这样的百年老字号企业之所以能够屹立不倒，与企业代代相传的“工匠精神”密不可分。新时代工匠精神在古代工匠精神基础上更推崇勇于创新、寻求突破，鼓励企业不断吸收最前沿技术创造出新成果。如今的市场不缺产品，但缺好产品，对于企业而言，贯标则成了证明好产品直接明了的办法。在贯标过程中，工匠精神作为一种文化力量，强调精益求精、专注专业和勇于创新，而这恰恰是企业持续发展所应具备的品质。践行工匠精神，会促使企业通过贯标追求更高质量；精益求精的匠心，能帮助企业实现产品品质的飞跃提升，最终得以实现转型升级。本节将以万事利集团和喜临门家具匠心传承的故事为例，详细阐述新时代下工匠精神在企业发展过程中的重要作用。

拓展阅读

新时代的工匠精神

新时代的工匠精神，应当是传统和创新、理念和务实、中华文明特色与世界发展大势的有机结合，是一种精益求精、细节出彩的专业精神；一种追求完美、宠辱不惊的专一精神；一种水滴石穿、久久为功的敬业精神；一种物我协调、巧夺天工的和谐精神；一种永不满足、探新求异的创新精神。

从工匠精神的基本内涵看，一是精益求精：追求完美，注重细节，不惜花费时间和精力，孜孜不倦反复改进产品。二是认真规范：绝不投机取巧，确保每道工序、每个流程都符合质量要求，对产品采取最严格的检测标准，不达要求绝不妥协。三是专注专业：摒弃浮躁、不忘初心，专注于自身领域，绝不停止追求进步，不断提升产品服务。四是爱岗敬业：精益求精的过程不仅是为了获得物质性报酬和社会认同，更重要的是热爱工作、珍惜岗位,以恭敬严肃的态度对待工作。五是勇于创新:工匠精神不是一成不变,守成守旧,而要"百尺竿头更进一步",针对在工作中遇到的实际问题反复改进,找到最好的结果,这个过程本身就是创新的过程。

资料来源:马建堂.让工匠精神成为中国制造之"魂".中国品牌,2018(S1):26-27.

一、工匠精神是企业追求先进标准的内在驱动力

新时代工匠精神是科学的工业价值观和工业文化的基础,如爱岗敬业的职业精神、精益求精的品质精神、协作共进的团队精神和追求卓越的创新精神。这些精神和文化之间相辅相成、相互促进、相得益彰,使得工匠精神作为一种文化力量,促使着企业不断寻求突破,成为企业追求先进标准的内在驱动力。工匠精神对企业的促进作用主要表现在以下三个方面。

第一,工匠精神促使企业通过贯标追求高质量。如今,制造业不缺规模,缺的是精益求精的品质。面对中低端产品充斥市场,优质高端产品供给不足的现状,想要生产精品,提高产品质量,在同等技术水平下,需要依靠具有工匠精神的员工。因此,践行工匠精神,让员工从思想上认识质量的重要性,成为促进企业追求高质量的关键要素之一。而标准恰恰是产品质量的基础,抓质量首先需要抓标准。如今越来越多的企业意识到在贯标先进标准、提升产品质量过程中工匠精神的重要作用,新海集团就是其中之一。新海集团拥有目前国内最大的打火机、点火枪的生产基地。企业始终坚持"以质为本,求实创新,树新海品牌"的质量方针,"不收不良品,不做不良品,不发不良品",始终坚持将质量放在第一位。通过八年的潜心研发,新海集团终于在2015年成功推出了拥有自主知识产权的首款恒流阀打火机XHD8025,并在此基础上主导制定了多项关键技术及性能指标高于国标的"浙江制造"团体标准《不可调节式气体打火机》(0100—2016)。2017年,主导制定的"浙江制造"团体标准《不可调节式气体点火枪》(0234—2017)发布,同年XHD8025获得"品字标"认证。长达八年耗资近亿只为研发打火机上一个叫恒流阀的小小零部件,新海人对"匠心"的坚守是新海成功的关键。最终,新海突破了欧洲、美国、日本打火机标准的技术性壁垒,交出了一年卖出一亿只的高分答卷。

第二,工匠精神促使企业通过贯标实现创新突破。工匠精神不仅体现在对产品精心打造、精工制作的理念和追求上,更体现在不断吸收最前沿技术创造出新成果上。在企业不断创新、寻求突破的过程中,如果说先进标准是衡量创新成效的标尺,那么工匠精神就是寻求突破、看齐高标准的精神动力。随着收入水平的提升和个性化需求的出现,同质化产品已经越来越缺乏竞争力,只有创新的设计和产品才能带来持续的竞争优势。解决创新问题的有效途径之一便是培养人才,培养"工匠"。在"品字标浙江制造"企业中,不乏踊跃创新、勇立潮头的"工匠"。例如,宁波天安集团股份有限公司中压电器所所长朱佩龙,为了让高压输送电更加安全高效地转换成低压电进入千家万户,他苦心钻研高压输配电产品23年,也正因为有朱所长这样坚持自主研发的工匠,才使得"新能源海上风电、高环保材质要求"等国内外

难题一一被浙江制造攻破，也让创新不断涌现。

第三，工匠精神促进企业通过贯标实现转型升级。经济高质量发展对传统产业的产品品质提出了更高要求，发挥工匠精神，追求精益求精，提高产品品质，有助于满足不断升级的消费需求，同时也是实现传统产业转型升级的有效途径。先进标准本身作为科技进步的象征，是代表行业发展的指南，能为企业转型指明方向。而工匠精神的助推，则能够促使企业更高效地实现转型升级。因此，只有追求完美与极致，才能有动力真正实现产品品质的突破和技术工艺的革新，从而帮助企业完成旧动力到新动力的更迭转换，最终实现转型升级。

质量之魂，存于匠心。好产品需要“大工匠”的精雕细琢，好管理也需要“大工匠”的别出心裁，质量意识的建立是企业追求高标准过程中必不可少的条件。在获得“品字标浙江制造”认证的企业中，敢闯敢干、精益求精，专心制造、传承匠心的个例还有很多，下面以万事利集团有限公司（简称“万事利”）和喜临门家具股份有限公司（简称“喜临门”）为例，讲述“品字标浙江制造”企业传承匠心的故事。

二、案例一：万事利集团——以丝绸匠心，扬传统国货[①]

时尚变化无常，时而绿肥红瘦，时而唐衫胡服，那些富丽奢华、光怪陆离的衣服款式总是像烟云一般容易消逝。但无论时尚怎么变迁，却总有一种面料如诗似梦地萦绕在霓裳裙摆中，以其婉约、灵动的质地制造着灿烂和神秘，那就是丝绸。万事利集团有限公司（简称“万事利”）是一个有着四十多年成长历史的丝绸品牌，从1975年创立至今，历经时代风雨变革，在品牌创始人沈爱琴与继承者屠红燕、李建华两代人的努力下，由一家传统丝绸代工企业成功蜕变为中国高端丝绸品牌企业，不断提高企业核心竞争力，突破行业天花板，引领中国丝绸行业走向国际舞台。万事利用四十多年的光阴，将匠心刻绣在绸缎上，将手艺印染在传承里，四十多年的励精图治和锐意进取，成就了万事利在中国丝绸业界的辉煌。

（一）万事之美，美在“匠心”筑梦

万事利诞生于历史文化名城杭州。杭州是南宋丝绸之府，是桑蚕的生产交易中心，商贾云集，留下了马可·波罗“华贵天成”的惊叹。万事利的创始人沈爱琴女士出生于杭州丝绸世家，四十多年前，沈爱琴带领22位刚放下锄头的农民，在几间破旧的平房里创办了万事利的前身——杭州笕桥绸厂。从杭州笕桥绸厂发展成为全国知名的百强民企，万事利人在用古老的智慧挑战着新世界，凭借万事利人的“匠心”，始终走在中国丝绸文化的发展最前沿。

万事利之所以有今天的成就，正是得益于其对“匠心”的坚守。回顾杭州G20峰会，峰会的所有与会代表都收到了由“东道主”中国精心准备的一份承载中国文化、杭州韵味的丝绸

① 本部分主要参考：浙江制造——“品字标”，万事利丝绸邀您共享品质生活，http://www.zhejiangmade.org. cn/Web/PubInfo/NewsInfo. aspx?Params=WYBiYurA7LGkisp5cPTE5%2f3jdbR46xXMeLeTsVlSNZC5SI3Of7r7h8%2bmQJ% 2f% 2bYdVx4URXkAwzkb3qTVZmzqHIz% 2fTi7hIpl43CJY3wLhIxTwBfaW0ZWofGxaNIPGLv1YZMtV1GLu9hQ6LqwDNBeXLLuLa%2b9qp0mnRdJoBG4c6phVFrnYQGON9HOSWBges9gruLIqw7Sez130VmkLDQVdSWuw%3d%3d.

纪念礼,这全部出自万事利。峰会中用到的相关产品所要求的艺术水平、产品质量,甚至是细节把握,都达到了近乎苛刻的程度。为了确保产品的高水准,万事利启动最高生产规格,集结集团在中法两地所拥有的,包括产品设计、材料研发、工艺研究、质量检测、跨界合作、生产流程等各方面最优秀的资源。与此同时,在制造过程中,派100多名技术匠人紧盯各个环节,力求将产品工艺流程和细节表现达到极致,将中国丝绸的至高水准推向世界舞台。除了丝绸纪念礼之外,国宴厅正墙上的巨型全景图壁画也是由万事利完成的。这幅120平方米的西湖全景图壁画由15块画片组成。"无缝"是壁画制作的关键要素,15块画片的颜色匹配度要达到99%,画片缝隙只有1毫米,比目前最高标准还要高20倍,墙体与画片之前的胶水厚度绝对控制在5毫米,且不能变形……这些看似简单的数字背后,却是万事利的匠心独运。匠人们从喷印到装裱到墙基,每一个环节都务求精益求精,让所有误差减到最小,最终使壁画实现"天衣无缝"地呈现在大众眼前。

从2016年的杭州G20峰会走向2018年的上合青岛峰会,从八方迎宾的峰会大舞台迈入总统套房。万事利用极致的文化创意与匠心工艺彰显了中国风范,让中国丝绸站上了世界舞台中央。

（二）万事之美,美在"匠心"突破

万事利从公司成立起,就把技术创新作为企业发展的灵魂,强调技术创新是企业创新的根源。在四十多年的发展过程中,万事利在产品种类、品牌塑造和技术引领三个方面都取得了重要的成果。万事利通过融合文化创意来推动产品种类创新,在传统丝绸面料、丝绸服饰产业基础上,拓展研发出丝绸文化礼品、丝绸艺术装饰及丝绸艺术品三大创新领域,先后设计了杭州的《西湖十景》织锦画、北京的《璀璨中华》丝绸邮票珍藏册等艺术珍品。此外,万事利还为国内各大城市提供丝绸形象礼设计定制服务,为城市递出最闪耀的名片。万事利凭借"丝绸+其他产业"跨界融合,用开放、共享的移动互联思维探索全新商业模式,并借力现代金融实现跨越式腾飞。

万事利从传统的产品生产中跨越出来,转变经营发展模式,专注于品牌的提升和经营,用标准提升质量,用创新提升品牌,打造出了一个全新的"中国丝绸第一品牌"。2016年,万事利主导制定了《数码喷墨印花桑蚕丝围巾》"浙江制造"团体标准,这项标准弥补了数码印花工艺技术下产品的标准空白,规定了智能化生产技术背景下的产品标准。随后,万事利及时对标《数码喷墨印花桑蚕丝围巾》"浙江制造"团体标准,并于2017年8月28日成功获得"品字标浙江制造"认证证书,万事利也成为丝绸行业内少数拥有"品字标浙江制造"认证的品牌之一。2018年,万事利基于自身产品的需求,着手制定第二项"浙江制造"标准《双面同花数码喷墨印花桑蚕丝围巾》,并成功对外发布。这标志着万事利的制造技术和丝绸品质均进入到浙江制造业的高标准行列。通过认证"品字标浙江制造",万事利成功开启从"文化创造"到"品牌塑造"的转变,实现从"服务型品牌"向"消费型品牌"的转型。

万事利以技术创新为引擎,引领丝绸全行业升级。万事利产品结构的转型升级在某种意义上也是中国企业转型升级的一个缩影。中国是最大的丝绸生产国,为全世界提供了

90%的蚕茧和70%的生丝。但过去受制于品牌、技术等,长期处于价值链低端,只能依靠廉价劳动力、原料,引进国外技术、设备来为外国品牌贴牌加工。如今走过了艰难时期的万事利,聚焦适应小批量、定制化市场的数码印花技术,关注研发、设计和生产制造等高附加值环节,并依托"行业内唯一国家企业技术中心""省级工业设计中心"两大研发设计中心的技术优势,以及新丝路博士后工作站的研发实力,从丝绸产品的智能化数码印花技术、丝绸新材料产业化、丝绸高性能工艺开发等三个重点方向展开研究,在色彩管理、智能花型设计、超薄丝绸等多个关键领域实现了技术突破,成功成长为中国丝绸产业的技术标杆企业。

(三)万事之美,美在"匠心"传承

万事利的美是大自然的馈赠,是历史的沉淀,是追寻,是传承,也是品位。万事利通过加载文化的方式,将客户文化作为主要卖点,以丝绸作为文化载体进行相应研发。文化的积淀使得万事利拥有不同于一般企业的气质,在多数企业追求"做大做强"的时候,万事利追求的是"做好做久",树民族品牌,创百年企业,扬丝绸文化。从一个传统丝绸代工企业成长为深度参与中国软实力建设的全球知名企业,万事利无疑是中国企业逐渐走向世界舞台的一个典范,也是一个中国企业追逐"中国梦"的生动案例。万事利一直用"匠心"精神,传递丝绸文化,坚持以高品质丝绸产品作为中国古老文化的独特载体,实践"让世界爱上中国丝绸"的誓言。秉承着这样的企业使命,万事利着力挖掘、传承中国丝绸文化,跳出丝绸做丝绸,实现了丝绸从"面料"到"材料"再到"载体"的华丽转身,走出了一条"传统丝绸+移动互联+文化创意+高科技=丝绸经典产业"的转型升级"新丝路"。

万事利已经走过了四十余载,它的成功离不开一丝不苟、精益求精、将产品做到极致的"匠心"精神,离不开勇于创新、砥砺前行的奋斗精神。如今,万事利站在了一个全新的起点上,集团也将一如既往用"匠心"传承、弘扬、发展中国丝绸文化,致力于中国民族产业的转型与升级,不断挖掘丝绸文化价值,提升传统丝绸的经济价值。

三、案例二:喜临门家具——用良心坚守,造精品产品①

三十余年,曾经那个充满斗志的青年已是世界知名品牌的掌舵人;三十余年,曾经那个村头的沙发作坊早已成为龙头企业;三十余年,一段时光,一串故事,它分享过喜临门辉煌成就之时的喜悦,也感受过喜临门用良心坚守背后的不易。

三十余年,虽有喜有悲,但对于一家踌躇满志的企业来说,一切都还只是续写传奇的开始……

① 本部分主要参考:喜临门——国民健康睡眠的倡导者,http://www.zhejiangmade.org.cn/Web/PubInfo/NewsInfo.aspx? Params=WYBiYurA7LFHO5Cwc9y9vYCnJ8wwKOXw0YJ%2fjWN8absnrjPV4iaZwiTL42hwOM8v%2bjASnzob2IJIIuRKh%2bFiiPmlKlziY7XwVIAy2WLnvfGsVWJQIfo%2f73dLK958ZgYaBG9CTfteScEN6kKnE81E2LiSCLbWw9CJ0cQRfXtaGMo%3d.

(一)小作坊,成就"大工匠"

1984年,喜临门创始人陈阿裕白手起家,用1000元在自家门前十多平方米的空地上开了一家沙发作坊,从此,开始了自己的创业之路,这间不起眼的小作坊也成了他梦想开始的地方。

虽然只是一家作坊的老板,但陈阿裕的商业意识并不亚于成功的企业家。19世纪70年代,在美国诞生了第一张席梦思床垫;20世纪初,床垫开始进入中国市场;20世纪80年代,床垫开始在国内大规模普及使用。此时,陈阿裕嗅到了床垫市场的商机,即便要花光积蓄,他也毅然决然地选择引入床垫生产线,开始进军床垫市场。从此,"敢闯敢干、吃苦耐劳、勤奋务实、精益求精……"成了陈阿裕的代名词,也正是这股闯劲成就了今天的喜临门。

1988年,"喜临门"商标注册成功;1993年,喜临门家具公司成立,这一年喜临门床垫首次被评为国家A级产品。喜临门飞速发展,在成立的第二年就荣获"浙江省著名商标"称号。陈阿裕十分重视企业的转型升级,要求喜临门尽快由传统型生产企业向创新型企业转变。用良心坚守,造国货精品,2002年,喜临门走出国门,成为瑞典知名家居品牌宜家的战略合作伙伴,是当时亚太地区唯一的床垫床托供应商,也是目前宜家全球最大的寝具供应商。喜临门十分重视企业的转型升级,并通过不断努力实现了由传统型生产企业向创新型企业的转变。2005年,"喜临门"被国家工商总局商标局认定为"中国驰名商标",成为浙江省第一个获得"中国驰名商标"称号的家具类注册商标。2012年7月17日,喜临门家具股份有限公司在上海敲锣A股主板上市。中国家具协会授予了喜临门"中国床垫第一股"称号,这也是中国床垫行业第一家上市企业。2016年,由浙江省标准化研究院、绍兴市质量技术监督局牵头,喜临门为主起草了《软体床垫》"浙江制造"团体标准,该标准远超国内行业标准。同年,喜临门成功通过"品字标浙江制造"认证,也是浙江省首批通过认证的企业之一。如今,喜临门凭借卓越的品质,在竞争激烈的床具制造领域中脱颖而出,核心产品床垫的产销量连续多年稳居全国第一,喜临门也成为中国最具盈利能力和影响力的床垫品牌之一。

经过三十余年的发展,陈阿裕成功带领喜临门成了亚洲最大的床垫生产企业;主产床垫、软床及配套产品,旗下除"喜临门"以外,还拥有"法诗曼""爱尔娜""爱倍""BBR""布拉诺""可尚""奢里"等品牌。目前,公司核心产品床垫年生产能力达到600多万张,其中酒店家具产品已经入驻希尔顿、万豪、雷迪、喜来登等500多家五星级酒店及人民大会堂、钓鱼台国宾馆等国字号单位。另外,公司在全国拥有1600多家门店,先后服务过全球超过2000万家庭和用户。

(二)一针一线缝出"大工匠"

说到上市公司的董事长、高管,往往联想到的都是日理万机,业务繁忙,平日之间的交流也大多关于公司发展方向、产品生产规划之类的商业事宜。在喜临门,董事长陈阿裕与高管们交流中提到的最多的却是一张张手机拍摄的照片,照片中是床垫边角漏出的细小线头,这些照片并非来自哪位车间同事,而是陈阿裕亲自跑到车间去逐一检查产品时拍摄的。

喜临门一直以来都有这样一个质量标准,床垫上的任何部位都不允许漏出线头。不漏线头，听起来是一件简单易操作的事情，车间工人在缝制产品时稍加注意就可以办到。但想要在生产中百分百达标并非易事，很多时候一些极其细小的线头很难检查出来。按理说陈阿裕作为董事长，平日工作繁忙，下车间检查产品的事情完全没必要亲力亲为，但基于对产品质量几近苛刻的要求，下车间检查成了他的例行公事。陈阿裕这种做法给了每一位员工无形的压力和激励。公司每日晨会中，必提质量、必说品质，要求各岗位精益求精更是雷打不动的晨会主题之一。久而久之，工人们也都主动在产品质量上追求完美，质量意识越来越强。董事长进车间检查出的问题产品越来越少，在质量管理环节形成良性循环。

合理高效的质量管理易出精品良品。目前，喜临门已有多款产品成功获得“品字标浙江制造”认证。公司生产的净眠黄麻床垫就是获得认证的产品之一，这款床垫的边带缝制着“品字标浙江制造”品牌标识，让顾客一眼就能看到。该床垫使用的海绵拥有全方位植物防螨海绵、防尘技术，这项技术是由喜临门在业内率先提出的。2015年，喜临门与欧洲著名海绵集团Eurofoam、世界著名植物纤维制造、供应商Lenzing Group联合开发了这种Cellpur特种防螨海绵。虽然该款床垫质地较硬，但是保证了高度贴合，适合小孩、老人，以及腰部不好的人群使用。公司另一款净眠系列的邦尼尔弹簧床垫也通过了“品字标浙江制造”认证，因其弹性好、贴合好、耐磨防锈，销量可观。

高品质产品的背后是喜临门人对工匠精神的传承，对精品国货的坚守。每一张流向市场的床垫，都是至少经过四十五道关卡检测过的有安全保障的放心床垫；每一张服务于消费者的床垫，都是经过苛刻标准筛选后得以胜出的精品床垫。

（三）坚持初心，用良心守护国人睡眠

在21世纪的今天，睡眠——一个人类生活最基本的问题，却困扰着越来越多的人。根据中国医师协会睡眠医学专业委员会2019年度公布的数据显示，全球成年人中有60%以上存在睡眠问题，1/4的成年人失眠。“睡得晚”“睡不着”“睡不够”等一系列睡眠问题正困扰着当代人，现代睡眠危机越来越严重，睡个好觉对不少人来说竟成了奢求。

如果能让国人拥有一张好床垫，睡眠质量、生活品质都将得到可观的改善。多年来，喜临门始终坚守“让国人睡得更好”这一初心；从2012年开始，携手专业机构对国人“睡眠指数”进行调查研究，将数据用于研发之中。此外，为更深入地了解睡眠，从而打造更适合国人的产品，喜临门还与清华大学、北京大学合作成立了“健康睡眠研究中心”，专门研究各种睡眠课题，让床垫不再只是提供常规性使用功能的家具，而成为每个消费者的健康管家。

带着这一梦想，喜临门扎根本土，持续不断地研究，推出了不少适合国人的好床垫。例如，2017年喜临门推出一款智能床垫，能把使用者的各种数据记录下来并上传至系统内进行分析，使用者使用期间的翻身次数、体重、心率、压力分布、睡得舒不舒服，这些数据都能通过这张床垫分析出来，从而让使用者更加了解自己的睡眠，更有针对性地解决睡眠问题。

从做一张完美的床垫，到想为国人“提供完美的睡眠解决方案”。三十余年来，喜临门始终坚持用工匠精神细琢品质，将东方睡眠智慧与国际化设计理念相结合；用艺术审美深蕴品味，呈现时尚优雅的床垫之美，让国货精品得以耀眼于世界。

课后思考

1.简述标准、质量与品牌三者之间的关系。

2.简述达标过程中运用的质量管理工具和方法是如何帮助企业贯标"品字标浙江制造"标准的?

3.请举出两个你所认为的最具有工匠精神的"品字标浙江制造"企业,并通过查找相关资料,了解工匠精神在这些企业对标及贯标先进标准过程中发挥的重要作用。

第五章

“品字标浙江制造”品牌宣传推广与延展

学习目标

1. 了解“品字标浙江制造”品牌推广、国际化与延展的意义。
2. 掌握“品字标浙江制造”推广的主要方法，理解选择这些方法的原因。
3. 了解“品字标浙江制造”国际化的意义，掌握实现国际化的主要方法。
4. 掌握“品字标浙江制造”品牌延展的主要内容。

课前导读

党的十九大期间“品字标浙江制造”品牌宣传推广活动

在党的十九大期间，“品字标浙江制造”两版公益广告再次登陆中央电视台，分别为代言人版（含茅忠群、南存辉、李书福三位企业家）和企业版（含方太、喜临门两家企业）。代言人版20秒的视频向大家展示了“品字标浙江制造”至精、至诚、至远的理念，宣传了“品字标浙江制造”匠心造产品、用心创产业、恒心铸品牌的愿景。企业版短短15秒视频突出了方太油烟机四面八方不跑烟、喜临门床垫更懂国人睡眠的特点，向人们展示“品字标浙江制造”的产品是世界高品质产品。

同时为了进一步推动“品字标浙江制造”品牌推广，向国内外宾客展示高质量、高品质的“品字标浙江制造”好企业、好产品，营造良好的宣传氛围，浙江省品牌建设联合会根据浙江省委宣传部和浙江省市场监督局工作的部署，在杭州萧山国际机场、杭州火车东站、杭州地铁站以及公交车体广告上连续投放六周品字标"浙江制造"户外广告。

资料来源:品字标"浙江制造"又有大动作了,快来围观,http://www.zhejiangmade.org.cn/Portal/Info/NewsInfo. aspx? Params=WYBiYurA7LGgJ5V2NBxHnMlF8d% 2feOcYns8XwfEaD1hW-PfsseJOha4d2EBdK7Bwh%2f%2fHt2Soac2CfalfFedEVJSyz3YgZ09iZhoof0cIALujA%3d.

【讨论】 "品字标浙江制造"为什么要进行品牌推广?具体怎样进行品牌推广?

品牌推广有助于品牌塑造产品、服务及自身的形象,提升品牌知名度和美誉度,并获得消费者的认同。"品字标浙江制造"作为全国知名区域公共品牌,利用多种媒体联动推广、线上线下联合推广、多视角呈现融合推广、多主体配合协同推广、信息集成数字化推广等多种方式显著提升了品牌影响力;全球推广、"一带一路"倡议、"一次认证、多国证书"等为"品字标浙江制造"走向国际起了巨大的推动作用。此外,"品字标浙江制造"还在原有的基础上进行了一系列的延展,扩大了适用范围,使其能更好地为企业服务,进一步提高了"品字标浙江制造"的品牌影响力。

第一节 "品字标浙江制造"的推广

随着"品字标浙江制造"影响力的不断扩大,越来越多的消费者与企业认识了"品字标浙江制造",并将其视为高质量的象征,"品字标浙江制造"正在逐渐成为浙江省高质量发展的靓丽名片。品牌推广有助于进一步提高"品字标浙江制造"区域公共品牌的知名度与影响力,具体来说,"品字标浙江制造"推广的目标主要为三方面:一是让更多的人认识"品字标浙江制造"、了解"品字标浙江制造";二是提升"品字标浙江制造"的含金量,吸引更多的企业申请认证;三是加快"品字标浙江制造"走出去的步伐,扩大"品字标浙江制造"的国际影响力。为了更好地达到推广目标,浙江省政府及相关部门联合国内外各类组织开展了一系列宣传活动。

拓展阅读

区域品牌的传播和推广

展开多角度、全方位的区域品牌营销传播与推广,可以让更多的人了解区域品牌,并对其产生好感,从而购买区域内的产品或服务。进行区域品牌营销传播和推广,需要遵循以下几个原则:合理运用传统、网络及社会化网络媒体广告开展营销传播，充分利用公关赞助新闻宣传、关系营销、销售促进等手段开展营销传播，通过各种营销传播方式、工具、资源等的组合，实施整合营销传播，才能更好地提高区域品牌知名度和美誉度，进而实现区域品牌文化的积累；对目标消费群进行深入、系统的调查，确定他们的喜好，以此来选择适合区域品牌营销传播的媒体以及媒体沟通策略；区域品牌营销传播要进行合理规划与聚焦，首先要在某一区域市场集中资源进行营销推广，使之产生市场效应，以此带动其他市场发展；区域品牌营销传播是一项系统工程，并且要持续推进，否则就会前功尽弃。

区域品牌的定位、核心价值、广告语和品牌形象等要素都是开展区域品牌传播推广的基础和保证。区域品牌的传播推广包括区域品牌传播的目标、概念、口号、媒体组合、方式和测评几个方面的要素，各个要素间相互联系、相互协同，共同组成了区域品牌传播推广的完整系统。

区域品牌传播推广的目标是通过相关主体的系列传播活动达到预期效果，分为阶段性目标和长期目标。区域品牌传播概念是区域品牌定位在营销传播过程中的形象化表述，是区域品牌产生的基础。区城品牌的宣传口号是区域品牌的卖点与消费者利益点的完美契合，能够唤起消费者的共鸣和认同，同时要选择恰当的传播媒体进行营销传播，并且将这些媒体进行组合以达到一个理想的效果。区城品牌的传播方式主要有广告、公关、促销、软文等，可以采取其中的一种或采取多种营销方式的组合来开展区域品牌的传播活动，达到营销效果的最大化目标。区域品牌传播测评主要是对区域品牌传播的目标、概念、口号、方式、媒体等的传播效果进行综合评价，以发现传播推广中存在的问题，并采取相应的措施加以解决。

资料来源：肖艳，季红颖．区域品牌经济发展问题研究．北京：人民出版社，2019：131-151.

影响品牌推广效果的因素众多，包括媒体选择、视觉设计、推广手段、推广精准度等。具体的，通过归纳"品字标浙江制造"的推广经验，我们可以将其成功的关键因素总结为以下五点：多种媒体同时推广形成传播共振，让更多人认识"品字标浙江制造"；线上线下联合宣传，提升用户体验；多视角地呈现高质量内容，让消费者深刻记住"品字标浙江制造"；多主体配合推广，发挥协同优势；信息集成实现数字化推广，提高宣传效率。

拓展阅读

品牌推广效果的影响因素

品牌推广效果与媒体的品牌地位有关。以电视媒体为例，不同电视台的活跃观众数量有差异，造成了电视台本身的品牌影响力也有所不同，拥有更多活跃观众和更高知名度的电视品牌往往更容易吸引并留住用户。

品牌推广效果与视觉设计有关。视觉设计在品牌推广中早已成为信息载体的重要形式，视觉推动了品牌的建立，满足了人们文化审美的需求。只有当视觉设计能够满足消费者的娱乐心理和认知心理(包括好奇心理)时，消费者才能理解并记住品牌想要传递的内容。

品牌推广效果与推广的手段有关。比如，在推广时使用线上线下相结合的推广手段可以更好地提升品牌推广的效果；在网络营销中使用展示式推广能更好地将品牌的魅力传播出去。

品牌推广效果与推广的精准度有关。企业可以划分产品与品牌的受众人群以确定基本的品牌推广大方向，结合自身产品、服务与品牌的特点，分析受众群体的信息获取偏好、购买欲望和购买力相关数据，确立品牌推广途径，由此提高品牌推广的效果。

资料来源：根据刘艳子.电视媒体微博品牌推广效果的影响因素分析.现代视听，2013(8):47-50;陈冉冉.视觉传达中意象性语言的表现.赤峰学院学报(哲学社会科学版)，2009(5):72-73等改写。

一、多种媒体联动推广

品牌推广离不开媒体，媒体可以分为传统媒体与新媒体。传统媒体包括电视、电台、书籍、杂志、报纸等；新媒体则是利用数字技术，通过计算机网络、无线通信网、卫星等渠道，以及电脑、手机、数字电视机等终端，向用户提供信息和服务的传播形态，可以跨越地理界线实现全球化传播的媒体，包括微信、微博、直播、短视频等。传统媒体与新媒体有各自的特征和优劣势，传统媒体发展久远，公信力强、信息真实准确度高、社会责任较为明确；新媒体形式多样，信息反馈机制完善、传播速度快、容量大、融合度高。结合多种媒体联动推广能够有效将传统与新媒体的优势互补，有助于“品字标浙江制造”达到更好的推广效果。

一方面，“品字标浙江制造”的推广离不开传统媒体，原因在于：第一，传统媒体拥有强大的内容生产力，在报道时更具深度、广度、高度而非“快餐式新闻”；第二，传统媒体具有品牌和知名度的优势，能够锁定忠实受众，影响未来的受众，传统媒体品牌在受众中的信任度与吸引力不可替代；第三，传统媒体往往无差别地向大众传递信息，受众不会因为技术和设备等受到限制，是提高品牌认知度的必要宣传方式之一。例如，“品字标浙江制造”在公共场所树立了广告牌，利用消费者在公共场合经常产生的空白心理，通过巧妙的创意与设计给用户留下深刻的印象；在浙江经视《经视新闻》栏目推出“品字标浙江制造”专题报道，在《市场导报》刊发“品字标浙江制造”专题文章，利用较为权威性的传统媒体讲述“品字标”品牌好故事，让公众在“生活的点滴美好，不懈的品质制造”“创新高标准，匠心铸品牌”“浙江好产品，认准‘品字标’”等耳熟能详的关键词句中对“品字标”好产品留下深刻印象；“品字标浙江制造”在浙江卫视、CCTV等各大电视台插入宣传片的推广形式，则是利用了电视广告播放的及时性强、覆盖面广、收视率高且能反复播出的优点，加深收视者对“品字标浙江制造”“重标准、重质量、重品牌”的印象。“品字标浙江制造”产品涉及衣食住行的方方面面，与人们的生活息息相关，借助传统媒体进行推广，能够最大限度地覆盖并渗透社会各个领域。

拓展阅读

传统媒体与新媒体的比较分析

传统媒体的优势：首先，传统媒体在内容原创性方面具有优势，新媒体在内容方面，有很大一部分是来自于传统媒体的首发，其自身传播内容的原创率较低。从美国学者的研究报告中可以看出，在美国具有较高影响力的新媒体，其内容的原创性占比也不足四分之一，大部分原创的热点新闻，仍来源于传统媒体。其次，传统媒体具有新媒体不具备的品牌效应和知名度优势，因传统媒体的经营时间较长，已经积攒下较好的品牌口碑，这一点是新媒体无法企及的。

传统媒体的劣势：首先，时效性较差，传统媒体需要依照一整套完整的流程才能完成信息的发布。其次，在信息化新时代，传统媒体受众流失，核心地位逐渐瓦解，发展空间逐渐缩小。最后，传统媒体的传播方式过于单一。

新媒体的优势：首先，信息的即时传播性强，任何事件的发生都可能在最短的时间内通过互联网的方式实现大范围的传播。其次，随着社会步入自媒体时代，信息传播者和受众之间能够实现自由的相互转换。再次，新媒体拥有远超传统媒体的信息资源和传播渠道。最后，极强互动性，用户与用户、用户与媒体可以实时用多种形式进行互动。

新媒体的劣势：参与的低门槛和低要求，使得任何人都可以成为信息资源的发布者和传播者，从而造成新媒体传播的信息内容过于驳杂，且质量无法得到保障。

资料来源：唐轶.论新旧媒体的优势互补与发展.传播力研究，2019(15)：32-34.

另一方面，随着智能手机及电脑的普及，新媒体正凭借传播速度快、承载空间大、浏览费用低等优势，成为"品字标浙江制造"推广的得力助手。"品字标浙江制造"利用新媒体交互性强的特点，在推广的过程中支持用户参与讨论，便利的交互与实时的沟通使人们对"品字标浙江制造"有了更加深入的认识。例如，"品字标浙江制造"很好地借助了当下流行的多媒体平台（包括抖音、火山小视频等视频平台，微博、新浪等综合平台，快手、虎牙等直播平台，天涯、猫扑等论坛平台），突破时间与空间的束缚，实时更新大量有趣的内容，以低成本的方式进行全球传播，并与用户进行互动。不仅如此，"品字标浙江制造"还紧握互联网发展契机，联合阿里巴巴集团打造了"天猫·品质频道"，为"品字标浙江制造"认证企业及产品提供良好的展示平台。未来，新媒体仍将是"品字标浙江制造"推广的有力工具之一，例如，购买一些国内外搜索引擎公司的关键字，在大众搜索相关关键字的网页前几项中，提供"品字标浙江制造"相关的信息；或是建立更多社群媒体（如知乎），并对其进行持续维护与经营，强化大众对"品字标浙江制造"品牌优质形象的印象，深化对其的认识。

经典案例

"品字标浙江制造"利用户外广告提升知名度

"品字标浙江制造"利用户外载体,大力推广品牌形象,宣传品牌核心价值、理念和内涵,用实实在在的行动,为"品字标浙江制造"品牌建设添砖加瓦。例如,在人流如织的杭州火车东站候车大厅、广场等地滚动播放"品字标浙江制造"公益宣传片;在萧山国际机场候机大厅、航站楼、地铁枢纽站等重要位置,展示"品字标浙江制造"品牌理念(见图5.1);在主要公交路线的公交车身制作并投放"品字标浙江制造"平面媒体广告。具体如下:在萧山国际机场T3国内安检口投放的广告,覆盖T3航站楼国内出发人群,辐射整个出发大厅;在萧山国际机场离场收费站投放的广告,位于机场离场收费站上方,100%覆盖杭州机场到达旅客,以及部分送客人群;在杭州火车东站投放的广告,位于出发候车大厅两侧大屏以及出站通道西广场大屏;在杭州地铁站投放的广告,位于地铁1号线城站站、龙翔桥站、江陵路站、定安路站及金沙湖站;在杭州公交车上投放的车体广告沿经杭州武林路、黄龙、西湖景区等繁华地段商业区、商务区、住宅区、旅游区及文教区……

图5.1 "品字标浙江制造"在地铁轨道和出站口设立户外广告

这一系列举措,使更多人了解"品字标浙江制造"品牌"至精、至诚、至远"的核心价值理念和"世界品质,浙江制造"(英语译为"Zhejiang Makes It Happen")的宣传口号,让"品字标浙江制造"品牌内涵深入人心,增强了"品字标浙江制造"的公众知名度。

资料来源:"浙江制造"公益广告十九大期间再上央视,http://www.zhejiangmade.org.cn/Portal/Info/NewsInfo.aspx? Params=WYBiYurA7LHClHSY51lI81et2qCdQRhSGWcyFxGmlU4brOsIUPZS4972H0N9L5oVv4V0ohXPxuOZbf1fSPtE4PNHLXUEhPWw%2bQuSzMVVXTM%3d.

经典案例

"品字标浙江制造"上线抖音,助力品牌推广

新媒体时代,短视频越来越受欢迎,据统计,短视频应用的用户规模已经达到5.94亿。抖音作为最流行的短视频平台之一,也成了众多官方平台的新媒体展示渠道,不少政府机构纷纷选择入驻抖音,将其作为重要的宣传阵地之一,各大城市也将抖音作为旅游宣传的重要平台。政府新媒体不一定要板着面孔,换一种受众喜欢的平台和方式进行宣传,效果会更好。

2019年9月,"品字标浙江制造"通过抖音挑战赛活动首次亮相新媒体,借助平台流量,通过新颖的短视频、有趣的互动体验,使"品字标浙江制造"更加深入人心。2019年9月10—30日,"品字标浙江制造"推出使用示范视频同款贴纸拍摄视频的活动,参与"我比你有品"抖音挑战赛,即可赢取专属品质认证,活动结束后,参赛者可按参赛视频点赞排名获取不同奖项以及一定的现金奖励。"品字标浙江制造"还推出了官方的抖音账户(抖音号:Pin_Zhejiangmade),定期发布一些有趣的小视频,吸引了大量的粉丝,让更多的人了解"品字标浙江制造"。

资料来源:2019年"品字标"成绩单,请接收! http://www.zhejiangmade.org.cn/Web/PubInfo/NewsInfo.aspx? Params=WYBiYurA7LHVLdnhPreDIv%2fkl6jV9VzDCZSPvNN8whCL17Ae0Fi%2bAVqYJ%2bSbmXobBOyujmkI%2fZb1ClAEaevuheMJWByI5dC3awUPJBrE5To3gJ%2fLICLsn9AuGQh5D1YY.

二、线上线下联合推广

越来越多的消费者开始关注体验消费,而非单纯的产品消费,这也使得品牌在推广时需要不断探寻线上线下协同的联动效应,以达到更好的宣传效果。"品字标浙江制造"积极响应市场的需求变化,将线上推广和线下体验结合,优势互补,利用线上渠道引流用户,降低了获客成本,利用线下渠道解决了线上推广缺乏体验感、即时性等问题。双渠道联动推广,彼此互补拉动,可以带来更多的曝光度和关注度,是提升"品字标浙江制造"影响力的有效战略之一。

一方面,"品字标浙江制造"利用互联网建立了线上推广阵营。其覆盖范围更广、传播速度更快、成本更低,还可以随时根据市场调整相应推广策略。"品字标浙江制造"可以借力互联网把所有产品的信息都放到线上进行展示,突破了时间与空间的约束,消费者可以随时随地浏览,更全面地了解它,从而快速提高"品字标浙江制造"区域公共品牌与认证企业的知名度。"品字标浙江制造"通过多样的线上渠道向消费者传递了品牌的内涵与价值,如"品字标浙江制造"开设了自己的官网(http://www.zhejiangmade.org.cn)和名为"浙江制造品牌建设"的微信公众号(微信号:zjzzppjs),让大众更便利地走近"品字标浙江制造",足不出户了解"品字标浙江制造"的发展现状。

经典案例

"品字标浙江制造"线上展厅正式上线

"品字标浙江制造"历经一路发展已经成为浙江省高品质、高端化的代名词。为了更好地让消费者知道哪些产品通过了"品字标浙江制造"认证，浙江省品牌建设联合会特意在其官方网站开设了"品字标浙江制造"展厅栏目，为消费者直接呈现浙江高质量的好货。

2019年2月，"品字标浙江制造"线上展厅(PC端)正式上线试运行(见图5.2)，首批共邀请家用、服饰、文体、婴童、饮食五大主流消费品类共20家"品字标浙江制造"企业携相关产品入驻。这一平台主要是为了集中展示"品字标浙江制造"的好企业、好产品，便于消费者了解、购买"品字标浙江制造"产品，进一步扩大"品字标浙江制造"的影响力和知名度。

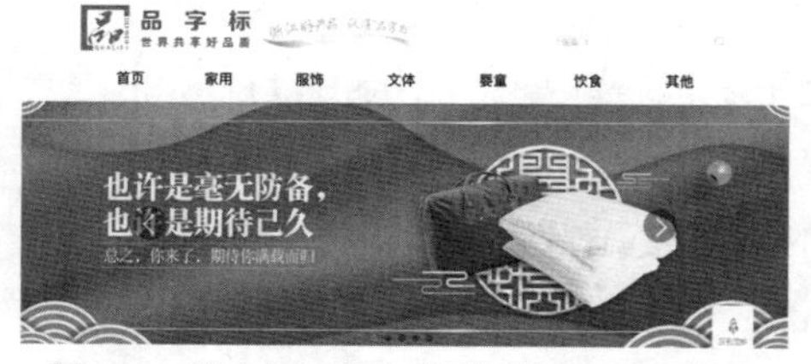

图5.2 "品字标浙江制造"线上展厅首页

下一步，该平台将邀请更多消费品类的"品字标浙江制造"产品入驻，并同步开发手机端平台，持续优化线上展示建设，为消费者提供更便利、更放心、更高效的消费指南。

资料来源：入驻"品字标"线上展厅，收获更好的"我们"，http://www.zhejiangmade.org.cn/Web/PubInfo/NewsInfo.aspx? Params=WYBiYurA7LHFNqO1S9OZUMw3QnNoxUYui3rN4OjmBapQjf2SdOkjUxtpeNnvHt6ABAaF0cbrlMnCbShOh8AGkMntJklMbnG9QWNCYT6YAfH% 2ftnc75dATSyO6FVuehqIvkHsx5evAcrA%3d.

另一方面，"品字标浙江制造"通过线下推广给消费者零距离体验产品的机会。线下推广主要可为线下活动与线下专馆。线下主题活动(如"质量月"主题活动)更贴近大众日常生活，在大众身边举办，让每个人都有机会参与其中，对于聚集用户、提高流量、提升人气等具有非常重要的作用。线下主题活动也可以让普通企业与"品字标浙江制造"企业有面对面交流的机会，吸引企业参与认证。例如，"品字标浙江制造"品牌培育系列活动可以帮助企业提升自身质量与管理；品牌建设全省宣讲团主题活动可以让更多企业认识理解"品字标浙江制造"等。线下专馆则将推广重点从宣传形象转移到品牌体验上，省品联会建立线下专馆让消费者直观感受"品字标浙江制造"产品的高质量，充分感受"品字标浙江制造"的品牌文化，这不仅有助于提高消费者对品牌的好感度和忠诚度，还能进一步提升"品字标浙江制造"的品牌影响力。"品字标浙江制造"在未来还可以通过打造更多的线下推广模式来提升用户的体验，如在各大商场或广场设置优质产品的流动主题展示馆，更好地利用线上线下联合推广的优势提升品牌知名度与美誉度。

经典案例

"品字标浙江制造"开设品牌馆与品牌建设功能中心

为了打造"品字标浙江制造"品牌,推动浙江省优质企业和产品更好更快地进军国际市场,省品联会携手慧聪家电网,通过开设慧聪电商平台"品字标浙江制造"品牌专区、设立中国慧聪(余姚)家电交易会"品字标浙江制造"品牌馆和运营"品字标浙江制造"品牌训练营余姚培育基地这三项品牌建设工作,切实加快浙江家电企业发展。"品字标浙江制造"品牌馆在2017年8月举办的中国慧聪(余姚)秋季家电交易会上正式启幕。品牌馆设在中国慧聪(余姚)秋季家电交易会的二号馆,面积约5000平方米,设计光地展位28个,标准展位23个。方太、老板、公牛、帅丰、亿田、森歌、奥克斯、欧琳、华日、爱仕达、苏泊尔、德意、沁园、金帅、韩电、先锋、奥普、星星、美大、火星人在内的国内一线家电企业以及宁波当地知名家电企业都参加了展会,消费者零距离接触了品字标的优质产品。

为集中展示"品字标浙江制造"品牌建设阶段性成果,充分发挥义乌作为"品字标浙江制造"品牌建设"桥头堡"的战略优势,"品字标浙江制造"品牌建设首期发布会和品牌建设功能中心挂牌仪式于2017年3月在义乌举行。该中心正式落户义乌,选址在义乌国际商贸城(三区L3连接体),包含标准和产品发布区、一站式服务区、展示区、产品体验区、商务洽谈区和办公区六大功能区块。通过功能中心,企业即可享受到政策咨询、业务受理、通关物流、金融税收等一站式服务。功能中心是一个集发布、展示、认证、宣传、通关、检测、检验、检疫、计量、商标、创意、物流、金融、海外仓等多功能于一体,以大数据为基础、线上线下融合的综合性大平台。依托义乌市场和公共资源,功能中心与省品联会一起,共同推进浙江省"品字标浙江制造"品牌建设工作,让消费者与企业更便利地了解、接触"品字标浙江制造",也进一步提升了品牌影响力。

资料来源:根据大力创建品字标"浙江制造"品牌馆,让浙江家电走向世界,http://www.zhejiangmade.org.cn/Web/PubInfo/NewsInfo.aspx? Params=WYBiYurA7LGyIdgxXe8rXtlPp2rqOe0RS%2bjhBdpRVd2y74%2f0mgrWFvu0Ga3%2fRaJyShNFsmMbDXu2VwQLruVVFICRI7aM6OqXOZmo6Hv6unO1nl%2bTJn9bJeI1r4G0LnNX;"浙江制造"品牌建设功能中心闪亮登场.http://www.zhejiangmade.org.cn/Web/PubInfo/NewsInfo.aspx? Params=WYBiYurA7LFpqBao0Ls17RdIDgO3SfTXbtaqwfDrAm1E%2fvJOhvppggJ6%2bQg%2fUU%2fnmtSS8wFnuAddbo4wkfuKgZ4dFeQ%2boXjlSIVQqrmrw9sfQS3XQbZ5rDGcltaQSIJ5D6Kyg9PE%2biopMohe68sSgQ%3d%3d等改写。

三、多视角呈现融合推广

"品字标浙江制造"的宣传和推广需要从多视角去呈现高质量的内容。在互联网高速发展的时代,信息更新速度加快,运营内容越来越快餐化,很多企业在网络推广中为了节省时间和成本,忽视了对内容呈现方式的甄别,导致无法达到预期的推广效果。事实上只有不断通过不同视角来打造并呈现高质量的内容,才能吸引用户,让消费者在成千上万的广告中看到品牌、记住品牌,使宣传效果事半功倍。一方面,用消费者喜欢的方式呈现内容有助于带动消费者的情绪,得到其认可,从而达到强互动的效果。另一方面,消费者与产品产生共鸣,就会主动进行二次传播,进一步增强宣传效果。所以,"品字标浙江制造"在重视推广渠道的同时,也注重多视角的内容呈现方式,争取每一次推广都让人耳目一新、津津乐道。

经典案例

微电影助力"品字标浙江制造"推广

微电影具有电视短片的种种特征,感染力强、内容形式多样、肆意创意,又具有互联网营销的优势,广受关注。

运用微电影讲好品牌故事是"品字标浙江制造"充分顺应时代传播特点的一项宣传创新举措。"品字标浙江制造"用开办品牌故事微电影(视频)大赛的方式让更多人认识了品字标。其中,视频《动画说"浙江制造"》以"浙江制造"团体标准为切入口,以形式新颖的MG动画为表现方式,对浙江省"品字标浙江制造"品牌建设进行了较为全面的介绍。该视频主要从"品字标浙江制造"品牌至精、至诚、至远的核心价值、"A+B+C"的标准体系、"四精"的团体标准理念以及标准覆盖范围等方面进行了宣教,为进一步推进"品字标浙江制造"品牌建设,提升品牌市场知名度提供了新的宣传利器。

资料来源:浙江制造微电影获奖!唱响"好声音"! http://www.zhejiangmade.org.cn/Web/PubInfo/NewsInfo.aspx? Params=WYBiYurA7LHiFOZWmpODV%2fSfVfc1mcb1jg4LnDS8LAsmo7QlKWV3JoVdsQXThDHcSb5AKDXVDxvrkuBpM% 2fuzbfnVRYwgb21716AlOSRa% 2ffSe%2bK%2bUwYPT50P7BtgttL6P.

"品字标浙江制造"强调内容形式的多样化和高质量,推广过程中根据内容的不同,采用了文字、图片、电影、三度空间等多种形式。文字和图片的宣传都是二维的,文字能表达、描述所要传达的信息与思想,通过更全面的叙述和多角度的描述,给读者带来更大的主观想象空间;照片能给人以直观感受,在感官上更为迅速直接,往往更能言简意赅地给人带来强大的震撼力量;视频是动态的照片,可以加入声音、图片、动画和影像信息,达到声情并茂的效果,能更清楚、更全面且动态地表现"品字标浙江制造";三度空间等视觉设计能满足消费者的娱乐心理,宣传效果更佳。"品字标浙江制造"采用多种内容呈现方式,能够充分发挥各自的优势,相得益彰,有助于消费者找到满足自己需求的内容,从而树立良好的品牌形象,增强宣传实效。例如,言简意赅的宣传语可以让人印象深刻,体现"品字标浙江制造"的品牌价值(见表5.1);"品字标浙江制造"徽标采用印章的形式,让人联想到工匠精神;抖音上诙谐有趣的小视频,则让人们更直观地了解"品字标浙江制造"。

表5.1 “品字标浙江制造”常用宣传语节选

序号	宣传语
1	Zhejiang Makes it Happen
2	匠心品牌,浙江制造
3	浙江制造,品质生活
4	世界品质,浙江制造
5	浙江好产品,认准“品字标”
6	浙江制造,世界共享好品质

资料来源:浙江省品牌建设联合会,http://www.zhejiangmade.org.cn/Web/About.aspx.

“品字标浙江制造”强调选取有影响力的人、企业、平台、渠道来提升品牌宣传效果。首先,品牌推广效果与媒体的品牌地位有关,因此,要选取有影响力的媒体平台进行报道,如在浙江当地订阅量领先的《都市快报》《钱江晚报》等地方级媒体,中央电视台、中国国际广播电台、《人民日报》客户端、人民网、中国网等国家级媒体上进行宣传。其次,推广效果与投放平台的流量息息相关,只有足够的流量才能让更多人有机会看到“品字标浙江制造”、认识“品字标浙江制造”。例如,在2017年9月至11月上旬(期间包含“十一”国庆期间和党的十九大召开期间)杭州人流量高峰期,在人流量最为密集的场所(萧山国际机场、杭州火车东站、核心地铁站等)连续投放六周“品字标浙江制造”广告;2020年5月,在第四个中国品牌日来临之际,连续七天在浙江知名广播电台(浙江之声、浙江交通之声等)持续滚动播出“品字标浙江制造”公益宣传。最后,在内容设计上选取“品字标浙江制造”较有影响力的龙头企业与其企业家为代表,这不仅可以利用名企名家本身拥有的知名度来为“品字标浙江制造”代言,引人关注,扩大影响的效应;还可以让名人名企为“品字标浙江制造”背书,提升大众对“品字标浙江制造”的信任度,帮助这些推广内容从众多的信息中脱颖而出。未来,“品字标浙江制造”还可以挑选更多对消费者影响力大的人物担任品牌代言人,出席宣传活动、拍摄影片等。

经典案例

名企名家合力推动“品字标浙江制造”宣传

为进一步加强“品字标浙江制造”品牌宣传推广,提升品牌形象和品牌影响力,省品联会作为中国中央电视台(简称“央视”,CCTV)广告中心的战略合作伙伴,借助“CCTV国家品牌计划”这一具有全国影响力的公益传播工程,制作“品字标浙江制造”公益广告并在中央电视台播放,严格遴选并精准推荐“品字标浙江制造”企业对接央视平台,持续提升品牌影响力。央视是我国最大的大众媒体,直接覆盖亿万观众,在央视进行广告投放无须担心信息碎片化带来的信息缺失和品牌形象误解,央视以自身影响力保证“品字标浙江制造”传播正面形象和正能量,是提升“品字标浙江制造"区域公共品牌形象的重要途径。

2017年,"浙江制造"公益广告还在全国"两会"期间(3月3日至3月16日)登陆央视一套,首次合作活动共邀请六家"品字标浙江制造"认证企业共同参与,一起传播"品字标浙江制造"好形象,推广"品字标浙江制造"好企业,打响"品字标浙江制造"好品牌。其中,选取的企业家都是来自浙江最具代表性的一些著名企业,具有社会的广泛认可度和影响力,如娃哈哈的宗庆后、正泰集团的南存辉、吉利控股集团的李书福、方太集团的茅忠群等。公益广告片长15秒,整体采用"'品字标浙江制造'区域公共品牌+企业个体品牌"方式呈现。区域公共品牌部分包括"品字标+DNA"(至精、至诚、至远)或"品字标+宣传口号";企业内容主要包括"企业品牌主徽标、企业品牌广告口号及企业标志性场景",同时,右上角或右下角显示"品字标+世界品质浙江制造",背景音乐统一为"品字标浙江制造"音乐。

党的十九大期间,"浙江制造"公益广告再次登陆中央电视台,此次广告分为代言人版(含茅忠群、南存辉、李书福三位企业家)和企业版(含方太、喜临门两家企业)。其中,代言人版于2017年10月17日至23日在CCTV-1《新闻30分》前(约11:54)每天连续播出,10月25日至11月15日逢单日播出,10月18日至20日同时在CCTV-4《晚间八点档》前(约20:28)播出;企业版在CCTV-4《晚间八点档》前(约20:28)播出,播出日期为10月16、17、21、22日,10月24日至11月16日逢双日播出。代言人版广告还于党的十九大期间登陆浙江卫视,2017年10月18日至10月31日在浙江卫视的央视《新闻联播》前播出,播出时间约18:58。

"品字标浙江制造"选取名企名家在我国最具权威性且播放覆盖范围最广的国家媒体CCTV上播放公益广告,积极发挥了品牌引领作用,共同传播品牌文化理念,推动"品字标浙江制造"在打造全球、全国、区域公共品牌上精准发力。

资料来源:根据"浙江制造"公益广告十九大期间再上央视,http://www.zhejiangmade.org.cn/Portal/Info/NewsInfo.aspx? Params=WYBiYurA7LHClHSY51lI81et2qCdQRhSGWcyFxGmlU4brOsIU4972H0N9L5oVv4V0ohXPxuOZbf1fSPtE4PNHLXUEhPWw%2bQuSzMVVXTM%3d;"浙江制造"公益广告登陆央视,http://www.zhejiangmade.org.cn/Portal/Info/NewsInfo.aspx? Params=WYBiYurA7LEK%2bXRbjGbnvV9%2fopTBTAtKGitsHM5OWj1funaV%2bXs00U%2b9Pn2nJBIDLlKTx0XRWj3ufpG%2b5aZ6k%2feHanLwJ28TaCxof2TZg6o%3d等改写。

"品字标浙江制造"强调结合具体产品进行品牌推广。"品字标浙江制造"作为区域公共品牌,是个抽象的品牌概念,大部分消费者难以直接衡量其品质、理解其高标准高质量的理念,难以快速建立品牌信任。但"品字标浙江制造"的产品是消费者所熟悉的,是与人们的工作、生活息息相关的。如果说区域公共品牌这一概念略显抽象,消费者无法直观体会它的优势与价值,那么能代表区域公共品牌的企业与产品则是其形象的"金名片"。"品字标浙江制造"拥有大量的终端品牌,可以借助具有较高知名度和美誉度的具体产品,以品质纯正、质量上乘的产品为载体,直观地让大众感受到"品字标浙江制造"的魅力,让大众接受并信任"品字标浙江制造"。例如,浙江省提出全面推行"主要关键性性能指标对比表随产品在经营场所展示"的政策,在产品、包装或说明书上明示,有助于大众通过了解具体产品指标,进一步了解并认可"品字标浙江制造"。

经典案例

终端产品助力"品字标浙江制造"获大众认可

在2017年浙江制造品牌建设系列发布活动中,极具浙江产业代表性的厨电、地板两类行业共四家知名企业,代表"品字标浙江制造"产品与德国标杆品牌的同类型产品开展了企业综合能力比对活动。以浙江制造的吸油烟机为例,本次比对的产品均符合"浙江制造"团体标准的要求,活动结果显示,在全压效率、噪声、常态气味降低度指标上,老板电器所代表的中国厨电企业产品优于"德国制造"产品。例如,在空气性能指标方面,老板电器更以350Pa超大风压远超浙江制造提出的≥200Pa的标准。通过具体产品的比对,消费者更直观地感受到了认证企业的高产品质量,相信"品字标浙江制造"真正做到了"国内一流,国际领先",在技术创新与设计开发方面,认证企业也能很好地适应高速变化的市场环境。

"品字标浙江制造"以终端产品为载体进行推广的成功例子还有很多,如2018年9月,在杭州新时代家居生活广场举行的"品字标浙江制造"走进新时代公共品牌主题推广活动,30多位各界消费体验者共同出席活动,前往"品字标浙江制造"品牌企业在新时代的各个门店,进行现场体验。现场体验后,不少消费者表示,浙江制造的品质已超过了他们的想象,并当下决定购买。不仅如此,"品字标浙江制造"的代表企业在火车站、地铁站等重要枢纽站设立品牌形象展示厅,并在醒目位置标注"品字标"或"浙江制造",让路人随时随地体验产品魅力(见图5.3)。

图5.3 "品字标浙江制造"在杭州东站设立投屏广告和形象展厅

资料来源:"浙江制造"产品与德国知名品牌产品比对,表现不俗.http://www.zhejiangmade.org.cn/Web/PubInfo/NewsInfo.aspx? Params=WYBiYurA7LFbhjWl%2flbplgDDo%2bBG5AG1kWnn0xV7p%2f5UJpLqK2N917275H3Ds2W%2bBDMw1L37Z0ZNvlXkKSnt%2bN3YM%2fA3pjpe%2fsznE6%2bqOW%2bVnUsBd538oWtSSKLgVS8E.

四、多主体配合协同推广

"品字标浙江制造"在浙江省政府、省品联会的指导下,通过各种途径进行大力推广,虽然政府与省品联合是区域公共品牌管理与宣传的主要推动者,但"品字标浙江制造"的发展与推广离不开各个主体的参与,通过多主体之间配合协同进行推广才能达到更好的宣传效果。浙江省市场监督管理局注重凝聚企业、学校等各方面力量,充分发挥其他市场主体的作用,协同多主体力量将"品字标"的招牌打得更响、传得更远。

一方面,"品字标浙江制造"与企业积极合作,由浙江省市场监管局牵头,联动全省各地市,全面启动"品字标浙江制造"企业贴标亮标"四个百分百"计划,努力实现"品字标浙江制造"企业质量承诺100%公示、品牌产品100%贴标、厂区车间100%亮标、广告宣传100%植入,并要求在2021年基本实现"四个百分百"全覆盖,让更多地方可以看到、更多市场可以买到、更多百姓都知道"品字标浙江制造"产品,有助于进一步提高"品字标浙江制造"公共品牌知名度,扩大品牌影响力。

拓展阅读

"四个百分百"计划解读

质量承诺100%公示:在企业经营场所、产品包装或说明书上明示《主要关键性能指标对比表》《质量承诺》和《服务承诺》,企业可根据实际情况选择传统图文方式或"品字码"形式展示。"品字码"应包含产品名称、型号、认证证书(品牌标识授权证书)、主要关键性能指标对比表、质量承诺、售后承诺等信息。

品牌产品100%贴标:在授权产品及外包装、合格证、说明书等部位,使用"品字标"公共品牌标识。提倡结合现有产品外观和包装设计,将标识有机融入,浑然一体,尽可能体现整体感,不建议采用不干胶形式粘贴。

厂区车间100%亮标:在厂区大门口、临街面、厂房楼顶等显著位置亮出"品字标"公共品牌标识及宣传用语,提倡使用LED等发光材料;在车间宣传墙、操作台、生产线、立柱等醒目位置展示"品字标"公共品牌标识及宣传用语,潜移默化地增强员工质量意识,强化工匠精神。

广告宣传100%植入:在企业自主广告和门户网站、公众号、陈列馆及展会、市场门店、网上销售渠道等相关载体,以及名片、信签纸、工作服、手拎袋等企业定制的物料上有机植入"品字标"公共品牌标识或宣传用语等元素,实现线上线下全覆盖。

资料来源:我省全面开展"品字标浙江制造"企业 贴标亮标"四个百分百"工作,http://www.zhejiangmade.org.cn/Web/PubInfo/NewsInfo.aspx? Params=WYBiYurA7LEPG%2bqODoHnq%2fTluYom460Fn7M%2bpJQEccVusfklg5X1eu5olETObKCSRaqTL74FGASfWcO5rbvCakpgt96AoCeW%2bYFFpKHcdV5bEnYO9asj0yghpZMQ3IdJ4Tlk%2bKzgT8U%3d.

另一方面,"品字标浙江制造"与学校联合推广,向中小学生科普浙江区域品牌,提升"品字标浙江制造"的社会认知度和社会影响力。政府以拥有政府质量奖和"品字标浙江制造"认证的企业为示范,推动中小学质量教育基地建设,让中小学生初步树立起对"品字标浙江制造"的认知。此外,"品字标浙江制造"已进入浙江省中学生课堂,在2018年修订的《人·自然·社会》高中版教材中加入了《浙江制造 质量强省》(高一年级)的全新课程,在教材的第78~80页对"品字标浙江制造"进行宣传介绍,让学生通过课堂进一步了解"品字标浙江制造"。

拓展阅读

永康率先实现"品字标浙江制造"贴标用标"四个百分百"

为进一步提高"品字标浙江制造"的市场知晓度、认可度和溢价能力,有力推动"品字标"企业质效升级,永康市市场监督管理局做实"三服务",聚力推动"品字标"企业贴"品字标"、用"品字标"、宣传"品字标",率先打造"品字标"企业"四百示范"。

一方面,建立推广机制,激活企业贴标用标的内生动力,主要表现在以下两方面。一是国际"窗口"集中推介"品字标"。抓住中国国际五金博览会、国际门业博览会等世界性展会契机,由政府出资加强现场氛围营造,集中向全球客户展示"品字标"产品的先进性核心指标和质量承诺,加大对"品字标"好企业和好产品的销售推广力度。二是双线并行扩大宣传辐射半径。在各大高铁站、建筑外立面投放"品字标"品牌公益宣传。通过报纸、电视、网络等线上线下媒体对"品字标"热点、亮点进行专题报道,向本地企业释放"以创标亮标为荣"的正向引导信号,进一步圈大企业创标亮标积极性。

另一方面,建立"品字标浙江制造"推进示范引领体系,扩大贴标用标的影响力,主要表现在以下三个方面:一是培育"品字标"示范领头人。针对企业标准化人才短缺、质量管理能力参差不齐这一短板,与中国计量大学联合开展"双十双百"质量提升行动,系统培训质量与标准化人才300多名。二是打造"品字标"示范企业。加强与"品字标"文化基础较好的企业对接,指导建立"品字标"示范样板。三是打造"品字标"示范行业。借助永康九大制造业行业协会会员多、分布广的优势,协同挖掘各行业精品,引导各行业积极参与"浙江制造"团体标准研制、认证和规范用标。以电动工具行业为例,目前该行业已主导起草"浙江制造"团体标准23个,通过认证的产品证书有27张,国际合作证书19张,呈现从政府推动到企业主动的良好态势。

资料来源:永康率先实现"品字标浙江制造"贴标用标四个百分百,http://www.zhejiangmade.org.cn/Web/PubInfo/NewsInfo.aspx? Params=WYBiYurA7LGyjZkPcguwxH5dPYCQAsyr5MsvIXpWTEQ7FMOEITPZfor9cvCnAfAC2sg7EijccNcOSaZXB1Fwwi9h%2bcKHzJ4i5SBTth%2basM%2fG4zbe8%2fXulZZ6%2bnZGlp7znxBwFKG8rOM%3d.

五、信息集成数字化推广

“品字标浙江制造”的推广工作在线上线下同时发力，通过多渠道、多途径、多主体，不断将“品字标浙江制造”的品牌形象深入消费者心中。除此之外，浙江省市场监督管理局还充分结合当下的数字经济背景，进一步利用二维码、移动互联网等现代信息技术，于2020年5月——第四个“中国品牌日”之际，推出质量承诺“品字码”，推动“品字标浙江制造”的信息一体化发展，实施“一品一证一码”（即一个“品字标”产品、一张“品字标”证书、一个“品字码”），帮助人们更好地认识“品字标浙江制造”。2020年5月9日，金华市在全市推行“品字标浙江制造”企业贴标亮标“四个百分百”计划基础上，举行中国品牌日暨质量承诺品字码推介活动，以金华市试点推行，为全省实施推广积极探路，提供经验。

“品字码”是为展示“品字标”产品特性创新推出的二维码展示手段，使用于产品外包装和产品说明书，并在展厅、陈列室等显要位置进行明示。消费者通过扫描“品字码”，即可获取“品字标浙江制造”精品信息、“品字标浙江制造”授权证书、主要关键性能指标对比表、产品质量承诺，查阅“品字标浙江制造”团体标准、企业信息等资料，实现“一码全知道”消费者通过“品字码”可以将产品相关信息尽收眼底，快速了解到自己感兴趣的内容。例如，浙江鼎立实业有限公司在“品字码”的推出后积极响应并成功申请，消费者通过扫描鼎立公司产品上的“品字码”（见图5.4）即可获取授权证书等重要信息。“品字码”页面示例如图5.5所示。“品字码”进一步提升了消费者的购物体验，深化了“品字标浙江制造”在消费者心中的良好形象。

图5.4　浙江鼎立实业有限公司铸铝门“品字码”

图5.5　“品字码”页面示例

“品字码”的申请也尤为便利快捷，“品字标”优企通过省品联会网站提交相关资料即可进行"品字码"的申请,审核工作在三个工作日内可完成。在申请"品字码"的过程中,企业除了提交"品字标浙江制造"认证证书、产品相关的关键信息以及国家/行业标准号等以外,还可以填写"品牌故事""'品字标'优企介绍"等企业推广的相关材料。"品字码"的推出推动了"品字标"产品相关信息的整合,实现了"品字标"信息一体化发展,给企业提供了更好的综合展示平台。截至2020年6月24日,已有55家"品字标浙江制造"企业获得79个品字码。

"品字码"以数字赋能"品字标浙江制造"公共品牌,推动企业创牌、贴标、亮标,促进消费者识标、识质、识"品",成了消费者与"品字标浙江制造"企业之间沟通的便捷门户。"品字标浙江制造"通过二维码技术将信息有效整合,消费者可以通过便利的手段,直观地获取所需的信息,给消费者带来了更多便捷,这不仅顺应了时代的发展,还提高了"品字标浙江制造"的推广效率。

拓展阅读

"品字码"申请操作流程

1.注册和登录操作此处不再介绍。企业登录之后,点击网站首页右边的【"品字码"申请】进入申请页面。

2.点击【新增】按钮,需注意:申请"品字码"时,相应产品会同步入驻省品联会网站的线上展厅,填写的资料部分用于"品字码",部分用于线上展厅,请注意识别。

3.根据获得授权证书的方式选择,如是"浙江制造"认证模式获得授权,点击【认证】按钮;如是"自我声明"模式获得授权,点击【自我声明】按钮。并且选择相应的授权证书。

4.选择证书后,确认产品名称、型号、生产地址、执行标准等信息导入是否正确;如果型号显示有误,请点击【自行填写】进行完善。"品牌故事":用于省品联会网站"线上展厅"的展示。"质量承诺":指相应"浙江制造"标准中质量承诺板块的内容。"'品字标'名企介绍":介绍企业的总体情况,如可以宣传企业作为"品字标"企业具备哪些优势,还可以宣传授权产品在设计、选材、制造、服务等方面具备哪些特点。"网店地址"和"实体店地址":用于省品联会网站"线上展厅"的展示。点击【保存】暂存或【下一步】继续。

5.进入关键指标对比表填写页面。"国家/行业标准号":指与"浙江制造"标准对比的国家标准/行业标准的标准号;"国际标准号":指与"浙江制造"标准对比的国际标准的标准号;"高端实物质量":填写与"浙江制造"标准对比的企业名称及产品名称。点击"增加指标",输入"浙江制造"标准与参比标准的项目及指标。完成后点击【下一步】继续。

6.根据要求上传相关图片,分别用于"品字码"的信息展示和线上展厅的信息展示。上传完成后,点击【提交】。

7. 显示操作成功,等待后台审核,审核工作将在三个工作日内完成。

8. 审核通过后,可以再次进入,找到该条申请记录,点击【品字码下载】。

资料来源:“品字码”申请操作流程,http://www.zhejiangmade.org.cn/Docs/Template/PZMLC.pdf.

“品字标浙江制造”的推广工作在政府、品联合、行业协会以及企业等多方主体合力下,通过新媒体和传统媒体联动宣传,让更多的人都有机会了解“品字标浙江制造”;通过线上线下联合推广提升用户体验;通过高质量的推广内容让消费者记住“品字标浙江制造”;通过多主体协同让推广效果翻番;通过数字赋能实现信息一体化使推广更加便利……正是这些推广策略,让“品字标浙江制造”快速发展,品牌影响力不断扩大,国内外越来越多的消费者和企业开始认识并认可了“品字标浙江制造”。

第二节 “品字标浙江制造”国际化发展

钟表王国的称号让瑞士钟表一枝独秀,波尔多庄园的古老传奇让法国葡萄酒风靡全球,精工制造让德国工业品畅销世界,瓷都景德镇让中国瓷器名扬四海,这就是区域公共品牌国际化的力量。品牌国际化的概念源起于产品全球化,是企业向海外目标顾客展示积极形象并建立品牌资产的过程,它可以扩大品牌的影响范围,增强组织的竞争能力以及品牌延伸的机会。作为浙江独具特色的区域公共品牌,“品字标浙江制造”正是基于通过推动“品字标浙江制造”认证的产品走出国门、走向全球,提升“品字标浙江制造”影响力,让越来越多的人认识浙江制造的高标准、高品质。

一、全球推广彰显国际化影响

为了更好地推动“品字标浙江制造”国际化发展,进一步走出国门,成为被世界认可的区域公共品牌,“品字标浙江制造”频频亮相国际会展。例如,在2016年杭州G20峰会上,国宾护卫摩托车用的就是“品字标浙江制造”产品;2017年4月,浙江省市场监督管理局率团赴奥地利、比利时、瑞士开展“品字标浙江标准”走出去系列活动;2017年4月,“品字标浙江制造”亮相汉诺威工业博览会,“品字标浙江制造”通过走出国门参加工博展等方式,推动自身品牌走出去,打响自身品牌知名度;2017年6月,“品字标浙江制造”走出去系列活动——“浙洽会”专场在宁波举行,“品字标浙江制造”通过亮相国内举办的国际会展来彰显自身品牌力量。

近年来,“品字标浙江制造”不断加速国际化发展进程,助推浙江企业积极参与国家“一带一路”倡议,取得了较好的应用实效,“一带一路”沿线国家也逐渐成了浙江省外贸出口新的增长点。“一带一路”倡议促进“品字标浙江制造”产品出口到国际市场,提升了“品字标浙江制造"的国际影响力。

在加快"品字标浙江制造"品牌国际化、提升品牌含金量的同时,浙江企业不断扩大出口,开拓海外市场。此外,"品字标浙江制造"努力为企业搭建一个更好的平台,通过举办各类会议、活动等,进一步拉近浙江企业与国际市场间的距离。例如,2018年10月22日,省品联会与浙江制造品牌建设功能中心联合举办"品字标浙江制造"品牌联合国采购说明会,近200名"品字标浙江制造"及义乌本土企业家代表与联合国全球市场及项目事务署相关官员进行零距离交流,共同探索建立和发展"品字标浙江制造"企业与联合国全球市场及项目事务署的合作。

在政府部门的助推下,"品字标浙江制造"的产品不断走向国际市场,截至2019年10月,获得"品字标浙江制造"认证的企业相关产品已销往全球七大洲,具体情况见图5.6。这些认证企业的产品涉及节能环保装备、交通设备、智能制造装备、通用装备及零部件、特色装备及零部件、新材料、消费及时尚产品等诸多领域。"品字标浙江制造"产品不断涌现各国市场,推动着"品字标浙江制造"国际影响力的不断提升,在"一带一路"倡议的引领下,"品字标浙江制造"的国际化之路越走越宽阔。[①]

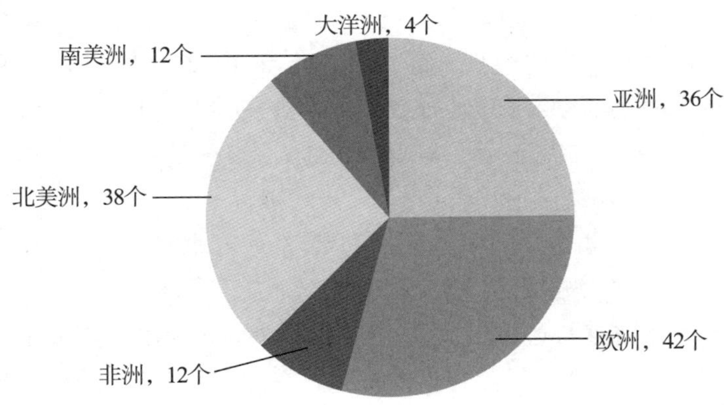

图5.6 "品字标浙江制造"企业及相关产品数量售往各大洲具体情况

据悉,未来,"品字标浙江制造"将着手从以下几个途径进一步提升自身的影响力。

首先,浙江省品联会将在各目标市场建立Facebook(脸书)、微博、Twitter(推特)、Linkedln(领英)及Blog(博客)等社群媒体账号,并对其进行持续的维护与经营,加强传播"品字标浙江制造"品牌优质形象,以议题营销方式,定期发布"品字标浙江制造"相关信息,吸引人群参与讨论,促成消费者互相分享使用"品字标浙江制造"品牌经验,以汇聚人气,达成口碑营销。

其次,浙江省品联会将建立"品字标浙江制造"区域公共品牌的专属国际网站,除中英文之外,还包含印度、印尼及越南语版本的活动网页,即时更新发布"品字标浙江制造"活动信

① 该部分主要参考《"品字标浙江制造"公共品牌"一带一路"蓝皮书》。

息、浙江产业新闻、宣传影片等。同时将"品字标浙江制造"专属国际网站与"品字标浙江制造"已建立的社群媒体及国内外相关网站相连接。

此外,浙江省将加强对"一带一路"沿线国家和地区、重点出口国家和地区的标准、技术法规、合格评定程序等研究,努力建立互利共赢的标准化合作机制与联络,以标准"走出去"带动"品字标浙江制造"产品、技术、装备、服务走出去。建设标准化综合服务平台、标准联通共建合作平台等,推动浙江省与其他国家和地区标准的互联互通。

拓展阅读

"品字标浙江制造"实现"一次认证、全球认可"的推广方案

2018年4月,国际认证联盟组织38家优秀的"品字标浙江制造"企业参加德国汉诺威工业博览会。汉诺威博览会期间,"品字标浙江制造"代表团访问TUV北德集团总部和BV必维德国总部,介绍"品字标浙江制造"品牌建设体系,并与BV必维签署认证标志的互认合作备忘录。2018年8月,省品联会、方圆认证与国际认证机构联盟(简称"IQNet")之间的三方合作协议正式签订,"品字标浙江制造"认证制度成功登陆IQNet的GAPP(Global Approach to Product Portfolio)平台。纳入GAPP平台的"品字标浙江制造"认证规则都将被IQNet及其成员承认,且能够让全球33个国家和地区的机构充分了解"品字标浙江制造"认证产品,为"浙江制造"的国际化道路奠定了基础。

2019年6月9日,世界认可日主题活动暨"品字标浙江制造"品牌走向"一带一路"发布活动在浙江宁波举行。浙江省副省长王文序提出,随着"一带一路"倡议、中东欧国家合作的加速推进,浙江真诚希望国内外认证机构和广大企业,共同用认证认可的信任之"证",架起经贸合作的桥梁。在此次大会上,12家企业获得"品字标浙江制造"认证证书,同时还获得了18张不同类型的国际认证证书,覆盖全球多个国家和地区,为企业走向国际市场提供了"通行证明"。

2019年9月,TUV北德集团董事局主席Stenkamp等三位国际专家受邀参加"品字标浙江制造""一次认证、多国证书"现场会,听取并探讨"一次认证、多国证书"的创新工作。Stenkamp表示将协同"品字标浙江制造"在智能化发展中进行变革创新,并在现场为杭州西子智能停车股份有限公司颁发"品字标浙江制造"国际合作证书。

资料来源:2019年世界认可日主题活动暨"品字标"品牌走向"一带一路"发布活动在宁波举行,http://www.zhejiangmade.org.cn/Web/PubInfo/NewsInfo.aspx? Params=WYBiYurA7LEKOQPXAwd77E700IXq8f9bIFNoaXxmz8rRPDfUfqgZ6K%2bvt0uCpxcXjsiL81%2bwVHy%bRrDRA5nRBYuz2Iq9amRcicFuXcCKzt%2bxhs1K5oT5pvGlCpLzXJQVoGV%2bqTcbHfL1ML4eM7RDmntZlp7ZUnL6fuC%2bCFEzNbG3AYQlr7n7m8ozwjpkKW0Y9.

二、“一次认证、多国证书”助推国际化发展

为加快“品字标浙江制造”国际化步伐，提升“品字标浙江制造”在海内外市场的知名度，降低企业认证成本，助推“品字标浙江制造“产品进入国际市场，国际认证联盟通过引入国际先进管理理念和认证技术，帮助国内企业建立国际化质量管理模式，减少出口技术风险和市场壁垒，简化认证程序，降低企业成本，惠及企业发展。

为进一步推动“品字标浙江制造”产品进入国际市场，加快“品字标浙江制造”国际化步伐，在原有的“一个机构、一次认证、一张证书”（即一个机构通过一次认证颁发一张“品字标浙江制造”认证证书）的基础上，进一步利用国际认证联盟的优势，改革实施开展“一个机构、一次认证、多国证书”（即一个机构通过一次认证颁发一张“品字标浙江制造”认证证书及一张或多张国际认证证书），这一改革有利推动企业发展，为“品字标浙江制造”产品快速进入多国市场提供“通行证”。例如，正阳实业投资有限公司的斜切割机和浙江三锋实业股份有限公司的电链锯获得了Intertek天祥颁发的“品字标浙江制造”双标志认证证书，该证书不仅符合“品字标浙江制造”标准，同时符合EN欧洲标准要求；浙江安露清洗机有限公司的家用清洗机获得了“品字标浙江制造”与瑞士SGS的CE认证证书；宁波华美达机械制造有限公司的机械注塑机获得了瑞士SGS颁发的“品字标浙江制造”认证证书以及CE、EAC、VOC等多张认证标志证书，涵盖欧洲、亚洲等国家和地区。2017年10月，“品字标浙江制造”首次开展海外工厂认证，东海集团比利时工厂获得“品字标浙江制造”与法国BV认证双标志证书。这些举措提升了“品字标浙江制造”在海内外市场的接受度，降低了企业认证成本，助推产品进入国际市场。

随着国际认证联盟成员数量的增加，国际认证联盟实力进一步增强，拓宽了服务领域和资质覆盖范围，使其朝着检验检测认证一体化方向发展，以实现检验检测认证的一站式服务。2018年，国际认证联盟在宁波、永康开展“一次认证，多国证书”集中试点活动，面向21家外向型企业，共颁发36张国际证书，涵盖EAC、GC、GS、ETL等国际合作证书，覆盖中东、欧洲、美洲等主要国家和地区。截至2019年年底，国际认证联盟已集聚了国内外最有影响力的14家高品质认证机构，自2015年联盟开展“一次认证、多国证书”以来，共颁发152张国际证书，涉及64家企业、72类产品、15亿美元出口。表5.2列出了获得“品字标浙江制造”认证国际合作证书的企业。

表 5.2 “品字标浙江制造”企业获得国际认证证书情况

发证单位	对应单位	发证单位	对应单位
天祥	正阳实业投资有限公司	SGS	浙江味老大工贸有限公司
	浙江星星冷链集成股份有限公司		宁波三安制阀有限公司
	宁波新海电气股份有限公司		浙江安露清洗机有限公司
	宁波耀华电气科技有限责任公司		浙江迪特高强度螺栓有限公司
	浙江中坚科技股份有限公司		浙江大丰实业股份有限公司
	浙江圣奥家具制造有限公司		浙江阿斯克建材科技股份有限公司
	浙江新和成特种材料有限公司		永艺家具股份有限公司
	新海科技集团有限公司		浙江恒林椅业股份有限公司
	仙鹤股份有限公司		浙江爱仕达电器股份有限公司
	浙江三锋实业股份有限公司		浙江诺力机械股份有限公司
	浙江安德电器有限公司		浙江人和光伏科技有限公司
	浙江超人科技股份有限公司		宁波华美达机械制造有限公司
	浙江东立电器有限公司		浙江安胜科技股份有限公司
	浙江金晟环保股份有限公司		浙江炊大王炊具有限公司
	得力集团有限公司		浙江格普新能源科技有限公司
	宁波三A集团有限公司		浙江中信厨具有限公司
	金华市亚虎工具有限公司	CQM	道明光学股份有限公司
	嘉善天惠服饰有限公司		浙江华亚杯业有限公司
	嘉善欧莱斯服饰辅料厂		南龙集团有限公司
	杭州豪悦护理用品股份有限公司	CQM	浙江太阳洲电气科技有限公司
	金华华东环保设备有限公司		浙江中财管道科技股份有限公司
	浙江佳佳童车有限公司		浙江鸿盛化工有限公司
	麦克英孚(宁波)婴童用品有限公司		西格迈股份有限公司
	嘉善天路达工贸有限公司	BV	宁波东海集团有限公司
	杭州可靠护理用品股份有限公司		得力集团有限公司
南德	宁波博信机械制造有限公司		奥克斯空调股份有限公司
	浙江正特股份有限公司		永康市开源动力工具有限公司
万泰	宁波海伯集团有限公司		浙江天际互感器有限公司
	得力集团有限公司		浙江环方汽车电器有限公司
	浙江金大门业有限公司		浙江力高泵业科技有限公司

续 表

发证单位	对应单位	发证单位	对应单位
万泰	千年舟新材料科技集团有限公司	UL	浙江信源电器制造有限公司
威凯	杭州九阳生活电器有限公司	汉德	杭州西子智能停车股份有限公司
CQC	嘉善三思光电技术有限公司	莱茵	浙江信普工贸有限公司

注:共64家企业,其中得力集团有限公司同时获得了BV、万泰、天祥等国际认证证书。

资料来源:"品字标浙江制造"公共品牌"一带一路"蓝皮书。

2019年,国际认证联盟再次改革,创新推出"多个机构、一次认证、多国证书"(多个机构通过一次联合认证,颁发一张"品字标浙江制造"认证证书以及一张或多张国际认证证书)的认证模式,这一改革进一步满足了出口企业同时出口多个国家的需求,加大了国际合作证书的覆盖范围,并再一次减轻了企业认证的压力。通过一次认证,多机构联合审核,同时颁发多家机构的多张国际合作证书,极大程度上减少了重复检测和审核工作,降低了审核费用,提高了获证效率,减轻了企业认证的压力,推动着"品字标浙江制造"产品快速进入国际市场,加速国际化发展。

拓展阅读

"一次认证,多国证书"首次实现多机构联合认证

2019年11月,"浙江制造"认证联合审核组前往台州椒江区,针对浙江怡和卫浴有限公司的智能坐便器盖板产品,在标准、检测、审核、认证决定等方面研发建立多机构采信模式,通过比对、整合国内外标准及技术法规的差异,以一家成员机构的产品测试为基础平台,以"浙江制造"评价规范要求、《智能坐便器》团体标准为认证依据,为企业颁发浙江制造、ETLeu、CE-EMC、CB、NF、RCM、Watermark共七张国内外证书,覆盖中国、欧盟、大洋洲、东南亚等主要国家和地区,帮助企业降低了47.3%的检测认证费用,大大提高了获证效率和市场认可度,这一举措,为浙江怡和卫浴有限公司的产品提供了进入国际市场的通行证,加快了企业的国际化发展。

第三节 "品字标浙江制造"的品牌延展

当前,"品字标浙江制造"已经成为市场公认的、综合体现浙江企业产品和服务先进形象的中高端区域公共品牌,许多企业争相进行"品字标浙江制造"认证申请。为进一步提高"品字标浙江制造”品牌影响力，也为“品字标浙江制造”更好地服务于企业，省品联会在浙江省市场监督管理局的指导下对“品字标浙江制造”展开延展升级，主要包括“品字标浙江制造”模式跨产业延展、“品字标浙江制造”认证跨区域延展和“品字标浙江制造”模式跨地区延展三个方面。

拓展阅读

品牌延展的类别

品牌延展是指将已被市场接受的品牌延展使用到公司的其他产品上，目的是改变原有品牌产品的形象。从定义来看，狭义的品牌延展概念是指将现有的品牌使用到新产品上的经营行为；广义的品牌延展概念在狭义的品牌延展概念基础上，还包括改进现有产品的行为。品牌延展是现代企业常用的发展策略之一，品牌延展的使用也有利于降低企业的扩张成本，扩大企业的发展规模。

品牌延展的核心策略包括单一品牌延展、主副品牌延展、母子品牌延展、联合品牌延展等。根据延展产品与原产品的差异和所服务市场的相互关系，可以将品牌延展分为线内延展和跨类延展两大类。线内延展是指母品牌在原产品领域里，为新的细分市场开发新产品，分为换代延展、水平延展和垂直延展三类；而跨类延展是指品牌延展到不同于已有的品牌产品，可分为连续性延展和非连续性延展。

资料来源：王泗通.品牌延伸与技术创新：南京“老字号”绿柳居的现代转型.青海民族研究，2016(4):47-51.

一、“品字标浙江制造”模式跨产业延展

“品字标浙江制造”模式跨产业延展是指“品字标”涵盖的产业已经从制造业延展到其他产业。2018年12月，浙江省市场监督管理局发布了《“品字标”品牌管理与评价规范 第1部分：管理要求》（DB33/T 944.1—2018）。该标准由浙江省标准化研究院、省品联会共同起草，其中明确定义了“品字标”品牌是代表制造业、服务业、农业、建筑工程、生态等领域高品质和先进性形象的公共品牌，包括“品字标浙江制造”“品字标浙江服务”“品字标浙江农产”“品字标浙江建造”“品字标浙江生态”等子品牌。这些子品牌是浙江“品字标”区域公共品牌的一部分，共同组成浙江“品字标”品牌。自此，“品字标”品牌逐步开始从制造业向农业、服务业、生态、建筑业等领域延展。

“品字标浙江制造”模式跨产业延展最先在农业方面进行尝试。2019年8月，浙江省市场监督管理局发布了《“品字标”品牌管理与评价规范 第4部分：“品字标浙江农产”评价要求》（DB33T 944.4—2019）。该标准由浙江省标准化研究院、省品联会共同起草制定，于9月30日生效实施，为在浙江省内“品字标浙江农产”的品牌管理提供统一的技术依据。该标准主要规定了“品字标浙江农产”品牌认定、基本要求、管理体系、生产管理、供应和服务管理等方面的要求，明确了“品字标浙江农产”生产规范、管理先进的特性，更好地指导塑造绿色、生

态、优质的品牌核心。该标准的发布为浙江农业开展"品字标"品牌建设与评价提供指引，不仅有助于在全省范围内形成"品字标"品牌建设合力，推动传统农业向高效生态现代化农业转型，促进乡村振兴，而且有助于实现国内外两种资源、两个市场的有效利用和融合发展，提升浙江农业国际竞争力，助推农业产业体系变革。

浙江省市场监督管理局后续还将发布《"品字标"品牌管理与评价规范 第3部分："品字标浙江服务"品牌评价要求》《"品字标"品牌管理与评价规范 第5部分："品字标浙江建造"品牌评价要求》《"品字标"品牌管理与评价规范 第6部分："品字标浙江生态"品牌评价要求》系列文件来规范各个子品牌。针对制造业后续也将发布《"品字标"品牌管理与评价规范 第2部分："品字标浙江制造"品牌评价要求》，届时将取代《管理要求（2017）》。

目前，"品字标浙江制造"模式跨产业延展仍然处于起步和研发阶段。虽然，"品字标浙江农产"标准已经发布，但有关"品字标浙江农产"具体的认证工作还没有开展，暂无企业取得"品字标浙江农产"的认证证书。《"品字标"品牌管理与评价规范》中"'品字标浙江服务'品牌评价要求、'品字标浙江建造'品牌评价要求、'品字标浙江生态'品牌评价要求"三项规范子品牌的标准也仍处于研发状态，还未发布正式文件。不过随着相关政策的完善，"品字标浙江制造"的模式将逐步延展至农业、服务业、生态、建筑等领域，越来越多的企业将获得"品字标"品牌的认证证书。

二、"品字标浙江制造"认证跨区域延展

"品字标浙江制造"认证跨区域延展是指对认证企业所在地域的拓宽。《通用要求（2014）》中明确规定了"品字标浙江制造"的认证申请只适用于总部在浙江，且供应链中的合格供应商50%以上源自浙江的企业。《管理要求（2014）》和《管理要求（2017）》都遵循《通用要求（2014）》中的这些相关规定。自2014年"品字标浙江制造"推出以来，参加并获得"品字标浙江制造"认证的企业，大部分是总部和生产都在浙江的企业。伴随着"品字标浙江制造"知名度的提升，2017年之后，一些总部在浙江但生产不在浙江的企业也开始尝试申请认证"品字标浙江制造"。如宁波东海集团有限公司2017年申请并成功获得"品字标浙江制造"认证证书，其总部在浙江宁波，旗下分公司的生产基地在比利时。

2018年，浙江省市场监督管理局发布的《"品字标"品牌管理与评价规范 第1部分：管理要求》（DB33/T 944.1—2018）中，去掉了"品字标浙江制造"只适用总部必须在浙江的企业申请认证这一明文规定，并且对供应商的来源也不再有明确的要求。虽然，从目前"品字标浙江制造"认证企业的实际情况来看，还没有总部在浙江以外的企业获得认证，但在未来，可能会出现总部和生产都不在浙江的企业申请并获得"品字标浙江制造"认证的案例。通过放宽申请条件，总部在浙江省外甚至国外的企业都可以提出"品字标浙江制造"认证申请，这将有利于"品字标浙江制造"认证走出浙江，朝着更高、更远的平台发展，提升"品字标"的国内外影响力。

经典案例

"品字标浙江制造"认证跨区域延展案例——宁波东海集团

2017年,宁波东海集团有限公司(简称"东海集团")在"品字标浙江制造"走进"一带一路"推介对接活动上,获得了"品字标浙江制造"海外工厂认证证书。东海集团是各类水表、燃气表、热量表、净水表、程控阀门等产品的专业化制造企业,公司于2011年在比利时建立了生产与研发基地,以欧盟标准来研发新型智能计量仪表。2017年10月初,东海集团生产的容积式水表通过法国BV认证集团认证的同时,它旗下的比利时公司作为首家海外企业参加并顺利通过"品字标浙江制造"品牌认证。东海集团就是总部在浙江,分公司在浙江省外,并通过"品字标浙江制造"品牌认证的企业典例。东海集团总经理袁霞萍表示,"标准化+"已经给公司带来了实实在在的好处。拿下首张"品字标浙江制造"海外工厂认证证书后,不仅提升了他们的品牌知名度,同时也帮助他们真正打开了欧洲市场。在比利时PIDPA水务公司的招标中,东海集团以绝对的高分击败其他国家顶尖的计量仪表企业,完成中标,获得了10.5万只容积式水表的订单,占据比利时全国仪表行业近半的市场份额。

资料来源:洪文敏.浙货带"品"字logo 就意味着高品质,https:// zjnews.zjol.com.cn/zjnews/hznews/201710/t20171024_5442016.shtml.

三、"品字标浙江制造"模式跨地区延展

随着"品字标浙江制造"知名度的进一步提升和影响力的进一步扩大,"品字标浙江制造"对浙江省制造业转型升级发挥着越发重要的作用。"品字标浙江制造"模式的成功试行,不仅适用于浙江,对于我国其他地区打造自己的区域公共品牌也具有一定的借鉴意义。事实上,目前我国部分省区市已经在效仿"品字标浙江制造",打造有区域特色的区域公共品牌,如上海的"上海四大品牌"、山东的"泰山品质"、内蒙古的"蒙字标"。

2018年,上海市国资委出台了《关于本市国有企业全力打响上海"四大品牌"的实施方案(2018—2020)》,提出打响"上海服务""上海制造""上海购物""上海文化"四大品牌;并在同年4月全力打响"四大品牌"推进大会上提出"上海服务"重在提高辐射、"上海制造"重在彰显美誉度、"上海购物"重在增强体验度、上海文化"重在展现标识度的要求。另外,山东探索设立"泰山品质"高端特色认证。经认监委批准,山东省推出了具有地方特色的"泰山品质"认证,申请认证的对象是能够代表山东诚实守信、品质卓越、具有持续创新和市场竞争力、具备品牌高端化"五高"特征的产品和服务。山东继浙江和上海之后,也在积极打造高端区域公共品牌。2019年,内蒙古自治区在学习"品字标浙江制造"的基础上,推出了自己的区域公共品牌"蒙字标",为内蒙古经过认证联盟认证后的优质商品打上"蒙字标",树立内蒙古产品

“高品质、纯天然、生态环保”的品牌形象，进而推向全国，让更多的人了解内蒙古、了解内蒙古的优质商品。目前，“蒙字标”通过严格筛选，已初步选定兴安盟大米、通辽黄玉米、科尔沁牛肉、锡林郭勒羊肉、河套小麦、乌兰察布马铃薯等产品进行重点培育。“上海四大品牌”“泰山品质”和“蒙字标”的陆续推出，是“品字标浙江制造”模式跨地区延展的典型事例，未来，必将会有越来越多的地区借鉴“品字标浙江制造”模式，打造高端的区域公共品牌。

拓展阅读

内蒙古构建“蒙字标”认证体系

2019年6月，内蒙古市场监督管理局召开“蒙字标”认证行动计划论证会，深入探讨如何运用“蒙字标”认证工作，助推内蒙古经济高质量发展。据介绍，“蒙字标”认证按照“政府引领、市场运作”的方式，以标准和认证为手段，致力于打造内蒙古地区企业和产品的高质量区域公共品牌，引导企业采用先进标准组织生产，树立内蒙古产品和服务高品质形象，提高产品和服务核心竞争力，提高市场认同度，凸显内蒙古区域公共品牌价值和影响力，是内蒙古品牌培育工程和助推企业高质量发展的重要抓手。

“蒙字标”认证工作是落实“生态优先、绿色发展”战略，助力脱贫攻坚、乡村振兴，推进农牧业供给侧改革，推进打假治乱、培育区域公共品牌，探索市场监管方式现代化的有力举措。下一步要从选好企业、打造标杆，制定科学的高水平高质量标准，选好认证机构及检验检测机构并做好监管工作，对目标企业进行全产业链监管这几方面着手，做好“蒙字标”认证工作，助推内蒙古经济高质量发展。

“蒙字标”认证是认证制度的创新，是立足全区资源禀赋，体现自治区产业、产品优势等特点，符合自治区发展战略、体现地方特色的认证方式。下一步，内蒙古将大力构建“蒙字标”认证标准体系、制度体系、产业体系、质量链体系、推广体系等五大体系，推动“蒙字标”认证工作的开展。

资料来源：薛海军，孙鹤.内蒙古构建“蒙字标”认证体系，http://www.cnfood.cn/difangxinwen138956.html.

“品字标浙江制造”通过模式跨产业延展，认证跨区域延展和模式跨地区延展，有力推动了浙江“品字标”的影响力，促进了浙江经济转型升级和高质量发展，并为其他一些地区所借鉴，发挥了“重要窗口”的作用。未来为了进一步推动我国经济供给侧改革，更好地贡献浙江智慧，应积极推动“品字标”标准上升为国家高端产品和服务的标准，让浙江“品字标”更好地服务于我国经济转型和高质量发展，进一步提升“品字标”的国内外影响力。

课后思考

1."品字标浙江制造"有哪些主要推广策略?
2. 如何推动"品字标浙江制造"进一步走向国际市场?
3. 什么是"品字标浙江制造"跨产业发展?
4. 如何使"品字标浙江制造"助力我国经济转型升级?

结 语

浙江省在传承传统工匠精神，借鉴德国、日本、瑞士等国品牌经验基础上提出了“品字标浙江制造”战略，在浙江省委、省政府的大力支持下，通过社会各界的努力，建立了完善的“品字标浙江制造”组织架构，形成了系统的“好企业+好产品+好服务”标准体系。严格的标准研制流程确保了“品字标浙江制造”标准达到“国内一流，国际先进”的先进的水平，规范的认定流程确保了认定的严谨性。多种认定方法的结合确保了认定的科学性。“高标准+严认定”的创新举措让“品字标浙江制造”日益成为国内外公认的高端区域公共品牌，有力推动了浙江经济转型升级和高质量发展。自实施以来，“品字标浙江制造”团体标准数量和认定数量持续增加，品牌影响力逐渐从全省扩展到全国乃至全球。尽管“品字标浙江制造”发展时间还不长，但无论从标准研制数量还是认证企业数量来看，都已取得了显著的成效，从而有力推动了浙江制造业的发展。“品字标浙江制造”区域公共品牌的建设之所以能取得如此显著成效，有多种因素共同推动。我们认为主要有五个方面的因素起着关键作用，下面对这五个方面因素进行说明和总结。

一、聚焦企业，问题导向

“品字标浙江制造”区域品牌的建设一直以解决企业的痛点和问题为核心。主要表现为以下几点：第一，“品字标浙江制造”战略的实施就是为了解决浙江省制造业企业缺少高质量品牌的问题；第二，浙江省许多制造企业都是以外向型经济为主，针对外向度高的浙江制造产品，“品字标浙江制造”通过对比融合外销贸易地、进口国与我国标准的差异项，创立了适应多国要求的“浙江制造”团体标准；第三，国际认证联盟积极进行了认证模式改革，在原来“一个机构、一次认证、多国证书”的基础上，创新推出“多个机构、一次认证、多国证书”的认证模式，这一改进进一步为外向度较高的企业降低了认证成本，满足了出口企业同时出口多个国家的需求，加大了国际合作证书的覆盖范围，也进一步推动了“品字标浙江制造”产品快速进入国际市场，加速国际化发展。正是从浙江省企业的实际问题和需求出发，才吸引了越来越多的企业积极参与标准研制和认证。正如浙江大丰实业股份有限公司副总经理韩宝罗所说：“品字标的一次认证，多国证书，实实在在地减轻了企业的工作量。”浙江好易点智能科技有限公司总经理金星荣也表示:"品字标给公司带来的最大帮助和作用,就是让我们知道怎样去做好产品、把产品做好。"可见,坚持问题导向,为企业解决实际问题,是吸引企业参与,进而保证区域公共品牌建设活动持续开展的重要因素。

二、政府职能,顺时转换

"品字标浙江制造"区域公共品牌具有公共品的特点,其打造离不开政府的支持,政府在品牌建设的不同阶段其支持方式也有所不同。建设初期,浙江省政府主要通过三种方式引导"品字标浙江制造"品牌的创建:第一,政府制定一系列政策进行总体规划。比如2013年7月,浙江省委做出了"全面提升浙江制造品牌影响力"的重大决策,2014年9月浙江省政府办公厅专门下发《关于打造"浙江制造"品牌的意见》,明确提出要构建"浙江制造"标准体系,以高标准带动质量水平提升。第二,政府倡议和支持省品联会和国际认证联盟的成立,为顺利开展品牌建设各项工作搭建平台。第三,浙江省市场监督管理局等政府部门通过开展品牌训练营,确立试点培育对象,组织标准宣贯培训等集中培育活动推动企业参与"品字标浙江制造"品牌的建设。

从2017年开始,随着品牌建设工作的不断推进,有越来越多的社会力量加入了"品字标浙江制造"体系,浙江省市场监督管理局将"开展品牌训练营,确立试点培育对象,组织标准宣贯培训"等事务转交给了省品联会。政府更多的是发挥激励和监督作用,一方面浙江省市场监督管理局等政府部门通过经费支持和购买服务等方式激励企业、省品联会、国际认证联盟等多元主体参与"品字标浙江制造"区域公共品牌的建设和维护。另一方面,浙江省市场监督管理局等政府部门通过监督企业、省品联会等品牌建设多元主体的行为,营造诚实守信、公平竞争的市场环境来确保"品字标浙江制造"的持续发展。

三、多元主体,协同推进

"品字标浙江制造"品牌的打造涉及多元主体,包括浙江省市场监督管理局、省品联会、国际认证联盟、行业协会、企业、消费者、科研院所、客户等。这些主体的协同互动保证了品牌建设的有序运转。具体来说,浙江省市场监督管理局的作用是统筹规划、监督指导品字标建设;省品联会负责协调多元主体开展品牌建设工作,包括组织标准研制、品牌推广活动等;国际认证联盟作为第三方认证机构,保证认证的独立性;企业既可以参与标准研制,也可以参与认证活动;行业协会、科研院为"品字标浙江制造"发展提供建议和智力支持;客户作为"品字标浙江制造"产品的使用者,通过提供反馈需求和建议为标准研制提供参考。这些主体共同作用,协同推进"品字标浙江制造"的发展。

此外,品牌建设过程中的一些具体工作也需要大量的协同。例如,在标准研制过程中,标准研制工作组需要广泛吸纳先进同行、上下游企业、行业协会、科研机构、检测机构、认证机构、政府部门和客户等利益相关方参与。先进同行、行业协会主要提供相关技术参数,并进行同行业国内外指标对比,通过结合现实基础,为标准研制提供方向建议;科研机构、检测机构、认证机构负责提供智力和技术支持，保证标准研制的先进性和可操作性；消费者和上下游企业则从自身需求出发，为相关指标的提升和完善提出建议；政府可以为标准研制提供政策支持。各方通过研讨，合力解决标准研制过程中的难点，使标准能够同时满足先进性、可操作性、经济性等要求。

四、制度保障，规范管理

"品字标浙江制造"品牌建设的有效推进，离不开制度的保障和规范。总体规划、标准制定、认证工作等方面均有明确的制度规定。总体规划方面，省政府颁布了多项制度文件指导和规划"品字标浙江制造"品牌的打造，如浙江省人民政府办公厅发布了《"浙江制造"品牌建设三年行动计划（2016—2018年）》《浙江省质量提升三年行动计划（2017—2019年）》等，明确了加快"浙江制造"提标提质，提升品牌竞争力的主要目标和任务。标准制定方面，省品联会发布的《浙江省品牌建设联合会"浙江制造"标准管理办法》《浙江省品牌建设联合会"浙江制造"标准研制细则（试行）》《浙江省品牌建设联合会"浙江制造"标准立项论证细则》等，规范了标准研制过程中需要注意的事项。认证方面，国际认证联盟根据A标准制定了具体的评审指南，确保了认证工作的一致性，保证审核质量，减少认证风险。

五、开放包容，迭代升级

"品字标浙江制造"品牌打造过程中一直秉持保持开放包容的态度，不断强化全球合作与提升国际影响力。例如，国际认证联盟成员数量的增加，国际认证联盟2014年成立的时候，只有6家认证机构；2016年6月，国际认证联盟引入了5家国际认证机构；2018年9月又引入了3家国内外知名认证机构，机构总数增加到14家。国际认证联盟成员的不断拓展不仅为"品字标浙江制造"品牌打造提供了更为全面、权威的技术支撑，也进一步助推了"品字标浙江制造"的国际化进程。随后，在"一带一路"倡议和"标准联通一带一路"行动计划指引下，"品字标浙江制造"相关组织方持续开展了一系列全球推广和合作活动。这种开放包容的品牌打造精神，使"品字标浙江制造"品牌越来越具有更大的国际影响力，"品字标浙江制造"产品越来越具有更强的国际话语权。

参考文献

[1] 白璐.瑞士、匈牙利标准化发展简介[D]//中国标准化协会.标准化改革与发展之机遇——第十二届中国标准化论坛论文集,中国标准化协会,2015:1494-1497.

[2] 曹钰华,李晶.放任还是干预?新常态下区域创新系统中政府角色定位策略研究[J].科技进步与对策,2018(9):32-41.

[3] 陈波媛.如何提升网络营销的品牌推广效果[J].财经界(学术版),2015(4):108.

[4] 陈润.铁血重生:德国商业200年[M].北京:中华工商联合出版社,2017.

[5] 陈振华."浙江制造"——高质量的象征[J].中国质量与标准导报,2017(12):18-20.

[6] 储辰羽.浙江制造业品牌国际化发展瓶颈及路径探索[J].商场现代化,2018(14):68-69.

[7] 传清.区域产业集群品牌的产权和监管探讨——以"浏阳花炮"为例[J].武汉大学学报(哲学社会科学版),2010(6):889-890.

[8] 崔雪涛.影响力:品牌营销与危机公关[M].北京:化学工业出版社,2019.

[9] 东方峰.陈阿裕:勤奋专注诚为本感恩创新赢未来[J].中国林业产业,2019(7):43-46.

[10] 2019年世界认可日主题活动暨"品字标"品牌走向"一带一路"发布活动在宁波举行[J].铁道技术监督,2019(6):94.

[11] 冯蕾.他山之石[N].光明日报,2017-05-09(14).

[12] 郭小.建立和实施产品认证制度的思考[J].中国质量认证,2004(4):13-16.

[13] 国外如何扶持本国品牌.中国对外贸易[J],2007(3):32-33.

[14] 韩中和.品牌国际化研究述评[J].外国经济与管理,2008(12):34-40.

[15] 何适.我国认证认可作用及其有效途径[J].机械工业标准化与质量,2014(9):19-21.

[16] 怀海涛.从研发创新到精品质量——瑞士中小企业制胜之道[J].现代班组,2014(3):22-23.

［17］金科．电机厨具展已成为嵊州创新驱动新引擎智能引领新阵地——访嵊州市科技局局长孙益林[J]．今日科技，2017(10)：29-34.

［18］菁菁．走出自己的“品牌路”——访浙江亿田电器有限公司董事长孙伟勇[J]．中国质量技术监督，2015(12)：74-75.

［19］俊杰．长风破浪正当时：记得力集团有限公司[J]．文体用品与科技，2010(2)：40.

［20］况顺强等．追求极致，“瑞士制造”的成功密码[N]．贵阳日报，2014-08-22(004).

［21］赖茂生，龙健．新媒体的节目内容创新研究[J]．科技传播，2010(4)：38-41.

［22］岚婷，虞张月义，宋明顺，张华．先进标准引领制造业质量提升的浙江经验[J]．标准科学，2019(6)：116-120.

［23］李海洋．瑞士制定国家标准的启示[J]．冶金标准化与质量，2001(3)：60.

［24］李志德．中国产品质量发展的长效机制研究[D]．武汉：武汉大学，2012.

［25］李钟隽．新媒体与传统媒体的互动与融合[J]．学术交流，2010(5)：205-207.

［26］梁玉真．不谋而合的中国工匠精神与“中国制造 2025”[J]．中国商论，2018(29)：183-184.

［27］林媛熹．浙江区域品牌传播现状研究[D]．兰州：兰州大学，2012.

［28］刘波．认证认可的发展历程及趋势[J]．经营管理者，2010(24)：188.

［29］刘洪民，刘炜炜．对标德国制造，浙江实施制造业标准化战略的对策建议——基于国家标准化综合改革试点的背景[J]．科技和产业，2019(5)：12-16.

［30］刘立华，孙有中．区域品牌传播的理论与实践研究[J]．新闻爱好者，2013(3)：35-42.

［31］刘湘丽．日本技能人才培养新制度：实践型人才培养体系[J]．中国培训，2009(3)：59-61.

［32］刘艳子．电视媒体微博品牌推广效果的影响因素[J]．视听界，2013(5)：33-36.

［33］马建堂．让工匠精神成为中国制造之“魂”[J]．中国品牌，2018(S1)：26-27.

［34］马向阳，陈琦，郑春东．区域品牌定位与整合营销传播研究——以天津滨海新区为例[J]．天津大学学报(社会科学版)，2010(2)：113-118.

［35］马玉珊．网络营销模式下品牌推广研究[J]．科技经济导刊，2018(33)：245.

［36］孟雅静．以标准为依据的国际认证认可工作的历史回望[J]．上海标准化，2002(11)：10-12.

［37］“品字标浙江农产”有标可依9月30日生效实施[EB/OL]．(2019-09-13)[2020-11-02]．https://zj.zjol.com.cn/news.html? id=1286998.

［38］“品字标浙江制造”公共品牌“一带一路”蓝皮书[D]．杭州：中国计量大学，2020.

［39］仇丽萍．弘扬“工匠精神”的路径选择[J]．胜利油田党校学报，2016(4)：53-58.

［40］任晶洁．新媒体营销中视觉设计对品牌推广的影响[J]．北方经贸，2019(7)：54-55.

［41］容秀英．我国企业质量文化构建研究——日本的启示与借鉴[J]．科技管理研究，

2015(12):237-241.

[42] 沈烽.区域品牌培育与长效管理影响因素的研究——基于中国产业集群区域品牌实证分析[M].北京:中国计量出版社,2015.

[43]《声屏世界·广告人》编辑部.国家平台成就国家品牌,央视"国家品牌计划"革新主流媒体价值[J].声屏世界·广告人,2016(12):85.

[44] 石川馨.质量管理入门[M].3版.北京:机械工业出版社,2016.

[45] 石岩.中国质量认证制度[M].北京:中国计量出版社,1999.

[46] 苏亮.集成灶迎来发展良机亿田描绘"双百"蓝图[J].家用电器(绿色家电),2018(8):28-29.

[47] 苏颜军.民营企业品牌国际化传播历程的回顾与思考[J].传媒论坛,2019(11):102-105.

[48] 唐小鹏.基于抖音平台的新媒体营销分析[J].广东轻工职业技术学院学报,2019(2):74-76.

[49] 田村正纪.品牌的诞生——实现区域品牌化之路[M].胡晓云,许天,译,杭州:浙江大学出版社,2017(6):2.

[50] 屠红燕.企业家精神与企业创新解析——以浙江省万事利集团发展经验为例[J].企业改革与管理,2018(6):56-57.

[51] 万事利集团有限公司.开启从"文化创造"到"品牌塑造"的飞跃:万事利集团转型升级之路[J].江苏丝绸,2014(3):39-40,45.

[52] 王菲.得力:开创办公新时代[J].经济视野,2016(2):22-25.

[53] 王俊,梁倩玉,季华.衡器标准化中的工匠精神[J].衡器,2019(4):25-27.

[54] 王平,宋思根,居瑶.植入式广告的有效性:受众敏感性、媒介内容质量与植入类型的交互效应[J].商业经济与管理,2015(10):59-69.

[55] 王启万,朱虹,王兴元.品牌生态理论研究动态及展望[J].企业经济,2017(3):16-24.

[56] 王兴元.品牌生态系统结构及其适应复杂性探讨[J].科技进步与对策,2006(2):85-88.

[57] 项国鹏,周洪仕,罗兴武.核心企业主导型创业生态系统构成与运行机制:以杭州云栖小镇为例[J].科技进步与对策,2019(22):10-19.

[58] 肖艳,季红颖.区域品牌经济发展问题研究[M].北京:人民出版社,2019:127-150.

[59] 肖怡宁,朱培武,付文静,白馨童."浙江制造"团体标准的发展现状与对策分析[J].质量探索,2019(2):53-59.

[60] 熊曦.区域产业品牌形成机理及其培育策略研究[D].武汉长沙:中南大学,2013.

[61] 徐长杰.万事利G20盛会上刮起丝绸风[J].纺织服装周刊,2016(34):14-15.

[62] 许晖,薛子超,邓伟升.区域品牌生态系统视域下的品牌赋权机理研究——以武夷

岩茶为例[J].管理学报,2019(8):1204-1216.

[63] 许基南.区域形象对品牌宣传的影响[J].企业经济,1999(1):33-34.

[64] 杨焕,乔志杰.全面质量管理对传统质量管理的继承与创新分析[J].商业经济,2013(11):46,124.

[65] 杨敬丽,赵子军,刘燚,裴继超.中小企业标准化(国际)大会暨"品字标"品牌成果发布会召开[J].标准生活,2018(10):57-58.

[66] 杨乔雅.大国工匠——寻找中国缺失的工匠精神[M].北京:经济管理出版社,2017.

[67] 袁胜军,符国群.原产地形象对中国品牌国际化的启示[J].软科学,2012(2):45-49.

[68] 张琦,刘永宁."互联网+"背景下微电影广告的传播研究——以《把乐带回家》为例[J].戏剧之家,2018(10):81-82.

[69] 张琴.工匠精神助推制造业发展的作用机制及政策研究[J].经济师,2017(6):292,294.

[70] 张星久,闫帅.文化传统、制度创新与日本的"质量奇迹"[J].宏观质量研究,2013(2):10-18.

[71] 赵国军.新时期连锁企业线上线下体验营销模式创新[J].商业经济研究,2017(5):46-48.

[72] 赵红军.中国企业品牌国际化提升策略研究[D].北京:北京邮电大学,2013.

[73] 赵卫宏,肖若愚.基于制度合理性的区域品牌国际化策略命题[J].江西社会科学,2019,39(2):224-230.

[74] 浙江省品牌建设联合会."品字标"品牌标识使用授权("自我声明"模式)工作规范(试行)[S].2019.

[75] 浙江省品牌建设联合会.关于开展"品字标"品牌标识使用授权工作("自我声明"模式)的通知[S].2019.

[76] 浙江省品牌建设联合会.浙江省品牌建设联合会"浙江制造"标准管理办法[S].2019.

[77] 浙江省品牌建设联合会.浙江省品牌建设联合会"浙江制造"标准立项论证细则[S].2019.

[78] 浙江省品牌建设联合会.浙江省品牌建设联合会"浙江制造"标准审评和批准发布细则(试行)[S].2018.

[79] 浙江省品牌建设联合会.浙江省品牌建设联合会"浙江制造"标准审评和批准发布细则[S].2019.

[80] 浙江省品牌建设联合会.浙江省品牌建设联合会"浙江制造"标准研制细则(试行)[S].2019.

[81] 浙江省品牌建设联合会.浙江省品牌建设联合会“浙江制造”团体标准专家管理办法[S]. 2018.

[82] 浙江省市场监督管理局,浙江省市场监管局关于进一步推进“品字标浙江制造”品牌建设的意见[R]. 2019.

[83] 浙江省市场监督管理局.“品字标浙江制造”品牌服务评价要求(DB33/T 2221—2019)[S]. 2019.

[84] 浙江省市场监督管理局.“品字标”品牌管理与评价规范 第4部分:“品字标浙江农产”品牌评价要求[S]. 2019

[85] 浙江省市场监督管理局.关于加快“浙江制造”标准制定和实施工作的指导意见. 2015.

[86] 浙江省浙江制造品牌建设促进会.浙江省浙江制造品牌建设促进会“浙江制造”标准管理办法(试行)[S]. 2016.

[87] 浙江省浙江制造品牌建设促进会.浙江省浙江制造品牌建设促进会“浙江制造”标准立项论证细则. 2018.

[88] 浙江省浙江制造品牌建设促进会.浙江省浙江制造品牌建设促进会“浙江制造”标准立项论证细则[S]. 2018.

[89] 浙江省质量技术监督局. 浙江制造”评价规范 第1部分:通用要求(DB 33/T 944.1—2014)[S]. 2014.

[90] 浙江省质量技术监督局. 浙江制造”评价规范 第2部分:管理要求(DB 33/T 944.2—2017)[S]. 2017.

[91] 浙江省质量技术监督局.“品字标”品牌管理与评价规范 第1部分:管理要求(DB33/T 944.1—2018)[S]. 2018.

[92] 浙江省质量技术监督局.关于实施“浙江制造”认证工作的指导意见[R]. 2015.

[93] “浙江制造”认证指南[EB/OL].(2015-12-15)[2020-11-02]. http://www.zjzwfw.gov.cn/art/2015/12/15/art_923934_261014.html.

[94] 浙江制造国际认证联盟.“浙江制造”认证实施细则《木制相框》[S]. 2019.

[95] 浙江制造国际认证联盟.“浙江制造”认证实施细则《一次性纸杯》[S]. 2018.

[96] 浙江制造国际认证联盟.CZJM-202“浙江制造”认证受理规范(第二版)[S]. 2017.

[97] 浙江制造国际认证联盟.CZJM-205“浙江制造”评价规范 第2部分:管理要求评审指南[S]. 2017.

[98] 中国经济时报制造业调查组.中国制造业大调查:迈向中高端.北京:中信出版社,2016.

[99] 周彩云.基于全面质量管理的教学管理改革研究[J].当代教育论坛,2011(16):77-79.

[100] 周懿瑾,陈嘉卉.社会化媒体时代的内容营销:概念初探与研究展望[J].外国经

济与管理,2013(6):63-74.

［101］ Dib H，Alnazer M. The effect of promotion type and promotional benefit level on brand image[J]. International Journal of Management Sciences and Business Research,2013，2(7):119-126.

附 录

附录1 “品字标浙江制造”认证典型企业(部分)

行业	企业名称	认证产品数量	获得认证时间	典型产品示例	企业官网	所属地区
厨具厨电	方太厨电	17	2014—2019	水槽洗碗机、吸油烟机	fotile.com	宁波
	老板电器	10	2015—2019	吸油烟机	robam.com	杭州
	亿田集成灶	7	2015—2017	集成灶	entive.com	绍兴
纺织	报喜鸟	1	2018	半毛衬男西服	baoxiniao.com.cn	温州
	万事利	1	2017	数码喷墨印花桑蚕丝围巾	wensli.com	杭州
	新澳集团	1	2017	精纺针织绒线	enn.cn	嘉兴
高端制造	杭氧集团	2	2015、2018	深冷法空气分离设备	hangyang.com	杭州
	西子富沃德	2	2017、2019	曳引机制动器	hzforward.com	杭州
	西奥电梯	2	2016、2018	曳引驱动乘客电梯	xiolift.com	杭州
家居建材	喜临门床垫	1	2017	弹簧软床垫	sleemon.cn	绍兴
	友邦吊顶	10	2017—2018	集成吊顶	chinayoubang.com	嘉兴
	世友木业	4	2015、2018	阻燃钛晶面实木地板	shiyouflooring.com	湖州
家用电器	好易点晾衣机	2	2018、2019	智能晾衣机	hooeasy.com	金华
	鸿雁电器	2	2018	暗装插座	hongyan.com.cn	杭州
	卡帝亚电器	2	2018、2019	环保节能舒适型冷风扇	kadeer.cn	宁波
皮具皮革	红蜻蜓	2	2017	天然皮革帮面皮鞋	cnhqt.com	温州
	卡拉扬箱包	1	2019	背带类学生书包	caaran-y.com/	嘉兴
	雪豹服饰	3	2018、2019	水貂服装	zjxuebao.com	嘉兴
日用消费	双童日用品	3	2017、2019	聚丙烯饮用吸管	china-straws.com	金华
	哈尔斯真空器皿	2	2018	不锈钢真空杯	haers.com	金华
	得力集团	9	2017—2019	订书机、电子计算器	nbdeli.com	宁波
新能源	天能电池	2	2017	铅酸蓄电池	cn-tn.com	湖州
	正泰电器	10	2015—2019	小型断路器、并网光伏系统	chint.com	温州
	超威电池	2	2017	铅蓄电池	chilwee.com	湖州

续　表

行业	企业名称	认证产品数量	获得认证时间	典型产品示例	企业官网	所属地区
智能制造	浙江大华	4	2016、2019	网络摄像机	dahuatech.com	杭州
	西谷数字	1	2019	电子智能防盗锁	skuo.com.	嘉兴
	先临三维	2	2018、2019	三维扫描仪	shining3d.cn	杭州
智能马桶	星星便洁宝	5	2017、2018	智能坐便器	bianjiebao.com	台州
	特洁尔智能洁具	1	2019	一体式智能坐便器	tejjer.com	台州
	怡和卫浴	2	2018、2019	智能坐便器	ikahe.com	台州

附录2 “品字标”品牌管理与评价规范

第1部分:管理要求

（DB33/T 944.1—2018）

ICS 03.120.99
A 00

DB33

浙　江　省　地　方　标　准

DB33/T 944.1—2018
代替 DB33/T 944.1—2014

"品字标"品牌管理与评价规范 第1部分:管理要求

Management and evaluation specification for "Defined Quality" brand
Part 1: Management requirements

2018-12-18发布　　2019-01-18实施

浙江省市场监督管理局　发布

前　言

DB33/T 944《"品字标"品牌管理与评价规范》分为6个部分:

——第1部分:管理要求;

——第2部分:"品字标制造"品牌评价要求;

——第3部分:"品字标服务"品牌评价要求;

——第4部分:"品字标农产"品牌评价要求;

——第5部分:"品字标建造"品牌评价要求;

——第6部分:"品字标生态"品牌评价要求。

本标准为DB33/T 944的第1部分。本标准依据GB/T 1.1—2009给出的规则起草。

本标准由浙江省质量技术监督局提出并归口。

本标准主要起草单位:浙江省标准化研究院、浙江省品牌建设联合会。

本标准主要起草人:陈自力、葛雁、吕晓思、蒋建平、王青、汪钢、沈静、曹伟、朱明。

本标准所替代部分的历次版本发布情况为:

——DB33/T 944.1—2014。

“品字标”品牌管理与评价规范
第1部分：管理要求

1 范围

本标准规定了“品字标”品牌的术语和定义、品牌核心价值、品牌认定、品牌标识管理与品牌监督保护。

本标准适用于“品字标”品牌管理机构开展品牌管理与监督保护。

本标准不适用于“品字标浙江生态”品牌管理。

2 规范性引用文件

下列文件对于本文件的应用是必不可少的。凡是注日期的引用文件，仅注日期的版本适用于本文件。凡是不注日期的引用文件，其最新版本（包括所有的修改单）适用于本文件。

GB/T 19580 卓越绩效评价准则

3 术语和定义

下列术语和定义适用于本标准。

3.1 “品字标”品牌

代表制造业、服务业、农业、建筑工程、生态等领域高品质和先进性形象的公共品牌，包括“品字标浙江制造”“品字标浙江服务”“品字标浙江农产”“品字标浙江建造”“品字标浙江生态”等子品牌。

3.2 “品字标”品牌管理机构

经“品字标”品牌标识著作权人授权，负责“品字标”品牌管理的组织。

3.3 “品字标”品牌标准

组织开展“品字标”品牌自我评价、自我声明及第三方评价的依据，定位于“国内一流、国际先进”水平，由“品字标”品牌管理与评价规范及“品字标”品牌产品（服务、工程等）标准构成。

3.4 “品字标”品牌认证

根据“品字标”品牌标准要求，由第三方认证机构对申请组织及认证对象开展的符合性评价。

3.5 “品字标”品牌保险

被“品字标”品牌管理机构采信，由保险公司为符合“品字标”品牌标准的企业提供的产品质量相关保险。

4 品牌核心价值

4.1 质量第一

4.1.1 建立组织的战略，把高质量发展作为组织发展的核心要素，充分发挥质量的全局性和基础性作用。

4.1.2 建立并有效运行基于全生命周期理念的先进质量管理体系。

4.1.3 采用绿色、智能技术，推行低碳、清洁、高效的经营模式。

4.1.4 聚焦消费升级和产业质量提升要求，提高顾客满意水平和产品(服务、工程等)附加值。

4.2 创新驱动

4.2.1 核心技术拥有自主知识产权，具备研究开发创新性产品、服务的能力。

4.2.2 运用互联网、大数据、云计算等新技术，推动实现技术创新、管理创新和业态创新。

4.3 履责守信

4.2.3 具有对相关产业的技术引领能力，有效带动产业链协同发展。

4.2.4 具备以人为本，诚实守信的质量文化。

4.2.5 履行安全、环境、职业健康等社会责任，向社会公开发布社会责任报告。

5 品牌认定

5.1 认定对象

符合“品字标”品牌标准要求的组织及其产品(服务、工程等)。

5.2 认定依据

包括但不限于符合以下内容：

a）“品字标”品牌管理与评价规范；

b）“品字标”品牌产品(服务、工程等)标准。

5.3 认定模式

申请组织及其产品(服务、工程等)在符合认定依据的前提下，可自愿选择以下三种认定模式中任意一种：

a）“第三方认证”模式；

b）“自我声明+承诺”模式；

注：在该模式下，申请组织应曾获市级以上政府颁发的质量奖项（组织类），且管理体系持续有效运行。

c）“自我声明+保险”模式。

注：在该模式下，申请组织管理体系应持续有效运行，且“品字标”品牌保险应在合同履行期限内。

5.4 认定程序

根据认定模式不同，采取相应认定程序：

a）选择“第三方认证”认定模式的组织，将有效的认证证书提交“品字标”品牌管理机构备案登记后可获准使用“品字标”品牌标识；

b）选择“自我声明+承诺”认定模式的组织，将质量奖项（组织类）获奖证书、符合“品字标”品牌标准的证明材料、承诺书提交“品字标”品牌管理机构备案登记后可获准使用“品字标”品牌标识；

c）选择“自我声明+保险”认定模式的组织，将符合“品字标”品牌标准的证明材料、“品字标”品牌保险合同提交“品字标”品牌管理机构备案登记后可获准使用“品字标”品牌标识。

5.5 采信

在认定过程中，“品字标”品牌管理机构应对以下材料予以采信：

a）获政府颁发的市级以上质量奖（组织类）组织提交的符合GB/T 19580要求的自我评价报告，等同于符合5.2中a）的要求；

b）能有效证明符合“品字标”品牌标准要求的产品检测报告或服务、工程等评价报告，等同于符合5.2中b）对应部分要求。

6 品牌标识管理

6.1 品牌标识

“品字标”品牌标识的基本图案由方形、“品”字的基本图形和英文“DEFINED QUALITY”组成，是“品字标”品牌的统一标识，适用于制造业、服务业、农业、建筑工程、生态等领域。“品字标”品牌标识推荐色为红色。取得“品字标”品牌标识使用授权的组织也可根据需要选用其他颜色。

示例：

图1 “品字标”品牌标识

6.2 品牌标识使用

6.2.1 “品字标”品牌管理机构应与获准使用“品字标”品牌的组织签订“品字标”品牌标识使用协议，约定使用方式、要求后，方能授权其使用。

6.2.2 取得“品字标”品牌标识使用授权的组织应按照协议规定，规范使用“品字标”品牌标识。

6.2.3 取得“品字标”品牌标识使用授权的组织应在“品字标”产品（因产品自身属性等特殊情况不宜在产品上使用的除外）及其包装、说明书中使用“品字标”品牌标识，并在广告宣传、市场推广活动中积极使用“品字标”品牌标识。

7 品牌监督保护

7.1 保护

7.1.1 “品字标”品牌管理机构应通过著作权登记、商标注册等多种途径保护“品字标”品牌的知识产权。

7.1.2 对仿冒“品字标”品牌等相关品牌侵权行为，“品字标”品牌管理机构应通过法律途径依法维权。

7.2 监督

7.2.1 “品字标”品牌管理机构应建立健全品牌监督管理制度。

7.2.2 “品字标”品牌管理机构应推动建立政府部门、第三方机构、企业等全社会参与的质量共治机制，充分运用大数据技术，搜集来自于政府、社会和消费者的有关信息，对“品字标”品牌可能产生影响的行为应及时采取相应措施。

7.2.3 取得“品字标”品牌标识使用授权的制造业企业应建立产品追溯体系。

7.3 救济

7.3.1 以“第三方认证”模式取得“品字标”品牌标识使用授权的产品（服务、工程等），不能持续符合认证要求，认证机构不及时暂停或者撤销认证证书、未要求其停止使用认证标志，造成损失的，应承担连带赔偿责任。

7.3.2 以“自我声明+承诺”模式取得“品字标”品牌标识使用授权的产品（服务、工程等），造成损失的，自我声明主体应按承诺履行相应的赔偿责任。

7.3.3 以“保险”模式取得“品字标”品牌标识使用授权的产品（服务、工程等），造成损失的，保险公司应依据保险合同规定承担相应的赔偿责任。

7.4 退出

7.4.1 “品字标”品牌管理机构应当建立健全“品字标”品牌退出机制。

7.4.2　取得“品字标”品牌标识使用授权的组织主动放弃保持“品字标”品牌标识使用权的，应当向“品字标”品牌管理申请注销。

7.4.3　在监督过程中，发现以下行为之一时，“品字标”品牌管理机构有权暂停或收回“品字标”品牌标识使用授权：

——应使用不使用或违规使用“品字标”品牌标识；

——不符合“品字标”品牌标准；

——受政府部门行政处罚或依法被追究责任，对“品字标”品牌造成负面影响；

——其他应当退出“品字标”品牌的行为。

7.4.4　“品字标”品牌管理机构应对退出“品字标”品牌的情况及时向社会公告。

附录3 “浙江制造”评价规范

第2部分:管理要求

(DB33/T 944.2—2017)

ICS 03.120.10
A 00

DB33

浙　江　省　地　方　标　准

DB33/T 944.2—2017
代替 DB33/T 944.2—2014

"浙江制造"评价规范
第2部分:管理要求

Evaluation specification for Zhejiang Made
Part 2:Management requirements

2017-08-29发布　　2017-09-29实施

浙江省质量技术监督局 发布

前　言

本部分按照GB/T 1.1—2009给出的规则起草。

DB33/T 944《“浙江制造”评价规范》分为两个部分：

——第1部分　通用要求；

——第2部分　管理要求。

本部分为DB33/T 944的第2部分。

本部分与DB33/T 944.2—2014《“浙江制造”评价规范　第2部分　管理要求》相比，除编辑性修改外主要技术变化如下：

——增加了引言内容；

——增加产品认证工厂质量保证能力要求；

——采用ISO/IEC导则　第一部分　ISO补充规定的附件SL中给出的高层结构；

——融入《“浙江制造”评价规范　第1部分　通用要求》规定的“品质卓越、自主创新、产业协同、社会责任”内容；

——增加第三方评价组织管理体系成熟度等级的工具。

本部分由浙江省质量技术监督局提出并归口。

本部分主要起草单位：方圆标志认证集团有限公司、杭州万泰认证有限公司、中国质量认证中心、杭州汉德质量认证服务有限公司

本部分主要起草人：李军、汪钢、王丽静、周坚锋、史少礼、褚博凯、柯晓东、吕继响。

本部分所代替部分的历次版本发布情况为：

——DB33/T 944.2—2014。

引　言

0.1　总则

采用“浙江制造”评价规范是组织的一项战略决策(以下简称:规范)。规范《第2部分　管理要求》(以下简称:本部分)引用GB/T 19001、GB/T 24001、GB/T 28001、GB/T 17580、GB/T 29467标准的相关内容融为一体涵盖“质量管理、环境管理、职业健康安全管理、卓越绩效评价、企业质量诚信管理、产品认证工厂质量保证能力”全方位管理要求。在体现基础性管理要求的同时,兼顾了信息化与工业化融合的基本要求,以顺应数字化、网络化、智能化发展趋势,充分应用新技术、新方法、新理念,发挥数据要素的创新驱动潜能,推动和实现数据、技术、业务流程、组织结构四要素的互动创新和持续优化,挖掘资源配置潜力,夯实工业化基础,抢抓信息化机遇,实现创新发展、智能发展和绿色发展。使组织能够应对复杂、严峻的和不断变化的内外部环境及其风险。可引导组织强化变革管理、规范融合过程,并使其持续受控,从而不断打造信息化环境下的新型能力,获取与其战略匹配的可持续竞争优势。能够帮助其提高整体绩效,为推动可持续发展奠定良好基础。

本部分以全方位管理要求为出发点,倡导将组织竞争能力的“品质卓越、自主创新、产业协同、社会责任”作为自我评价和第三方评价组织管理体系成熟度等级的重要工具,包括评价战略、管理体系过程、风险控制策划、领导作用、支持和资源、运行控制、绩效评价和改进方面,从而识别和评价组织的优势、劣势以及改进或(和)创新的机会。

组织根据本部分实施全方位管理要求具有如下潜在益处:

a）持续创新并获得竞争能力;

b）在供应链不同环节间通过流程、价格、信息等一系列要素的产业协同,实现高效运转,以降低成本;

c）持续提供满足顾客要求以及适用的法律法规要求的产品和服务的能力;

d）促成增强顾客满意的机会;

e）应对与组织环境和目标相关的风险和机遇;

f）证实符合本规范规定的品质卓越、自主创新、产业协同、社会责任的能力。

注:“品质卓越”理念有机融入本部分全部要素之中,“自主创新”重点体现在8.3章节,“产业协同”重点体现在8.4章节,“社会责任”重点体现在5.5章节之中。

在本部分中使用如下助动词和疑问代词:

——“应”表示要求,采纳本部分要求的组织必须做到;

——“如何”表示陈述方法,采纳本部分要求的组织需要在自评报告中陈述;
——“宜”表示建议;
——“能”表示可能或能够。

0.2 结构和术语

为了更好地与质量管理体系、环境管理体系标准以及未来ISO组织发布的管理标准结构保持一致。即2013年ISO组织在《附件SL附录2》中确定的高级结构,等同的核心正文,共享术语和核心定义。本部分与此前的版本(DB33/T 944.2—2014)相比,在章节结构(即章节顺序)和某些术语发生的变更是为了与ISO组织发布的管理标准保持一致,以符合最新的管理体系标准模板。

本部分不要求将其结构和术语应用于组织的管理体系的成文信息。

本部分的结构旨在对相关要求进行连贯表述,而不是作为组织的方针、目标和过程的文件结构模板。若涉及组织运行的过程以及出于其他目的而保持信息,则管理体系成文信息的结构和内容通常在更大程度上取决于使用者的需要。

组织无须在规定管理体系要求以本部分或引用标准中使用的术语取代组织使用的术语。

倡导以品质卓越为前提的竞争能力、自主创新、产业协同、社会责任作为自我评价和第三方评价组织管理体系成熟度等级的重要工具(见附录A—D),评级从最低级别开始,满足后才能进行升级评价。以凸显对DB33/T 944.1—2014《“浙江制造”评价规范 第2部分:通用要求》评价结果的竞争性内涵;

认证机构使用本部分内容时,与《“浙江制造”评价规范 第2部分:管理要求评审指南》配套使用,可达到以下目的:

a)统一国际认证机构在认证评审过程中的评价尺度;

b)采信认证组织已经获得的质量、环境、职业健康安全管理体系认证、卓越绩效评审、第三方产品检验结果,减少认证评审费用,提高评审效率(见附录E)。当采信条件不充分或有其他需要时,采信不予免除;

c)通过对“浙江制造”评价规范管理要求各要素评审结果的数据记录,以及评价数据自动计算工具的使用结果,自动显示组织在“浙江制造”评价规范管理要求各要素管理水平的强项和弱项,准确把握其改进的方向和目标。

0.3 与其他管理体系标准的关系

本部分采用ISO制定的管理体系标准框架,以提高与其他管理体系标准的兼容性。

本部分使组织能够使用过程方法,并结合PDCA循环和基于风险的思维,在贯穿“质量卓越、自主创新、产业协同、社会责任”的同时,与其他管理体系标准要求进行融合。

本部分与GB/T 19001、GB/T 24001、GB/T 28001、GB/T 17580、GB/T 29467存在如下关系:

a）GB/T 19001《质量管理体系 要求》旨在为组织的产品和服务提供信任，从而增强顾客满意。

b）GB/T 24001《环境管理体系 要求及使用指南》旨在为各组织提供框架，以保护环境，响应变化的环境状况，同时与社会经济需求保持平衡。

c）GB/T 28001《职业健康安全管理体系要求》旨在为组织规定有效的职业健康安全管理体系所应具备的要素。这些要素可与其他管理要求相结合，并说明组织实现其职业健康安全目标和经济目标。

d）GB/T 19580《卓越绩效评价准则》可促进各类组织增强战略执行力，改善产品和服务质量，说明组织进行管理的改进和创新，持续提高组织的整体绩效和管理能力，推动组织获得长期成功。

e）GB/T 29467《企业质量诚信管理实施规范》旨在为组织树立质量诚信理念、实施质量诚信管理、提高质量信用水平、实现可持续发展，也为开展企业质量信用评价提供质量诚信意愿和质量承诺兑现方面的依据。

以上管理体系标准的应用范围都侧重于某一专业领域，其管理对象和管理内容相对固定。还未全面运用上述标准的组织应优先对照其原文要求予以贯彻实施。而本部分管理要求引出了与其他管理体系有关条款的对照（见附录F）是为使相对共性的内容提供便捷的应用途经。确定各条款的分值可以为组织提供自我评价的基准，附录A—D规定的评价标准为准确把握评价等级提供指引。以探索推动“浙江制造”管理规律、管理方法和管理机制，其管理对象和管理内容覆盖了组织的全部活动，并将随着组织的战略调整和内外部环境变化而动态改变。

"浙江制造"评价规范
第2部分：管理要求

1 范围

本部分规定了"浙江制造"认证组织需要满足的组织环境和战略、领导作用、策划、支持、运行、绩效评价、改进等的管理要求。

本部分适用于"浙江制造"认证组织管理活动的自我评价及第三方评价和认证。

2 规范性引用文件

下列文件对于本文件的应用是必不可少的。凡是注日期的引用文件，仅注日期的版本适用于本文件。凡是不注日期的引用文件，其最新版本（包括所有的修改单）适用于本文件。

GB/T 19000 质量管理体系基础和术语

GB/T 19001 质量管理体系要求

GB/T 19580 卓越绩效评价准则

GB/T 24001 环境管理体系 要求及使用指南

GB/T 28001 职业健康安全管理体系 要求

GB/T 29467 企业质量诚信管理实施规范

DB33/T 944.1"浙江制造"评价规范 第1部分：通用要求

3 术语和定义

GB/T 19000、GB/T 24001、GB/T 28001、GB/T 17580、GB/T 29467、DB33/T 944.1 界定的以及下列术语和定义适用于本文件。

3.1 创新 innovate

以现有的思维模式提出有别于常规或常人思路的见解为导向，利用现有的知识和物质，在特定的环境中，本着理想化需要或为满足社会需求，而改进或创造新的事物、方法、元素、路径、环境，并能获得一定有益效果的行为。

注：不限于GB/T 19000-2006 中 3.6.15 创新的定义。

3.2 创新能力 innovation ability

创新能力是技术和各种实践活动领域中不断提供具有经济价值、社会价值、生态价值的新思想、新理论、新方法和新发明的能力。

注：应对变化的需求，能够不断开展产品、技术、管理、服务和运行模式创新，持续提升组织竞争能力。

3.3 技术 technology

为实现某一目的所需的技能、方法、手段、工具、知识或规则的组合。

注：如工业技术、信息技术、管理技术、服务技术等。

3.4 创新管理 innovation management

以组织结构和体制上的创新，确保整个组织采用新技术、新设备、新物质、新方法成为可能，通过决策、计划、指挥、组织、激励、控制等管理职能活动和组合，为社会提供新产品和服务。

3.5 新型能力 new ability

为适应快速变化的环境、不断形成新的竞争优势，整合、建立、重构组织的内外部能力，实现能力改进的结果。

注：新型能力的载体是组织的整体，是在组织成长历程中积累产生的，并随组织业务发展、环境变化等因素动态改变。新型能力相对于已有能力，可以表现为量的增长，也可以是质的跨越。

3.6 品牌 brand

能为组织带来溢价、产生增值的一种无形资产。

注1：其载体是与其他竞争者的产品相区分的名称、名词、符号、设计等，或者是它们的组合。在本质上代表组织对交付给顾客的产品特征、利益和服务的一贯性承诺。

注2：其内涵包括：功能、特点、可信赖度、耐用度、服务度、效用评价、商品品质的外观。

3.7 产业 industry

由利益相互关联、具有不同分工、围绕着共同产品而展开的，由各个相关行业所组成的业态总称。

3.8 协同 coordination

两个或者两个以上的不同资源或者个体，协同一致地完成某一目标的过程或能力。

注：协同不仅包括人与人之间的协作，也包括不同应用系统之间、不同数据资源之间、不同终端设备之间、不同应用情景之间、人与机器之间、科技与传统之间等全方位的协同。

3.9 产业协同 industrial Synergy

在产业链的不同环节间通过流程、价格、信息等一系列要素的设置，实现产业链的高效运转。

3.10 社会责任 social responsibility

组织承担的高于其自身目标的社会义务。

注1:社会责任包括组织的环境保护、安全生产、社会道德以及公共利益等方面,由经济责任、持续发展责任、法律责任和道德责任等构成。

注2:在一定时期社会赋予企业或其他类型组织的经济、法律、伦理以及人道主义的期望,包括遵纪守法、保护环境、保护消费者权益、保护劳工的基本权利和人权、支持慈善事业、捐助社会公益、保护弱势群体等,它使企业或其他类型组织在追求自身利益的同时,关注消费者、股东、员工、政府和小区等相关利益者的需要。

4 组织环境和战略

4.1 战略制定

组织应(如何)确定与其目标和战略方向、打造信息化环境下的新型能力,获取与组织战略匹配的可持续竞争优势相关并影响其实现质量、环境、职业健康安全、质量诚信管理体系预期结果的各种外部和内部因素;

a) 顾客和市场的需求、期望以及机会;

b) 竞争环境及竞争能力;

c) 影响产品、服务及运营方式的重要创新、产业带动趋势或变化;

d) 资源方面的优势和劣势,资源重新配置到优先考虑的产品、服务或领域的机会;

e) 经济、社会、道德、法律法规以及其他准入、规范要求等方面的潜在风险;

f) 国内外经济形势的变化;

g) 组织特有的影响经营的因素,适用时,对个人消费者市场的经营性品牌、合作伙伴和供应链方面的需要及组织的优势和劣势;

h) 可持续发展的竞争性趋势需求和相关因素;

i) 战略的执行能力。

组织应(如何)对这些内部和外部因素的相关信息进行监视和评审,应对内外部环境变化进行快速反应和战略调整。

组织应制定并成文信息:品牌和技术创新战略和战略目标,并包括使命、愿景以及企业质量诚信方面的内容。并包括:质量卓越、技术创新、产业协同、社会责任。

4.2 理解相关方的需求和期望

由于相关方对组织持续提供符合顾客要求和适用法律法规要求的产品和服务的能力产生影响或潜在影响,因此,组织应(如何)确定:

a) 与管理体系有关的相关方;

b) 这些相关方的要求。

组织应(如何)监视和评审对这些相关方的信息及其相关要求。

4.3 确定管理体系的范围

组织应(如何)确定管理体系的边界和适用性,以确定其质量、环境、职业健康安全管理以及卓越绩效和企业质量诚信管理体系的范围,并满足DB33/T 944.1在质量卓越、自主创新、产业协同、社会责任等方面的要求。

在确定范围时,组织应考虑:

a) 4.1中提及的各种内部和外部因素;

b) 4.1中提及的相关方的要求;

c) 组织的产品和服务以及品牌影响力;

d) 可行时,对信息化环境下的新型能力及其所涉及的业务流程、组织单元和区域等。

如果本部分的全部要求适用于组织确定的管理体系范围,组织应实施本部分的全部要求。

组织的管理体系范围应作为成文信息,可获得并得到保持。该范围应描述所覆盖的产品和服务类型以及"浙江制造"产品范围,如果本部分的某些要求组织认为不适用其管理体系的范围,应说明理由。

只有当所确定的不适用的要求不能影响组织确保其产品和服务合格的能力或责任,对增强顾客满意不会产生影响时,方可声称符合本部分要求。

4.4 管理体系及其过程

4.4.1 组织应(如何)按照本部分的要求,采用过程方法建立、实施、保持和持续改进管理体系,包括所需过程及其相互作用。宜对信息化环境下的新型能力进行策划、实施、运行、评价与改进,确保获取与组织的战略相匹配的可持续竞争优势。

组织应(如何)确定管理体系所需的过程及其在整个组织内的应用,且应:

a) 确定这些过程所需的输入和期望的输出;

b) 确定这些过程的顺序和相互作用;

c) 确定和应用所需的准则和方法(考虑质量、安全、周期、生产率、节能降耗、环境保护、成本控制及其他效率和有效性因素等方面的监视、测量和相关绩效指标),以确保这些过程的运行和有效控制;

d) 确定这些过程所需的资源并确保其可获得;

e) 分配这些过程相关的责任和权限;

f) 按照6.1的要求应对风险和机遇,确定关键过程要求,应对突发事件和采取应急准备;

g) 评价关键过程实施的有效性和效率,改进关键过程,减少过程波动与非增值性活动。实施所需的变更,以确保实现这些过程的预期结果;

h) 改进过程和管理体系,优化关键过程的整体成本,为创新提供依据;

i) 对于融入信息化的过程应体现基于数据、技术、业务流程、组织结构四要素互动创新和持续优化的发展模式要求。

4.4.2　在必要的程度上,组织应:

a) 保持成文信息以支持过程运行;

b) 保留成文信息以确信其过程按策划进行。

5　领导作用

5.1　领导作用和承诺

5.1.1　总则

最高管理者应(如何)通过以下方面,证实其对质量、环境、职业健康安全、质量诚信管理体系的领导作用和承诺:

a) 确定组织的使命、愿景和核心价值观,并贯彻执行;

b) 对管理体系的有效性承担责任;

c) 确保制定管理体系的方针和目标,并与组织环境和战略、品牌建设、可持续竞争优势、新型能力相一致;

d) 确保管理体系要求融入组织的业务过程;

e) 促进使用过程方法和基于风险的思维;

f) 确保获得技术创新、品牌建设、管理体系所需的资源;

g) 沟通有效的管理和符合管理体系要求的重要性;

h) 确保管理体系实现其预期结果;

i) 促使人员积极参与、指导和支持他们为管理体系的有效性做出贡献;

j) 推动改进;

k) 支持其他管理者在其职责范围内发挥领导作用。

5.1.2　以顾客为关注焦点

最高管理者应证实其以顾客为关注焦点的领导作用和承诺,通过:

a) 确定、理解并持续满足顾客要求以及适用的法律法规要求;

b) 确定和应对能够影响产品和服务合格以及增强顾客满意能力的风险和机遇;

c) 始终致力于增强顾客满意和扩大品牌影响力。

5.2　方针

5.2.1　制定方针

最高管理者应制定、实施和保持质量、环境、职业健康安全、质量诚信方针,确保:

a) 适应组织的宗旨和环境并支持其战略方向;

b) 为制定目标提供框架;

c) 满足适用要求、质量诚信、保护环境、防止人身伤害与健康损害及履行其合规义务的承诺;

d) 持续改进管理体系的承诺;

e）充分体现基于数据、技术、业务流程、组织结构四要素互动创新和持续优化的发展模式。

5.2.2　沟通方针

方针应：

a）可获得并保持成文信息；

b）在组织内得到沟通、理解和应用；

c）适宜时，可向有关相关方所获取。

5.3　组织的岗位、职责和权限

最高管理者应（如何）确保组织相关岗位的职责、权限得到分配、沟通和理解。

最高管理者应分配职责和权限，以：

a）确保管理体系符合本部分的要求；

b）确保各过程获得其预期输出；

c）报告管理体系的绩效及其改进机会（见10.1），特别向最高管理者报告；

d）确保在整个组织推动以顾客、相关方为关注焦点的品牌建设；

e）确保在策划和实施管理体系变更时保持其完整性。

5.4　组织治理

组织应（如何）考虑治理的关键因素以及对最高管理者和治理机构成员的绩效进行评价：

a）组织治理应考虑以下关键因素：

——管理层所采取行动的责任；

——财务方面的责任；

——经营管理的透明性以及信息披露的政策；

——内、外部审计的独立性；

——股东及其他相关方利益的保护。

b）评价最高管理者以及治理机构成员的绩效，最高管理者和治理机构应运用这些绩效评价结果改进个人、领导体系和治理机构的有效性。

5.5　社会责任

组织应承担高于其自身目标的社会义务。组织应（如何）：

a）按6.1要求，确定产品和服务过程对质量、职业健康安全、环境保护、节能减排、资源综合利用、公共卫生等方面产生的影响所采取的措施；

b）建立并遵守诚信准则和质量诚信体系，确保组织行为符合道德规范；

c）按4.4.1要求，建立组织内部与顾客、供方和合作伙伴之间，以及组织治理中的行为符合道德规范的关键过程及绩效指标；

d）尊重他人知识产权,避免知识产权引进过程中的侵权行为发生；

e）确定重点支持的公益领域;最高管理者及员工积极参与并为此做出贡献。

6 策划

6.1 应对风险和机遇的措施

6.1.1 总则

组织应(如何)考虑4.1所描述的因素和4.2所提及的要求,策划管理体系,确定需要应对的产品和服务、环境因素、危险源、合规义务、社会责任,包括品牌和质量信用、知识产权、信息安全、能源和原材料及其他需要应对的风险和机遇。以便:

a）识别和确定与组织战略匹配的可持续竞争优势需求；

b）识别信息化环境下的新型能力及其目标；

c）确保管理体系能够实现其预期结果；

d）增强有利影响；

e）避免或减少不利影响,包括外部环境状况或相关方对组织的潜在影响；

f）实现改进。

组织应(如何)确定其管理体系范围内的潜在紧急情况,特别是那些可能具有环境影响或其他相关方的潜在紧急情况。

组织应保持应对风险和机遇的成文信息,并确信6.1.1 ~ 6.1.5中所需的过程按策划得到实施。

6.1.2 环境因素

组织应(如何)在所界定的环境管理体系范围内,确定其活动、产品和服务中能够控制和能够施加影响的环境因素及其相关的环境影响。此时应考虑生命周期观点,以满足GB/T 24001标准要求。

组织应(如何)运用所建立的准则,确定那些具有或可能具有重大环境影响的环境因素,即重要环境因素。

组织应保持以下内容的成文信息:

——环境因素及相关环境影响；

——用于确定其重要环境因素的准则；

——重要环境因素。

6.1.3 危险源辨识和风险评价

组织应(如何)进行危险源辨识、风险评价和必要控制措施的确定。以满足GB/T 28001标准要求。

组织应制定危险源辨识和风险评价的方法,形成对风险的确认、风险优先次序的区分,以及适当时控制措施运用的成文信息并及时更新。

6.1.4　合规义务

组织应(如何)：

a）确定并获取与其产品和服务、环境因素、危险源风险评价和风险评价策划有关的合规义务；

b）确定如何将这些合规义务应用于组织；

c）在建立、实施、保持和持续改进其管理体系时必须考虑这些合规义务。

组织应保持其合规义务的成文信息。

6.1.5　控制措施策划

组织应(如何)策划应对这些风险和机遇的措施,并与其对于活动、产品和服务符合性的潜在影响相适应：

a）采取措施管理其：

1）产品和服务；

2）重要环境因素；

3）职业健康安全风险；

4）合规义务；

5）品牌、质量信用及6.1.1所识别的风险和机遇。

b）在其管理体系过程中或其他业务过程中融入并实施这些措施；

c）评价这些措施的有效性。

当策划这些措施时,组织应考虑其可选技术方案、财务、运行和经营要求。

6.2　目标及其实现的策划

6.2.1　战略目标

组织应(如何)根据确定的战略,制定品牌和技术创新、新型能力战略目标,并制定措施及相关的关键绩效指标,根据长、短期措施计划期内的关键绩效指标的预测结果,确定组织未来的绩效。

组织应(如何)针对其相关职能和层次建立创新目标、新型能力目标。明确数据、技术、业务流程、组织结构互动创新和持续优化的需求和实现方法。此时须考虑组织的产品质量特性、重要环境因素、与职业健康安全有关的危险源以及相关的合规义务,并考虑其风险和机遇。

目标应：

a）与方针保持一致；

b）可测量(可行时)；

c）考虑到适用的要求：

1）业务流程与组织结构的优化；

2）技术实现；

3）数据开发利用；

4）支持条件和资源。

d）与提供合格产品和服务以及增强顾客满意相关；

e）得到监视；

f）予以沟通；

g）适当时予以更新。

组织应保持目标的成文信息。

6.2.2 目标部署和措施的策划

制定和部署实现战略目标的品牌和技术创新、新型能力实施方案，包括质量卓越、产业协同、社会责任，并融入其业务过程，策划如何实现目标时，组织应(如何)确定：

a）采取的措施；

b）需要的资源；

c）由谁负责；

d）何时完成；

e）评价结果，包括用于监视实现其可测量的目标的进程所需的参数；

f）对方案进行动态控制，必要时进行更改。

6.3 变更的策划

当组织确定需要对管理体系进行变更时，变更应按所策划的方式实施(见4.4)。

组织应考虑：

a）在管理体系中或组织活动、产品和服务中与该变更相关的环境因素、职业健康安全危险源和风险；

b）对影响员工或承包方职业健康安全的任何变更进行协商；

c）变更目的及其产品和服务、品牌、质量诚信、环境和职业健康安全的潜在后果；

d）融入信息化时，管理体系的连续性和完整性；

e）资源的可获得性；

f）责任和权限的分配或再分配。

7 支持

7.1 资源

7.1.1 总则

组织应(如何)确定并提供为战略规划和经营业务发展以及建立、实施、保持和持续改进管理体系所需的资源，包括财务、人力资源、基础设施、过程运行环境、监视和测量资源、知识、信息和安全。

组织应(如何)考虑：

a）现有内部资源的能力和局限；

b）资金需求和供给，实施资金预算管理、成本管理和财务风险管理；

c）加快资金周转，提高资产利用率；

d）需要从外部供方获得的资源。

7.1.2　人力资源

组织应（如何）制定和实施包括实现战略规划、品牌建设、技术创新、新型能力等所需的人力资源规划，并开展以下活动以有效实施管理体系，并运行和控制其过程：

a）对工作和职位进行组织和管理，以应对战略挑战、满足实施计划，对业务变化作出快速灵活反应，促进组织内部的合作，调动员工的积极性、主动性，促进组织的授权、创新，以提高组织的执行力；

b）对各岗位能力需求与现状进行分析，确定员工的特点和技能、类型和数量的需求；

c）员工及相关方意见和建议收集信息；

d）员工绩效管理、绩效考核制度及其考评；

e）薪酬体系以及包括技术创新的激励政策和措施；

f）员工职业发展规划；

g）高、中层领导岗位及关键技术岗位的继任计划；

h）员工权益、福利与满意程度。

7.1.3　基础设施

组织应（如何）确定、提供和维护质量、环境和职业健康安全过程运行、获取、传递、分析与发布数据和信息以及满足品质卓越所需的基础设施，以获得合格产品和服务，确保信息系统硬件和软件的可靠性、安全性、易用性。基础设施包括：

a）根据战略实施计划和过程管理的要求提供基础设施；

b）可行时，设备设施的自动化、数字化、网络化和智能化水平应与新型能力目标相适宜；

c）制定并实施基础设施、工艺装备的预防性和故障性维护保养制度；

d）制定和实施更新改造计划，不断提高基础设施技术水平的先进性；

e）识别基础设施突发故障可能影响环境、职业健康安全和资源利用的问题，制定应急预案。

7.1.4　过程运行环境

组织应（如何）确定、提供并维护所需要的环境，以运行过程，并获得合格产品和服务。

7.1.5　监视和测量资源

7.1.5.1　总则

当利用监视或测量活动来验证产品和服务、环境和职业健康安全绩效符合要求时，组织应（如何）确定并提供所需的资源，以确保结果有效和可靠。

组织应确保所提供的资源：

a）适合所开展的监视和测量活动的特定类型；

b）得到维护，以确保持续适合其用途。

组织应保留成文信息，作为监视和测量资源适合其用途的证据。

7.1.5.2　测量溯源

当要求测量溯源时，或组织认为测量溯源是信任测量结果有效的基础时，测量设备应：

a）对照能溯源到国际或国家标准的测量标准，按照规定的时间间隔或在使用前进行校准和（或）检定（验证），当不存在上述标准时，应保留作为校准或验证依据的成文信息；

b）予以标识，以确定其状态；

c）予以保护，防止由于调整、损坏或衰减所导致的校准状态和随后的测量结果的失效。

当发现测量设备不符合预期用途时，组织应确定以往测量结果的有效性是否受到不利影响，必要时采取适当的措施。

7.1.6　组织的知识

组织应（如何）确定必要的知识，以运行过程，并获得合格产品和服务。

建立知识产权管理制度，在以下活动时应规避知识产权的侵权：

a）设计与开发；

b）采购产品、技术和服务；

c）提供生产和服务；

d）产品销售或境内外参展。

组织拥有与产品质量、安全、节能环保相关的设计或制造的自主知识产权或技术成果，包括专利引进等方面的知识应予以保持，并能在需要范围内得到。

为应对不断变化的需求和发展趋势，组织应审视现有的知识，确定如何获取或接触更多必要的知识，并进行更新。

在进行知识产权引进时，应审查知识产权的有效性与法律状态，并通过合同界定双方的权利和义务。

7.1.7　信息和安全

组织应（如何）将信息资源作为战略性基础资源予以管理。

组织应（如何）建立机制，以确保：

a）不断推进信息资源的标准化；

b）识别并采集、获取、存储相关的数据，并确保其准确性和时效性；

c）持续提高信息资源的传递和共享水平；

d）适宜时，统一管理数据，并挖掘、提炼信息和知识；

e）信息资源的可用性、完整性和保密性。

组织应（如何）：

a）采取适当措施，确保全员认识到信息安全的重要性和紧迫性，增强信息安全意识；

b）确立信息安全责任制，完善管理和防范机制；

c）提供必要的技术条件和设备设施保障；

d）识别可能存在的信息安全风险，进行持续性管理，确保信息安全事件得到有效处理。

7.2 能力

组织应（如何）：

a）确定其控制下的工作人员所需具备的能力，这些人员从事的工作影响合规义务的履行、管理体系绩效和有效性；

b）逐步提升具备应用信息技术推动技术、业务流程、组织结构的优化、创新和变革，持续提升数据的开发利用能力；

c）基于适当的教育、培训或经历，确保这些人员具备所需能力；

d）适用时，采取措施获得所需的能力，并评价措施的有效性；

e）保留适当的成文信息，作为人员能力的证据。

7.3 意识

组织应（如何）确保其控制下工作的人员知晓：

a）方针；

b）相关的战略目标以及分解的职能战略目标；

c）与其工作相关的职业健康安全风险、重要环境因素和相关的实际或潜在的环境影响；

d）对管理体系有效性的贡献，包括改进其绩效的益处；

e）不符合管理体系要求或未履行组织的合规义务的后果及其对品牌的影响；

f）提升对打造信息化环境下新型能力的意识。

7.4 沟通与信息交流

组织应（如何）确定与管理体系相关的内部和外部沟通与信息交流，包括：

a）沟通什么；

b）何时沟通；

c）与谁沟通；

d）如何沟通；

e）由谁负责；

f）合规义务。

组织应对按其合规义务的要求及其建立的信息交流过程，就有关的环境绩效的信息进行内部和外部信息交流。

组织应保留适当的成文信息，作为其信息交流的证据。

7.5 成文信息

7.5.1 总则

组织的管理体系应包括：

a）本部分要求的成文信息；

b）组织确定的新型能力和为确保管理体系有效性所需的成文信息；

c）证明履行其合规义务需要的信息。

7.5.2 创建和更新

在创建和更新成文信息时，组织应确保适当的：

a）标识和说明（如：标题、日期、作者、索引编号等）；

b）格式（如：语言、软件版本、图表）和载体（如：纸质的、电子的）；

c）评审和批准，以保持适宜性和充分性。

7.5.3 成文信息的控制

7.5.3.1 组织应（如何）控制管理体系和本部分所要求的成文信息，以确保：

a）在需要的场合和时机，均可获得并适用；

b）予以妥善保护（如：防止失密、不当使用或失缺）。

7.5.3.2 为控制成文信息，适用时，组织应进行下列活动：

a）分发、访问、检索和使用；

b）存储和防护，包括保持可读性；

c）变更控制（如版本控制）；

d）保留和处置。

对确定策划和运行管理体系所必需的来自外部的成文信息，组织应进行适当识别，并予以控制。

对所保留的、作为符合性证据的成文信息予以保护，防止非预期的更改。

8 运行

8.1 运行的策划和控制

为满足产品和服务提供的要求，并实施第6章所确定的措施，组织应（如何）通过以下措施对所需的过程进行策划、实施、控制。这些过程包括但不限于：产品和服务的要求；设计和开发；外部提供过程、产品和服务的控制；产品和服务提供；产品和服务的放行；不合格输出的控制；应急准备和响应。并确保建立自主创新和协同创新的机制。这些措施包括：

a）确定产品和服务、质量诚信、品牌建设、环境保护、职业健康和安全的要求；

b）建立过程（包括：外包过程）运行、产品和服务的接收准则并实施控制或施加影响：

c）推动数据、技术、业务流程、组织结构的互动创新和持续优化；

d）确定所需的资源以使产品和服务符合要求；

e）按照准则实施过程控制；

f）在确定的风险和目标的范围和程度上，确定并保持、保留成文信息：

1）确信过程已经按策划进行；

2）证明产品和服务符合要求。

策划的输出应适合组织的运行。

组织应（如何）控制策划的变更，评审非预期变更的后果，必要时，采取措施减轻不利影响。

组织应确保外包过程受控。

8.2 产品和服务的要求

8.2.1 顾客关系的建立与沟通

组织应（如何）与顾客沟通，包括：

a）识别顾客、顾客群和细分市场，考虑竞争对手的顾客及其他潜在的顾客和市场；

b）确定品牌核心价值，制定品牌中长期规划，制定品牌传播推广的措施并有效实施；

c）制定新型能力顾客关系的业务流程和组织结构优化方案，以适合其发展方向及识别创新的机会和业务需要；

d）建立与顾客接触的主要渠道，这些渠道方便顾客查询信息、处理问询、进行交易和获取有关产品和服务的顾客回馈，包括顾客投诉；

e）处置或控制顾客财产；

f）制定应对措施，确保优化业务过程中的冲突和风险得到有效预防和处理。

g）关系重大时，制定应急措施的特定要求。

8.2.2 产品和服务要求的确定

在确定向顾客提供的产品和服务的要求时，组织应（如何）确保：

a）细分顾客，确保产品和服务的要求得到规定，包括：

1）适用的法律法规要求；

2）组织认为的必要要求。

b）对其所提供的产品和服务，进行品牌维护并能够满足组织声明的要求：

1）对质量诚信目标进行宣传控制，对外发布和使用的广告内容真实，不欺骗和误导 顾客，不含有虚假的内容，并符合法律法规和道德的要求；

2）对产品说明、标识和包装进行控制，以确保对外发布和使用的产品说明和标识等 内容真实、合法、有效，与产品质量相符，避免误导或不合理的暗示。

8.2.3 产品和服务要求的评审

8.2.3.1 组织应（如何）确保有能力向顾客提供满足要求的产品和服务。在承诺向顾客提供产品和服务之前，组织应对如下各项要求进行评审：

a）顾客规定的要求，包括对交付及交付后活动的要求；

b）顾客虽然没有明示，但规定的用途或已知的预期用途所必需的要求；

c）组织规定的要求，包括运送、安装、维修、保证等在消费领域给予顾客的好处；

d）适用于产品和服务的法律法规要求；

e）与以前表述不一致的合同或订单要求。

组织应（如何）确保与以前表述不一致的合同或订单要求已得到解决。

若顾客没有提供成文的要求，组织在接受顾客要求前应对顾客要求进行确认。

8.2.3.2　适用时，组织应保留下列有关的成文信息：

a）评审结果；

b）针对产品和服务的新要求以及相应的处理措施。

8.2.4　产品和服务要求的更改

若产品和服务要求发生更改，组织应确保相关的成文信息得到修改，并确保相关人员知道已更改的要求。由组织原因引发的更改，应考虑对品牌产生的负面影响。

8.3　产品和服务的设计和开发

8.3.1　总则

组织应（如何）建立、实施和保持适当的设计和开发过程，以确保后续的产品和服务的提供。

8.3.2　设计和开发策划

在确定设计和开发的各个阶段及其控制时，组织应考虑：

a）设计和开发活动的性质、持续时间和复杂程度；

b）所要求的过程阶段，包括适用的设计和开发评审；

c）所要求的设计和开发验证、确认活动；

d）设计和开发过程涉及的职责和权限；

e）产品和服务的设计和开发所需的内部、外部资源；

f）技术获取方式包括自主开发、共同开发、外包、外购等；

g）可行时，确定使用质量功能展开（QFD）、产品质量先期策划（APQP）、失效模式和效果分析（FMEA）、生产件批准程序（PPAP）、测量系统分析（MSA）、统计过程方法（SPC）、故障早期激发改进（FSI）等相关工具；

h）设计和开发过程参与人员之间接口的控制需求；

i）顾客和使用者参与设计和开发过程的需求；

j）后续产品和服务提供的要求；

k）顾客和其他相关方期望的设计和开发过程的控制水平；

l）证实已经满足设计和开发要求所需的成文信息。

8.3.3　设计和开发输入

组织应针对具体类型的产品和服务，确定必需的要求。组织应考虑：

a）功能和性能要求；

b）考虑其生命周期各阶段的环境要求；

c）来源于以前类似设计和开发活动的信息，如：技术数据的开发利用；

d）法律法规要求；

e）组织承诺实施的国际或国家标准和行业规范中的先进性指标；

f）由产品和服务性质所决定的、失效的潜在后果；

g）适用时，对于对个人消费者市场的经营性品牌的影响。

针对设计和开发的目的，输入应是充分、适宜的，且应完整、清楚。

相互矛盾的设计和开发输入应得到解决。

组织应保留有关设计和开发输入的成文信息。

8.3.4　设计和开发控制

组织应对设计和开发过程进行控制，以确保：

a）规定拟获得的结果，对技术实现过程实施监视和测量，以获得技术实现过程中的动态信息；

b）实施评审活动，以评价设计和开发的结果满足要求的能力；

c）实施验证活动，以确保设计和开发输出满足输入的要求；

d）实施确认活动，以确保产品和服务能够满足规定的使用要求或预期用途；

e）针对评审、验证和确认过程中确定的问题采取必要措施，有效防范技术风险；

f）保留这些活动的成文信息。

8.3.5　设计和开发输出

组织应确保设计和开发输出：

a）满足输入的要求；

b）适当时，确定产品和服务采购中的环境要求；

c）满足后续产品和服务提供过程的需求；

d）包括或引用监视和测量的要求，适当时，包括接收准则；

e）规定产品和服务特性，这些特性对于预期目的、安全和正常提供是必需的，以及产品的品质特征、造型、商标和包装要求，适用时，包括：

1）使产品和服务处于国内一流、国际先进的程度的核心技术和关键工艺；

2）产品使用过程的环保、节能降耗；

3）必要基础资源的数字化和标准化；

4）技术知识向应用主体有效转移。

组织应保留有关设计和开发输出的成文信息。

8.3.6　设计和开发更改

组织应产品和服务设计和开发期间以及后续所做的更改进行适当的识别、评审和控制，以确保这些更改对满足要求不会产生不利影响。

组织应保留下列方面的成文信息：

a）设计和开发变更；

b）评审的结果；

c）变更的授权；

d）为防止不利影响而采取的措施。

8.4 外部的提供过程、产品和服务的控制

8.4.1 总则

组织应（如何）建立与其战略实施相适应的相关方关系，尤其是与关键供方和合作伙伴的良好合作关系，促进双向交流，共同提高过程的有效性和效率，扩大品牌影响力。以“产业协同”为己任，制定在浙江区域内的供货商达到50%以上的目标计划。确保外部提供的过程、产品和服务符合要求。

在下列情况下，组织应（如何）与外部主要供方确立长期合作关系。在生产和服务的各个环节建立紧密联系，共享信息，以应对市场需求变化带来的风险。确定对外部提供的过程、产品和服务实施的控制：

a）外部供方的过程、产品和服务构成组织自身的产品和服务的一部分；

b）外部供方代表组织直接将产品和服务提供给顾客；

c）组织决定由外部供方提供过程或部分过程。

组织应基于供方按照要求提供过程、产品或服务的能力，确定并实施外部供方的评价、选择、绩效监视以及再评价的准则。对于这些活动和由评价引发的任何必要的措施，组织应保留成文信息。

8.4.2 控制类型和程度

组织应（如何）确保外部提供的过程、产品和服务不会对组织稳定地向顾客交付合格产品和服务的能力产生不利影响。

组织应：

a）确保外部提供的过程保持在其质量管理体系的控制之中；

b）规定对外部供方提供关键元器件/部件/材料的控制及其输出结果的控制；

c）考虑：

1）外部提供的过程、产品和服务对组织稳定地提供满足顾客要求和适用的法律法规要求的能力的潜在影响；

2）由外部供方实施控制的有效性；

d）确定必要的验证或其他活动，以确保外部提供的过程、产品和服务满足要求。

8.4.3 提供给外部供方的信息

组织应（如何）确保在与外部供方沟通之前所确定的要求是充分和适宜的。

组织应与外部供方沟通以下要求：

a）需提供的过程、产品和服务以及其他相关的环境和职业健康安全要求；

b）对下列内容的批准：

1）产品和服务，并确保其所用的关键元器件/部件/材料符合相关产品标准或技术要求，与产品描述中的关键元器件/部件/材料一致；关键元器件/部件/材料扩展、变更要求；

2）方法、过程和设备；

3）产品和服务的放行；

c）能力，包括所要求的人员资质；

d）外部供方与组织的互动；

e）组织对外部供方绩效的控制和监视；

f）组织或其顾客拟在外部供方现场实施的验证或确认活动。

8.5　生产和服务提供

8.5.1　生产和服务提供的控制

组织应(如何)在受控条件下进行生产和服务提供。

适用时，受控条件应包括：

a）可获得成文信息，以规定以下内容：

1）拟生产的产品、提供的服务或进行的活动的特征；

2）拟获得的结果。

b）可获得和使用适宜的监视和测量资源；

c）在适当阶段对关键过程参数和产品特性实施监视和测量活动，以验证是否符合过程或输出的控制准则以及产品和服务的接收准则，确保与标准样品的一致性，以稳定品牌效应；

d）为过程的运行使用适宜的基础设施，并保持适宜的环境；

e）配备胜任的人员，包括所要求的资格；

f）若输出结果不能由后续的监视或测量加以验证，应对生产和服务提供过程实现策划结果的能力进行确认，并定期再确认；

g）实施放行、交付和交付后活动，对营销渠道的分销商、代理商、零售商等采取控制措施，确保营销渠道相关的销售行为符合并满足组织对顾客质量承诺的内容和要求；

h）配备必要的劳动防护用品，对设施和设备的安全防护装置运行采取控制措施，防止人为错误；

i）对产生噪声、废水、废气、粉尘、固体废物排放的过程实施有效控制，减少能资源消耗，预防或减轻不利的环境影响。

8.5.2　标识和可追溯性

需要时，组织应(如何)采用适当的方法识别输出，以确保产品和服务合格。

组织应在生产和服务提供的整个过程中按照监视和测量要求识别输出状态。

当有可追溯要求时，组织应控制输出的唯一性标识，确保产品铭牌和包装上标明的产品名称、型号规格、技术参数符合标准要求并与实物产品的参数一致。并应保留所需的成文信息以实现可追溯。

8.5.3　顾客或外部供方的财产

组织应（如何）爱护在组织控制下或组织使用顾客或外部供方的财产。

对组织使用的或构成产品和服务一部分的顾客和外部供方财产，组织应予以识别、验证、保护和防护。

若顾客或外部供方的财产发生丢失、损坏或发现不适用情况，组织应向顾客或外部供方报告，并保留所发生情况的成文信息。

8.5.4　防护

组织应（如何）在生产和服务提供期间对输出进行必要防护，以确保符合要求。

8.5.5　交付后活动

组织应（如何）满足与产品和服务相关的交付后活动的要求，保持和提升品牌效应。考虑提供与产品或服务的运输或交付、使用、寿命结束后处理和最终处置相关的潜在重大环境影响的信息的需求。

在确定交付后活动的覆盖范围和程度时，组织应考虑：

a）法律法规要求；

b）与产品和服务相关的潜在不良后果；

c）产品和服务的性质、用途和预期寿命；

d）对服务外包方予以监控并确保服务达到质量承诺的内容和要求；

e）顾客要求；

f）顾客回馈。

8.5.6　更改控制

组织应（如何）对生产和服务提供的更改进行必要的评审和控制，对可能影响环境和职业健康安全、产品和服务与标准的符合性、一致性的所有技术更改进行有效控制，以确保稳定地符合要求。防止其品牌受到影响。

组织应保留成文信息，包括有关更改评审的结果、授权进行更改的人员以及根据评审所采取的必要措施。

8.6　产品和服务的放行

组织应（如何）在适当阶段实施策划的安排，以验证产品和服务的要求已得到满足。

组织应确保与产品有关的关键元器件的质量控制、产品例行检验、确认检验，以及相关服务的放行符合接收准则。除非得到有关授权人员的批准，适用时得到顾客的批准，否则在策划的安排已圆满完成之前，不应向顾客放行产品和交付服务。

组织应保留有关产品和服务放行的成文信息。成文信息应包括：

a）符合接收准则的证据；

b）可追溯到授权放行人员的信息。

8.7 不合格输出的控制

8.7.1 组织应(如何)确保对不符合要求的输出进行识别和控制,以防止非预期的使用或交付。

组织应(如何)建立并保持质量信用应急准备和响应机制,以针对潜在的质量失信事件或紧急、突发事件,做出快速及时的响应。避免、减少、控制对组织品牌效应产生的负面影响。

组织应(如何)根据不合格的性质及其对产品和服务的影响采取适当措施。这也适用于在产品交付之后,以及服务提供期间或之后发现的不合格产品和服务,包括但不限于国家和省级质量监督抽查、监督抽样检测、客户投诉产品。

组织应通过下列一种或几种途径处置不合格输出:

a）纠正；

b）隔离、限制、退货或暂停对产品和服务的提供；

c）告知顾客；

d）获得让步接收的授权。

e）对不合格输出进行纠正之后应验证其是否符合要求。

8.7.2 组织应保留下列成文信息:

a）描述不合格；

b）描述所采取措施；

c）描述获得的让步；

d）识别处置不合格的授权。

8.8 应急准备和响应

组织应(如何)建立、实施并保持对6.1.1中识别的潜在紧急情况进行应急准备并做出响应所需的过程。

组织应:

a）组织应制定应急计划,以便在紧急情况下(如:公用事业的供应中断、劳动力短缺,关键设备故障等)满足顾客的要求；

b）通过策划措施做好响应紧急情况的准备,考虑有关相关方的需求,如应急服务机构、相邻组织或居民。以预防或减轻它所带来的不利环境影响或职业健康安全不良后果；

c）对实际发生的紧急情况做出响应；

d）根据紧急情况和潜在环境和职业健康安全影响的程度,采取相适应的措施预防或减轻紧急情况带来的后果；

e）可行时,定期试验所策划的响应措施,并让有关的相关方适当参与其中；

f）定期评审并修订过程和策划的响应措施，特别是发生紧急情况后或进行试验后；

g）适用时，向有关的相关方，包括在组织控制下工作的人员提供应急准备和响应相关的信息和培训。

组织应保持必要程度的成文信息，以确信过程能按策划得到实施。

9 绩效评价

9.1 监视、测量、分析和评价

9.1.1 总则

组织应（如何）策划监视、测量、分析和评价管理体系，确定：

a）有效地开发利用数据，加速技术、业务流程、组织结构的同步创新和持续优化方案；

b）选择所需的数据，进行跨时间、跨职能、跨层次的累积、清理和重构；

c）在业务系统中部署适用的数据应用模型；

d）对法律法规的符合性、品牌和技术创新战略目标、社会责任目标、以及关键绩效进行监视和测量；

e）确保有效结果所需要的监视、测量、分析和评价方法；

f）评价其绩效所依据的准则和适当的参数；

g）何时实施监视和测量；

h）何时对监视和测量的结果进行分析和评价；

i）制定适宜的措施，有效防范数据开发利用风险。

组织应评价管理体系的绩效和有效性。

组织应保留适当的成文信息，作为监视、测量、分析和评价结果的证据。

9.1.2 合规性评价

组织应（如何）建立、实施并保持评价其合规义务履行状况所需的过程。

组织应：

a）确定实施合规性评价的频次；

b）评价合规性，必要时采取措施；

c）保持其合规情况的知识和对其合规状况的理解。

组织应（如何）保留成文信息，作为合规性评价结果的证据。

9.1.3 顾客满意

组织应（如何）监视顾客对其需求和期望已得到满足的程度的感受。组织应确定顾客满意、顾客忠诚信息的获取、监视和评审方法。确保测量能够获得有效的信息，以适应发展方向及业务需要并用于改进与创新活动。

组织应获取和应用可供比较的竞争对手和标杆的顾客满意信息。

适用时，对个人消费者市场的经营性品牌，可对顾客感知收集信息。

9.1.4 分析与评价

组织应(如何)利用监视和测量战略目标、组织治理、公共责任、道德行为以及公益支持、产品和服务、顾客与市场、财务、资源、过程有效性、自主创新和专利、产业协同等方面的结果,分析与评价通过监视和测量获得的适当的数据和信息:

a) 产品和服务的符合性;

b) 顾客满意程度;

c) 必要时,个人消费者市场的经营性品牌顾客感知;

d) 业务流程与组织结构优化、技术实现、数据开发利用与打造的新型能力及其目标的适宜性;策划是否得到有效实施;

e) 管理体系的绩效和有效性以及新型能力目标的达成情况;

f) 针对风险和机遇所采取措施的有效性;

g) 外部供方的绩效;

h) 可持续竞争优势的获取结果;

i) 管理体系改进的需求。

组织应确保获得数据开发利用过程中的动态信息。在合理的时间范围内实现数据、技术、业务流程、组织结构的有效匹配。

9.2 内部审核

9.2.1 组织应(如何)按照策划的时间间隔进行内部审核,以提供有关管理体系的下列信息:

a) 是否符合:

1) 组织自身的管理体系要求;

2) 本部分的要求。

b) 是否得到有效的实施和保持。

9.2.2 组织应:

a) 依据有关过程的重要性、对组织产生影响的变化和以往的审核结果,策划、制定、实施和保持审核方案,审核方案包括频次、方法、职责、策划要求和报告;

b) 规定每次审核的审核准则和范围;

c) 选择审核员实施审核,以确保审核过程客观公正;

d) 确保将审核结果报告给相关管理者;

e) 及时采取适当的纠正和纠正措施;

f) 保留成文信息,作为实施审核方案以及审核结果的证据。

9.3 管理评审

9.3.1 总则

最高管理者应按照策划的时间间隔对组织的管理体系进行评审,以确保其持续的保持适宜性、充分性和有效性,并与组织的战略方向保持一致。

9.3.2 管理评审输入

策划和实施管理评审时应考虑下列内容:

a)以往管理评审所采取措施的实施情况;

b)与管理体系相关的内外部因素的变化;

c)有关管理体系绩效和有效性的信息,包括其趋势:

1)顾客满意或品牌感知以及相关方的反馈,包括合规义务;

2)重要环境因素;

3)战略目标、新型能力目标的实现程度;

4)过程绩效以及产品和服务的合格情况;

5)不合格及纠正措施;

6)监视和测量结果;

7)审核结果;

8)外部供方的绩效。

d)资源的充分性;

e)来自相关方的有关信息交流,包括抱怨;

f)应对风险和机遇所采取措施的有效性(见6.1);

g)可持续竞争优势的获取;

h)改进的机会。

9.3.3 管理评审输出

管理评审的输出应包括与下列事项相关的决定和措施:

a)确定改进的优先次序,并识别可持续竞争优势需求、新型能力及其目标、创新的机会;

b)管理体系所需的变更;

c)资源需求;

d)任何与组织战略方向相关的结论。

组织应(如何)保留成文信息,作为管理评审结果证据。

10 改进

10.1 总则

组织应(如何)确定并选择改进机会,采取必要措施,实现预期结果。满足顾客和相关方要求并增强顾客满意。

这应包括:

a)改进产品和服务,以满足要求并关注对未来的需求和期望;

b）纠正、预防或减少不利影响；

c）改进管理体系的绩效和有效性。

10.2 不合格、事件调查、纠正措施

10.2.1　若出现不合格，包括投诉所引起的不合格，组织应（如何）：

a）对不合格做出应对，适用时：

1）采取措施予以控制和纠正；

2）对产品质量失信、环境影响、职业健康安全事故或其他不合格事件进行调查，处置产生的后果，包括减轻不利的环境影响、职业健康安全不良后果。有关人员应适当参与事件调查。

b）通过下列活动，评价是否需要采取措施，以消除产生不合格的原因，避免其再次发生或者在其他场合发生：

1）评审和分析不合格；

2）确定不合格的原因；

3）确定是否存在或可能发生类似的不合格。

c）实施所需的措施；

d）评审所采取的纠正措施的有效性；

e）需要时，更新策划期间确定的风险和机遇；

f）需要时，变更管理体系。

纠正措施应与不合格所产生的影响（包括环境、职业健康安全影响）的重要程度相适应。

10.2.2　组织应（如何）保留成文信息，作为下列事项的证据：

a）不合格的性质以及随后所采取的措施；

b）纠正措施的结果。

10.3　持续改进

组织应（如何）持续改进管理体系的适宜性、充分性和有效性。

组织应（如何）考虑分析和评价的结果，以及管理评审的输出，采取适宜措施，推动数据、技术、业务流程、组织结构四要素互动创新和持续优化，不断打造信息环境下的新型能力，稳定获取与组织战略匹配的可持续竞争优势。确定持续改进的需求或机遇，包括创新的管理与方法或创新机会。

附 录 A

（规范性附录）
竞争能力评价标准

表 A.1 竞争能力评价

竞争能力等级	运作水平	结果表现
1	没有正式的方法	不能识别出系统方法；没有结果、不好的结果或非预期的结果
2	被动的方法	基于纠正的系统的方法，基本不能根据数据来体现改进结果
3	健全、正式的系统方法	系统的过程方法，早期阶段的系统改进，可获得符合质量指针的数据和存在改进趋势
4	密切关注持续改进	采用了改进过程；结果良好且保持改进趋势
5	最好的运作级别	最强的综合改进过程。证实达到了水平对比的最好结果

注：

——运作水平和结果表现处于同一级别时，该等级为竞争能力等级；

——运作水平和结果表现处于不同级别时，取平均值为竞争能力等级。

附 录 B

（规范性附录）
自主创新能力评价标准

表 B.1 自主创新能力评价

竞争能力等级	运作水平	结果表现
1	没有技术创新战略及实施计划 凭个人技术经验开展研发活动	没有取得市级企业技术中心或设计中心或研究院资格证书 获得国家知识产权局批准的专利
2	没有系统的技术创新战略和实施计划，有研发程序，但被动应对外部环境，创新投入不足	取得地市级企业技术中心或设计中心或研究院资格证书 获得国家知识产权局批准的发明专利、实用新型专利和外观专利的自主知识产权
3	具有技术创新战略及实施计划能够应用先进设计开发方法（APQP、QFD、TRIZ、DFMEA 等），但创新投入强度不随营业收入增长而同比增长	取得省级以上企业技术中心或设计中心或研究院资格证书 获得国家知识产权局批准的发明专利、实用新型专利和外观专利的自主知识产权
4	密切关注技术创新战略及实施计划，灵活应用先进设计开发方法（APQP、QFD、TRIZ、DFMEA 等），创新投入强度随营业收入增长而同比增长	取得省级以上企业技术中心或设计中心或研究院资格证书 拥有与认证范围产品质量、安全、节能环保相关的设计或制造的自主知识产权或技术成果；获得国家知识产权局批准的发明专利、实用新型专利和外观专利 新产品销售收入占企业产品销售收入的比重≥15%；新产品利润占企业产品销售利润总额的比重≥10%
5	具有使竞争对手难以模仿的技术和信息创新战略及实施计划 创新投入强度随营业收入增长而同比增长	满足以上三项条件外 获国家、省自然科学、技术发明、科技进步奖

附 录 C

（规范性附录）
产业协同能力评价标准

表 C.1 产业协同能力评价

竞争能力等级	运作水平	结果表现
1	没有产业协同方面的成文信息	对提供主要原材料、辅料、配件、元器件或外包（外协加工）外部供方进行评价和考核系统不健全
2	制定了产业协同方面的成文信息，但不健全，实际运作仍然被动应对	对提供主要原材料、辅料、配件、元器件或外包（外协加工）外部供方进行评价和考核与实际数据存在偏差 没有合同约定采购产品的技术要求、质量目标要求
3	在产业链的不同环节间通过流程、价格、信息等一系列要素设置，能够实现产业链的正常运转	对提供主要原材料、辅料、配件、元器件或外包（外协加工）外部供方进行评价和考核(a) 合同约定采购产品的技术要求、质量目标要求(b) 外部供方能够对所提供的产品和服务过程中的问题，按照组织的要求采取纠正措施(c)
4	在产业链的不同环节间通过流程、价格、信息等一系列要素设置，持续改进协同过程，实现产业链的高效运转	满足以上(a～c)三项要求 建立了供需双方的网络信息对接平台，实现双方信息交换的及时对接，实现需求互动(d) 制定了供货商开发计划，与供货商建立了战略合作伙伴关系，有效带动标准、产品、工艺及技术的进步(e) 近三年的外部供方绩效数据表明，达到规定的目标要求，源自浙江的采购呈持续稳定地增长趋势(f)
5	在产业链的不同环节间通过流程、价格、信息等一系列要素设置，持续改进协同过程，实现产业链的高效运转	满足以上(a～f)六项要求 主要原材料、辅料、配件、元器件或外包（外协加工）外部供方，在供应链中的合格供货商50%以上源自浙江

附 录 D

（规范性附录）

社会责任评价标准

表 D.1 社会责任能力评价

竞争能力等级	运作水平	结果表现
1	质量诚信管理体系建立,但运行不到位	质量诚信管理体系存在不符合GB/T 29467标准的情况
2	质量诚信管理体系基本健全	按照GB/T 29467要求每年公开发布质量诚信报告体现的内容客观真实(a) 近一年来未发生质量诚信方面的负面信息(b)
3	建立了环境、职业健康安全其中之一的管理体系	满足(a、b)两项要求 通过环境、职业健康安全管理体系其中之一的认证注册;有证据表明未认证的领域一年内的环境或职业健康安全第三方检测结果符合标准规定要求(c)
4	建立了环境、职业健康安全管理体系	满足(a～c)三项要求 通过环境、职业健康安全管理体系认证注册;一年内的第三方检测结果符合标准规定要求(d)
5	主动承担公共责任	满足(a～d)四项要求 每年公开发布社会责任报告

附 录 E

（规范性附录）

采信其他管理体系认证、评审和检验结果

E.1 采信范围

a）经CNCA批准的管理体系认证机构颁发或确认的认证证书在有效期内；

b）经CNAS认可机构颁发的证书或报告在有效期内；

c）近三年内获得各级政府颁发的政府质量奖；

d）认证评审规定频次间隔内扩大评审范围(如:认证单元、组织场所增加等)。

E.2 采信仍需要评审的事项

a）已经通过了其他第三方认证机构认证的组织,不需要重新审核认证领域的全部条款,重点评审：

——QMS获证组织:8.3产品和服务的设计和开发、8.4外部提供的过程、产品和服务的控制、8.5生产和服务提供、8.6产品和服务的放行;8.7不合格输出的控制；

——EMS/OHSMS获证组织:6.1.2重要环境因素、被评价为高风险的危险源、其他第三方机构出具的与合规义务有关的环境、职业健康安全、特种设备等方面的检验报告；

——认证机构出具的该认证领域的不符合报告、审核报告中的改进建议事项、并跟踪其中的不符合以及审核报告中要求的改进事项所采取措施的结果；

——评审组采信获证组织递交的第三方产品检验报告,应符合所认证产品的认证实施细则有关采信规定的要求。

b）近三年内通过政府质量奖评审的组织：

——获得国家质量奖的组织,100%采信评审结果,免除所有与GB/T 19580要求有关条款评审；

——获得省政府质量奖的企业,采信90%评审结果,除“***”标注需要评审的条款外,免除其余条款评审；

——获得地市政府质量奖的组织,采信75%评审结果,除“**”以上标注需要评审的条款外,免除其余条款评审；

——获得县市政府质量奖的组织,采信60%评审结果,除“*”以上标注需要评审的条款外，免除其余条款评审。

——代表各级政府进行的政府质量奖评审报告中提出改进建议事项，需跟踪审核报告中要求的改进结果。

c）通过质量、环境、职业健康安全认证组织

采信60%评审结果，除“*”以上标注需要评审的条款外，免除其余条款评审。

d）扩大认证范围

——仅认证单元增加时，不需重新检查全部条款，重点检查关键原材料/元器件的使用和控制、产品配方的一致性、型式检验。

——认证组织场所增加时，只需要对场所增加有关的“浙江制造”评价规范管理要求条款进行评审。

e）采信评审项目中发生变更时，不排除对某些认证领域或质疑条款进行重新评审确认。

f）法律法规、认证规则或合同等其他要求特别规定时，按其规定执行。

附 录 F

（资料性附录）

本标准与 GB/T 19001、GB/T 24001、GB/T 28001、GB/T 19580、GB/T 29467 条款对照

表 F.1 本标准与GB/T 19001、GB/T 24001、GB/T 28001、GB/T 19580、GB/T 29467条款对照

"浙江制造"评价规范 第2部分 管理要求		GB/T 19001—2016质量管理体系	GB/T 24001—2016环境管理体系	GB/T 28001—2011职业健康安全管理体系	GB/Z 19580—2012卓越绩效评价准则	GB/T 29467—2012企业质量诚信实施规范
条款号	条款标题	条款标题	条款标题	条款标题	条款标题	条款标题
1	范围	范围	范围	范围	1 范围	1 范围
2	规范性引用文件	规范性引用文件	规范性引用文件	规范性引用文件	2 规范性引用文件	2 规范性引用文件
3	术语和定义	术语和定义	术语和定义	术语和定义	3 术语和定义	3 术语和定义
4	组织环境和战略(100分)	组织环境	组织所处的环境			4 质量诚信管理要求
4.1	***战略制定(40分)	理解组织及其环境	理解组织及其所处的环境		4.2 战略	4.1 通用要求
4.2	理解相关方的需求和期望(10分)	理解相关方的需求和期望	理解相关方的需求和期望			
4.3	**确定管理体系的范围(10分)	确定质量管理体系的范围	确定环境管理体系的范围		4.2.2 战略制定	

续 表

"浙江制造"评价规范第2部分 管理要求		GB/T 19001—2016质量管理体系	GB/T 24001—2016环境管理体系	GB/T 28001—2011职业健康安全管理体系	GB/Z 19580—2012卓越绩效评价准则	GB/T 29467—2012企业质量诚信实施规范
条款号	条款标题	条款标题	条款标题	条款标题	条款标题	条款标题
4.4	管理体系及其过程(40分)	质量管理体系及其过程	环境管理体系	4 职业健康安全管理体系要求	4.5.2 过程的识别与设计 4.5.3 过程的实施与改进	
5	领导作用(100分)	领导作用	领导作用		4.1 领导	
5.1	领导作用和承诺(20分)	领导作用和承诺	领导作用与承诺		4.1.1 总则	5 质量承诺
5.1.1	总则(10分)	总则			4.1.2 高层领导的作用	5.1 总则
5.1.2	以顾客为关注焦点(10分)	以顾客为关注焦点				5.2 识别 5.3 分析与确认
5.2 5.2.1 5.2.2	方针(20分) 制定方针(10分) 沟通方针(10分)	方针 建立质量方针 沟通品质方针	环境方针	4.2 职业健康安全方针		6.1 方针
5.3	组织的岗位、职责和权限(20分)	组织的岗位、职责和权限	组织的角色、职责和权限	4.4.1 作用、职责、责任和权限		6.3 管理职责 6.3.1 职责和权限 6.3.2 质量诚信负责人 6.3.3 质量诚信管理
5.4	*组织治理(20分)				4.1.3 组织治理	
5.5	**社会责任(20分)				4.1.4 社会责任	
6	策划(100分)	策划	策划	4.3 策划		

续 表

"浙江制造"评价规范第2部分 管理要求		GB/T 19001—2016质量管理体系	GB/T 24001—2016环境管理体系	GB/T 28001—2011职业健康安全管理体系	GB/Z 19580—2012卓越绩效评价准则	GB/T 29467—2012企业质量诚信实施规范
条款号	条款标题	条款标题	条款标题	条款标题	条款标题	条款标题
6.1 6.1.1 6.1.2 6.1.3 6.1.4 6.1.5	应对风险和机遇的措施(50分) 总则(10分) 环境因素(10分) 危险源辨识和风险评价(10分) 合规义务(10分) *控制措施策划(10分)	应对风险和机遇的措施	6.1 应对风险和机遇的措施 6.1.1 总则 6.1.2 环境因素 6.1.3 合规义务 6.1.4 措施的策划	4.3.1 危险源辨识、风险评价和控制措施的确定 4.3.2 法律法规和其他要求		
6.2	***目标及其实现的策划(40分)	质量目标及其实现的策划	环境目标及其实现的策划	4.3.3 目标和方案	4.2.3 战略部署	6.2 目标 6.4 文化建设
6.3	*变更的策划(10分)	变更的策划				
7	支持(100分)	支持	支持			
7.1	资源(60分)	资源	资源	4.4.1 资源	4.4 资源	6.5 资源需求
7.1.1	总则(8分)	总则			4.4.3 财务资源	
7.1.2	人力资源(8分)	人员			4.4.2 人力资源	
7.1.3	**基础设施(8分)	基础设施			4.4.6 基础设施	
7.1.4	过程运行环境(8分)	过程运行环境				
7.1.5	*监视和测量资源(8分)	监视和测量资源				
7.1.6	组织的知识(10分)	组织的知识			4.4.5 技术资源	
7.1.7	**信息和安全(10分)				4.4.4 信息和知识资源	

续 表

“浙江制造”评价规范第2部分 管理要求		GB/T 19001—2016质量管理体系	GB/T 24001—2016环境管理体系	GB/T 28001—2011职业健康安全管理体系	GB/Z 19580—2012卓越绩效评价准则	GB/T 29467—2012企业质量诚信实施规范
条款号	条款标题	条款标题	条款标题	条款标题	条款标题	条款标题
7.2	*能力(10分)	能力	能力	4.4.2 能力、培训		
7.3	意识(10分)	意识	意识	4.4.2 意识		
7.4	沟通(10分)	沟通	信息交流	4.4.3 沟通、参与和协商		6.3.4 内部沟通
7.5	成文信息(10分)	成文信息	文件化信息			
7.5.1	总则(4分)	总则	总则	4.4.4 文件		4.2 文件要求
7.5.2	创建和更新(3分)	创建和更新	创建和更新	4.4.5 文件控制 4.5.4 记录控制		
7.5.3	成文信息的控制(3分)	成文信息的控制	文件化信息的控制	4.4.5 文件控制 4.5.4 记录控制		
8	运行(300分)	运行	运行			7 管理实现
8.1	运行的策划和控制(50分)	运行的策划和控制	运行策划和控制	4.4.6 运行控制		7.1 运作管理
8.2	产品和服务的要求(30分)	产品和服务的要求			4.3 顾客与市场	7.2 营销管理
8.2.1	顾客关系的建立与沟通(6分)	顾客沟通			4.3.2 顾客与市场的了解 4.3.3 顾客关系与顾客满意	7.2.1 总则
8.2.2	产品和服务要求的确定(8分)	产品和服务要求的确定				7.2.2 营销策划管理
8.2.3	产品和服务要求的评审(8分)	产品和服务要求的评审				

续　表

“浙江制造”评价规范第2部分 管理要求		GB/T 19001—2016质量管理体系	GB/T 24001—2016环境管理体系	GB/T 28001—2011职业健康安全管理体系	GB/Z 19580—2012卓越绩效评价准则	GB/T 29467—2012企业质量诚信实施规范
条款号	条款标题	条款标题	条款标题	条款标题	条款标题	条款标题
8.2.4	*产品和服务要求的更改(8分)	产品和服务要求的更改				
8.3	产品和服务的设计和开发(50分)	产品和服务的设计和开发				
8.3.1	总则(5分)	总则				
8.3.2	设计和开发策划(10分)	设计和开发策划				
8.3.3	设计和开发输入(10分)	设计和开发输入				
8.3.4	**设计和开发控制(10分)	设计和开发控制				
8.3.5	***设计和开发输出(10分)	设计和开发输出				
8.3.6	*设计和开发更改(5分)	设计和开发更改				
8.4	外部提供的过程、产品和服务的控制(30分)	外部提供的过程、产品和服务的控制			4.4.7 相关方关系	
8.4.1	**总则(10分)	总则				
8.4.2	控制类型和程度(10分)	控制类型和程度				
8.4.3	提供给外部供方的信息(10分)	提供给外部供方的信息				
8.5	生产和服务提供(80分)	生产和服务提供				

续 表

"浙江制造"评价规范第2部分 管理要求		GB/T 19001—2016质量管理体系	GB/T 24001—2016环境管理体系	GB/T 28001—2011职业健康安全管理体系	GB/Z 19580—2012卓越绩效评价准则	GB/T 29467—2012企业质量诚信实施规范
条款号	条款标题	条款标题	条款标题	条款标题	条款标题	条款标题
8.5.1	**生产和服务提供的控制(30分)	生产和服务提供的控制				
8.5.2	标识和可追溯性(10分)	标识和可追溯性				
8.5.3	顾客或外部供方的财产(10分)	顾客或外部供方的财产				
8.5.4	防护(10分)	防护				7.2.3 销售管道管理
8.5.5	交付后活动(10分)	交付后活动				7.2.4 售后管理
8.5.6	**更改控制(10分)	更改控制				
8.6	*产品和服务的放行(30分)	产品和服务的放行				
8.7	*不合格输出的控制(20分)	不合格输出的控制				7.3 应急准备和响应
8.8	应急准备和响应(10分)		8.2 应急准备和响应	4.4.7 应急准备和响应		
9	绩效评价(200分)	绩效评价	绩效评价	4.5 检查	4.6 测量、分析与改进	
9.1	监视、测量、分析和评价(100分)	监视、测量、分析和评价	监视、测量、分析和评价			8 检查与分析
9.1.1	总则(10分)	总则	总则	4.5.1 绩效测量和监视	4.6.2 测量、分析和评价	8.1 总则 8.2 监视和检查
9.1.2	***合规性评价(10分)		合规性评价	4.5.2 合规性评价		
9.1.3	顾客满意(30分)	顾客满意			4.7.3 顾客与市场结果	

续　表

“浙江制造”评价规范第2部分　管理要求		GB/T 19001—2016质量管理体系	GB/T 24001—2016环境管理体系	GB/T 28001—2011职业健康安全管理体系	GB/Z 19580—2012卓越绩效评价准则	GB/T 29467—2012企业质量诚信实施规范
条款号	条款标题	条款标题	条款标题	条款标题	条款标题	条款标题
9.1.4	***分析与评价(50分)	分析与评价			4.7.2 产品和服务结果 4.7.4 财务结果 4.7.5 资源结果 4.7.6 过程有效性结果 4.7.7 领导方面的结果	8.4 信用信息收集、分析与评价
9.2	内部审核(50分)	内部审核	内部内审	4.5.5 内部审核		
9.3	***管理评审(50分)	管理评审	管理评审	4.6 管理评审		
10	改进(100分)	改进	改进			
10.1	总则(20分)	总则	总则		4.6.3 改进与创新	
10.2	**不符合和纠正措施(50分)	不符合和纠正措施	不符合和纠正措施	4.5.3 事件调查、不符合、纠正措施和预防措施		8.3 质量失信的评估和处置
10.3	持续改进(30分)	持续改进	持续改进			9 持续改进

注1:必查项:县市(区)级政府质量奖:“*”以上条款;地市级政府质量奖:“**”以上条款;省级政府质量奖:“***”条款。

注2:采信条款不作标注。

附录4 “品字标”品牌管理与评价规范

第4部分：“品字标浙江农产”品牌评价要求

（DB33/T 994.4—2019）

ICS 03.120.99
A 00

DB33

浙 江 省 地 方 标 准

DB33/T 944.4—2019

“品字标”品牌管理与评价规范 第4部分:“品字标浙江农产”品牌评价要求

Management and evaluation specification for “Defined Quality” brand
Part 4: Evaluation requirements for“ Zhejiang Agricultural Products of Defined Quality”

2019-09-30发布 2019-09-30实施

浙江省市场监督管理局 发布

前　言

DB33/T 944《“品字标”品牌管理与评价规范》分为6个部分：

——第1部分：管理要求；

——第2部分：“品字标制造”品牌评价要求；

——第3部分：“品字标服务”品牌评价要求；

——第4部分：“品字标农产”品牌评价要求；

——第5部分：“品字标建造”品牌评价要求；

——第6部分：“品字标生态”品牌评价要求。

本部分为DB33/T 944的第4部分。

本部分依据GB/T 1.1-2009给出的规则进行起草。

本部分由浙江省市场监督管理局提出并归口。

本部分起草单位：浙江省标准化研究院、浙江省品牌建设联合会。

本部分主要起草人：姚晗珺、王群、刘彦林、曹伟、王子源、应珊婷。

“品字标”品牌管理与评价规范
第4部分:“品字标浙江农产”品牌评价要求

1 范围

本部分规定了“品字标浙江农产”品牌认定、基本要求、管理体系、生产管理、供应和服务管理、风险管理、人员管理、可持续发展、履行主体责任等。

本部分适用于“品字标浙江农产”生产经营主体和品牌评价。

2 规范性引用文件

下列文件对于本文件的应用是必不可少的。凡是注日期的引用文件,仅注日期的版本适用于本文件。凡是不注日期的引用文件,其最新版本(包括所有的修改单)适用于本文件。

DB33/T 944.1 “品字标”品牌管理与评价规范 第1部分:管理要求。

3 品牌认定

3.1 “品牌”架构

“品字标浙江农产”是“品字标”品牌在农业领域的子品牌,由“品字标”品牌管理机构负责品牌 管理。各地可根据农产品特点,创建并转化“品字标浙江农产”特色品牌。

3.2 认定依据

按DB33/T 944.1 执行。

3.3 认定方式

申请组织及其产品在符合认定依据的前提下,可自愿选择以下三种模式中的一种:

a)“第三方认证”模式;

b)“自我声明+承诺”模式;

c)“特色品牌转化”模式。

4 基本要求

农产品生产经营主体应达到以下要求:

——具有独立法人资格,生产的农产品拥有注册商标并运营三年以上;

——在国家企业信用信息公示系统中未受到“行政处罚”、未列入“严重违法失信企业名单”,且监管部门的抽查中未发现质量安全问题,未发生环境生态事故;

——制订三年至五年发展规划；

——建立相应的采购、生产、质量、经营、财务、人事等管理制度；具备内部检查、产品追溯及持续改进等相关管理机制，并建立相应的档案记录，相关记录保存三年以上；

——设立财务部门，配备财务人员。财务与业务融合，指导经营生产，合理控制库存、生产成本。

5 管理体系

5.1 农产品生产经营主体应符合良好农业规范(GAP)等管理制度要求。

5.2 应对农产品全程生产控制进行追溯，追溯信息包括主体概况、产地环境、投入品采购使用、农事操作、生产管理过程、产品检测信息、物流、包装标识和上市日期等。

6 生产管理

6.1 投入品管理

6.1.1 生产、经营中所使用的投入品应符合相应标准和客户等相关方的要求。

6.1.2 应有供应商审核和批准制度，采购的投入品应有质量证明。

6.1.3 应制定生产投入品及原辅料投入品采购、储藏、使用制度。

6.1.4 投入品应配有专用仓库(库房)，专人负责保管，并有相应的保管措施。

6.2 生产组织

6.2.1 应根据当地气候条件、市场需求、产品利用方式等情况，选择优质、抗性强、丰产性好的品种。

6.2.2 配备有先进、适用的现代化农业生产设施和装备，如农业物联网、自动化农机装备、喷滴灌设施等。

6.2.3 生产过程实施全程标准化生产。

6.2.4 宜采用农牧结合、粮经(水旱)轮作、套种、混养、稻渔综合种养、循环水养殖、深水大网箱养殖等生产模式，严格落实休渔制度。

6.2.5 宜采用高效低毒、绿色、环保的投入品，并按相关规定使用。

6.2.6 做好动物防疫工作。

6.2.7 做好废弃物回收和病死动物的无害化处理；养殖尾水排放达标或经处理后循环利用；推广废弃物资源化利用循环农业技术。

6.3 质量控制

6.3.1 执行农产品相关质量标准。

6.3.2 具有完善的质量检测监控体系，配备符合生产实际的质量管理人员及检测设备，对农产品进行检测，或定期委托有资质的检测机构检测，出具农产品合格证明。

7 供应和服务管理

7.1 有稳定的销售渠道,基本实现订单化销售。

7.2 农产品储藏仓库和运输车辆应达到相应农产品的储藏和运输条件。

7.3 应建立完善的售后服务机制。

8 可持续发展

8.1 生产基地

有稳定的农产品生产基地,年限应在5年以上。

8.2 技术支持

建立与相关农技部门、大专院校、科研机构等单位及乡土专家的结对指导机制,并配备专业技术人 员,从事新技术、新品种和新设备推广等工作。

8.3 经营模式

8.3.1 宜采用"公司+农户"、"公司+农民专业合作社"等经营模式进行一体化经营。

8.3.2 宜通过农产品电子商务平台、新零售创新销售等方式,扩大农产品销售范围。

9 风险管理

9.1 建立农产品风险监测机制。做好市场风险监测;根据农产品特点,进行农产品安全风险隐患的排查。

9.2 制定应急预案,包括发生停水、停电、火灾、灾害性天气(台风、洪涝、高温、低温等)、病害(疾病、疫病、虫害)或突发性污染等事件时采取的措施。

9.3 制定经营风险预防措施,具有处置经营风险的能力。

10 人员管理

10.1 具有完善的员工管理、薪酬、激励、人才引进和培养等制度。

10.2 每年应制定和实施员工培训计划,定期对员工进行业务、安全、管理等方面的培训。

11 履行主体责任

11.1 农产品生产经营主体应签署农产品质量安全承诺书。

11.2 农产品生产经营主体的质量安全承诺和诚信经营应纳入征信体系。

11.3 农产品生产经营主体在生产和经营方面对行业内或区域内具有辐射带动作用。

附录5 “品字标浙江制造”品牌服务评价要求

（DB33/T 2221—2019）

ICS 03.120.99
A 00

DB33

浙 江 省 地 方 标 准

DB33/T 2221—2019

“品字标浙江制造”品牌服务评价要求

Evaluation requirements for the service of “Zhejiang Made” brand

2019-08-30发布 2019-09-30实施

浙江省市场监督管理局 发布

前　言

本标准按照GB/T 1.1—2009给出的规则起草。

本标准由浙江省市场监督管理局提出并归口。

本标准主要起草单位:浙江省标准化研究院、浙江省品牌建设联合会。

本标准主要起草人:葛雁、王群、蒋建平、吕晓思、曹伟、朱明、王子源。

“品字标浙江制造”品牌服务评价要求

1 范围

本标准规定了“品字标浙江制造”品牌服务的货真价实、质量安全、服务优质、纠纷快处要求。

本标准适用于“品字标浙江制造”品牌产品的服务评价，指导“浙江制造”团体标准“质量承诺”部分内容的编制，企业开展自我评价、自我声明及第三方评价。

2 规范性引用文件

下列文件对于本文件的应用是必不可少的。凡是注日期的引用文件，仅注日期的版本适用于本文件，凡是不注日期的引用文件，其最新版本(包括所有的修改单)适用于本文件。

GB/T 19012 质量管理 顾客满意 组织处理投诉指南

GB/T 19013 质量管理 顾客满意 组织外部争议解决指南

3 货真价实

3.1 应诚信守法，规范产品服务，加强价格自律，近三年内在政府信息公开平台上无相关企业信用不良记录。

3.2 近三年内，应无制售假冒伪劣产品、虚假广告、价格欺诈、计量作弊、侵害消费者合法权益等违法记录。

4 质量安全

4.1 产品质量应符合国家相关法律法规、强制性标准要求和对应的“浙江制造”团体标准。近三年内，生产领域和流通领域产品无质量监督抽查不合格情况发生。

4.2 应自我声明公开执行的产品标准，公开质量承诺。

4.3 应明示产品的主要质量指标，建立并实施消费提示、风险警示、安全告示信息披露制度。

4.4 应加强经销、货运、安装、运维等相关产品服务方管理，确保质量安全。

4.5 应按照有关国家法律法规和国家标准、行业标准等有关要求，定期开展产品的质量与安全自检，降低安全风险。

5 服务优质

5.1 服务标准健全

5.1.1 应有产品服务规范,作为服务活动的技术依据。

5.1.2 产品服务规范应优于法律法规规定及相应国家标准、行业标准和地方标准的要求。

5.1.3 产品服务规范内容应覆盖服务全流程。涉及仓储配送、供应链管理、线上线下协同等服务时,服务规范应有相应的内容要求。

5.1.4 应建立经销、货运、安装、运维等相关产品服务方管理制度,明确产品服务规范,促进经销商与顾客进行良好沟通,并保留相关记录。

5.1.5 应根据产品特性和顾客需求,对产品实施追溯。

5.1.5.1 食用农产品追溯应覆盖食用农产品的种植养殖、运输贮存、销售、加工等环节。

5.1.5.2 食品追溯应覆盖食品原辅料购进、生产过程、产品检验、产品运输、储存和销售等环节。

5.1.5.3 药品追溯应覆盖药材采购、生产过程、运输储存及销售等环节。

5.1.5.4 农业生产资料追溯应覆盖农业生产资料登记、生产、流通、经营、使用等关键环节。

5.1.5.5 特种设备追溯应覆盖特种设备生产(设计、制造、安装、改造、修理)、经营、使用、检验检测和监督管理等环节。

5.1.5.6 民用爆炸物品、剧毒化学品、易制爆危险化学品、烟花爆竹、放射性物品等产品,追溯应覆盖生产、经营、储存、运输、使用和销毁等环节。

5.1.5.7 稀土矿产品、稀土冶炼分离产品追溯应覆盖生产与流通环节。

5.1.5.8 其他产品追溯应覆盖原辅料采购、生产、加工、储存、运输、销售等相关环节。

5.2 服务资源保障

5.2.1 应有负责产品服务的部门和相应的服务网,并明确其职责。

5.2.2 应有适应产品服务要求的资源、方法和条件,包括后勤保障、技术人员、资金支持、备件和配件的供应及维修服务等。

5.2.3 应建有产品缺陷管理机制,并配备相应服务资源。

5.2.4 应建有产品使用体验反馈系统,并配备相应服务资源。

5.3 服务过程规范

5.3.1 应按照产品服务规范开展服务。

5.3.2 应主动向顾客提供服务保证,一般应包括修换退期限、范围、条件、方式、记录等。

5.3.3 应根据顾客的需要或双方的协议对顾客及有关人员进行技术培训,以便使用者了解产品的性能和结构特点,并能正确使用、操作和维护。

5.3.4 应根据产品特点和使用需要,提供维修服务。符合条件时,可根据顾客的紧急需要提供紧急维修服务。

5.3.5 应在产品保证期内及时提供以下技术服务：

——安装、调试和指导正确使用、操作和维护产品；

——有关技术解答；

——协助解决因保管、贮存、使用、维护不当所造成的问题；

——适用时参与产品的定期检查。

5.3.6 应对构成商业秘密的技术信息、经营信息和顾客信息等严格保密。

5.4 售后退换无忧

5.4.1 属于“三包”商品目录范围内的，应实施“三包”有关规定；不属于“三包”商品目录范围内的，在承诺的服务保证期内，出现经认定属于产品设计或制造等原因导致的质量问题时，应由企业进行免费修复或退换。

5.4.2 日常消费领域，除食用、定制、鲜活易腐、数字化、工程类整体解决方案等特殊产品外，企业应实行无理由退换货制度（无理由退换货期限不得少于七日），明确退货时限、条件及程序等。

5.4.3 列入国家法律法规规章缺陷产品召回目录的，应实施缺陷产品召回有关制度。

6 纠纷快处

6.1 应建有便民高效的消费投诉处理机制，公布顾客投诉渠道，24小时内响应，及时处理、主动协商。消费投诉处理率应达100%。

6.2 应建有售后服务档案，投诉处理记录完整。

6.3 处理投诉应符合GB/T 19012有关规定，解决外部争议应符合GB/T 19013有关规定。

6.4 应定期对顾客满意度（包括售后服务满意度）进行测评，及时掌握顾客意见并采取措施，持续提高顾客满意度。

6.5 在“三包”有效期或承诺的服务保证期内，出现产品质量问题时，应及时退还购货款项、服务费用或者偿付损失。

6.6 消费品企业宜购买产品质量安全责任保险。

附录6 “浙江制造”团体标准样例
——吸油烟机

（ZZB 003—2014）

ZZB

浙　江　制　造　产　品　标　准

ZZB 003—2014

吸油烟机

Range hood

2014-06-30发布　　2014-07-01实施

浙江省燃气具行业协会　发布

前　言

本标准依据 GB/T 1.1—2009给出的规则进行起草。

本标准为推荐性标准，主要依据 GB/T 17713—2011《吸油烟机》、GB 4706.28—2008《家用和类似用途电器的安全吸油烟机的特殊要求》、GB 29539—2013《吸油烟机能效限定值及能效等级》等相关国家标准的内容进行编制，并完全覆盖了上述三份标准中的检验项目。

本标准在编写过程中还参考了 IEC 60335-2-31、IEC61591、EU-OJ 66(2014)等相关国际标准。并依据中国独特的猛火爆炒、油烟浓度较大的烹饪特点对相关的试验方法进行了并差异化修订。

本标准规定的关键技术指标，其要求达到了GB 29539—2013《吸油烟机能效限定值及能效等级》一级能效等级、欧盟能效指令和CQC 61-448151—2012《家用吸油烟机节能环保认证规则》的要求。

本标准与GB/T 17713—2011《吸油烟机》相比主要变化如下：

——增加了吸油烟机产品关机模式、待机模式、关机功率、待机功率四个术语定义；

——提高了产品空气性能中“风压”和“全压效率”的限值要求；

——提高了产品的“噪声”要求；

——调整和提高了对产品外观精致度的要求，给出了表面毛刺的量化指标，并对焊接件的表面质量和精致度进行了规范；

——提高了产品的气味降低度、油脂分离度指标要求；

——增加了产品能耗水平的要求，给出了产品的“关机功率”和“待机功率”限值。

本标准与GB/T 17713—2011《吸油烟机》、GB 4706.1—2005《家用和类似用途电器的安全 第1部分：通用要求》、GB 4706.28—2008《家用和类似用途电器的安全吸油烟机的特殊要求》、GB 29539—2013《吸油烟机能效限定值及能效等级》四个标准同时配套使用。

考虑到目前制造、使用的实际情况，本标准对循环式吸油烟的空气性能、气味降低度和油脂分离度只给出了试验方法，没有限定其指标值，实际以制造商的明示值为准。

请注意本文件的某些内容可能涉及专利，本文件的发布机构不承担识别这些专利的责任。本标准由浙江省质量技术监督局提出并归口。

本标准起草单位：宁波方太厨具有限公司、杭州老板电器股份有限公司、帅康集团有限公司、德意电器股份有限公司。

本标准主要起草人：李斌，余国成、茅杰军、孙利校。

本标准为首次发布。

吸油烟机

1 范围

本标准规定了吸油烟机的术语和定义、产品分类、要求、试验方法、检验规则及标志、包装、运输、贮存的要求。

本标准适用于在家用厨房环境中使用的吸油烟机。本标准不适用于：

——为工业和商业目的安装的吸油烟机；

——安装在特殊场合的吸油烟机，如腐蚀性或爆炸性气体（灰尘、蒸汽或瓦斯气体）存在的场合。

2 规范性引用文件

下列文件对于本文件的应用是必不可少的。凡是注日期的引用文件，仅所注日期的版本适用于本文件。凡是不注日期的引用文件，其最新版本（包括所有的修改单）适用于本文件。

GB/T 191 包装储运图示标志 GB 755 旋转电机定额和性能

GB 1002 家用和类似用途单相插头插座型式、基本参数和尺寸

GB 1019 家用和类似用途电器包装通则

GB 1312 管形荧光灯灯座和启动器座

GB 2099.1 家用和类似用途插头插座 第一部分：通用要求

GB/T 2423.3 电工电子产品环境试验 第2部分：试验方法 试验Cab：恒定湿热试验

GB/T 2423.17 电工电子产品环境试验 第2部分：试验方法：试验Ka：盐雾

GB/T 2828.1 计数抽样检验程序 第1部分：按接收质量限（AQL）检索的逐批检验抽样计划

GB/T 2829 周期检验计数抽样程序及表（适用于对过程稳定性的检验）

GB/T 3667.1 交流电动机电容器 第1部分：总则——性能、试验和定额——安全要求——安装和运行导则

GB 4208 外壳防护等级（IP代码）

GB 4706.1-2005 家用和类似用途电器的安全 第1部分：通用要求

GB 4706.28-2008 家用和类似用途电器的安全 吸油烟机的特殊要求

GB/T 5171　小功率电动机通用技术条件
GB 5296.1　消费品使用说明　总则
GB 5296.2　消费品使用说明　家用和类似用途电器的使用说明
GB/T 9286　色漆和清漆漆膜的划格试验
GB 12350　小功率电动机的安全要求
GB 15092.1　器具开关　第1部分:通用要求
GB 15763.2　建筑用安全玻璃　第2部分:钢化玻璃GB/T 17713-2011吸油烟机
GB 17935　螺口灯座
GB 17936　卡口灯座
GB 29539—2013　吸油烟机能效限定值及能效等级

3　术语和定义

下列术语和定义适用于本文件。

注:有关电气术语的定义见 GB 4706.1—2005 和 GB 4706.28—2008。

3.1　吸油烟机 range hood

安装在炉灶上部,用于收集、处理被污染空气的电动器具。

注:处理后的空气可以返回到房间内或经管道排放到室外。

3.2　外排式吸油烟机 air-extraction range hood

通过管道将气体排向室外的吸油烟机。

3.3　循环式吸油烟机 recirculating range hood

将被污染的空气处理后,重新返回室内的吸油烟机。

3.4　两用式吸油烟机 dual type range hood

既可作为外排式,又可作为循环式使用的吸油烟机。

3.5　主电机 main motor

用于驱动吸油烟机叶轮的电机。

3.6　风量 airflow

静压为0Pa时,吸油烟机单位时间内输送的气体体积,单位为立方米/分钟(m3/min)。

3.7　最大静压 max static pressure

风量为0m^3/min 时,吸油烟机的静压值,单位为帕斯卡(Pa)。

3.8 风压(规定风量时的静压) pressure(static pressure of stipulate airflow)

风量为7m³/min 时,吸油烟机的静压值,单位为帕斯卡(Pa)。

3.9 全压效率 total pressure efficiency

吸油烟机的规定风量(7m³/min)和规定风量时空气标准状态下的全压值的乘积,与规定风量时主电机输入功率的比值。

注:计算全压效率时,风量的单位需换算为立方米/秒(m³/s)。

3.10 气味降低度 odour reduction factor

吸油烟机在规定的试验条件下,降低室内异常气味的能力。分为"常态气味降低度"和"瞬时气味降低度"。

3.11 常态气味降低度 normal odour reduction factor

在规定的试验条件下,实验室持续、定量产生异味气体时,吸油烟机同步运转,30min内降低室内异常气味的能力。

3.12 瞬时气味降低度 instantaneous odour reduction factor

在规定的试验条件下,当实验室异常气味浓度达到最大时,开启吸油烟机,3min内降低室内异常气味的能力。

3.13 油脂分离度 grease absorption factor

吸油烟机在规定的试验条件下,从油烟气体中分离出油脂的能力。

3.14 待机模式 standby mode

吸油烟机连接到供电电源上,仅提供重启动、信息或状态显示(包括时钟)功能,而未提供任何主要功能的状态。

注:重启动功能是指通过遥控器、内部传感器或定时时钟等方式使器具切换到提供主要功能模式的一种功能。

3.15 关机模式 off mode

吸油烟机连接到供电电源上,但不提供任何待机模式功能和主要功能的一种状态。

注:仅提供关机状态指示(如发光二极管)时,也视为处于关机模式。

3.16 待机功率 standby power

吸油烟机在待机模式下的有功功率,单位为瓦(W)。

3.17 关机功率 off power

吸油烟机在关机模式下的有功功率,单位为瓦(W)。

4 产品分类

4.1 分类

4.1.1 吸油烟机可根据排放方式、开关形式、外形特征、安装方式进行分类。

4.1.2 按排放方式可分为：

a）外排式

b）循环式

c）两用式

4.1.3 按开关形式可分为：

a）机械式

b）电子式

4.1.4 按外形特征可分为：

a）薄型

b）深型

c）塔型

d）侧吸型

e）其他

4.1.5 按安装方式可分为：

a）壁挂式

b）岛式

c）嵌入式

d）分体式

4.2 型号命名

4.2.1 产品型号表示方法如下：

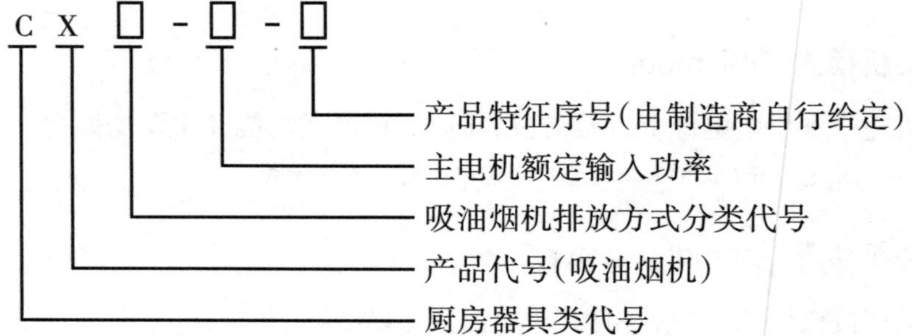

4.2.2　吸油烟机排放方式分类代号：

W——外排式

X——循环式

L——两用式

4.2.3　产品型号示例：

CXW-175-AB01：外排式吸油烟机，主电机额定输入功率为175W，产品特征序号为AB01。

4.3　结构尺寸

4.3.1　为使吸油烟机与厨房家具有较好的匹配，吸油烟机外形长度（含外露螺钉）应为M的整数倍，为便于接口，增加了个别1.5M的整数倍，见表1。

表1 整机外形长度优选尺寸及公差

上偏差：－3 下偏差：－8	6M	7M	7.5M	8M	9M	10M	11M	12M
尺寸公差/mm								
注：M为国际通用的建筑模数符号，1M＝100 mm								

4.3.2　吸油烟机排风管外径推荐尺寸为：150mm、160mm、170mm、180mm。

5　要求

5.1　通用要求

5.1.1　吸油烟机宜使用可作为再生资源而利用的部件、材料。

5.1.2　吸油烟机所具有的特殊功能（如：具有抑菌、负离子清新空气、视听功能等）应符合国家有关规定和相关标准的要求。

5.1.3　吸油烟机在下列室内环境条件下应能正常工作：

a）温度：－15℃～40℃；

b）相对湿度：不大于90%（25℃时）；

c）海拔高度：不超过1000m。

5.2　安全性能

除部分结构和元件外，本标准不列出安全性能的具体条款，但吸油烟机的安全性能应符合GB 4706.28—2008的相关规定。

5.3 空气性能

5.3.1 按 6.3 方法进行空气性能试验，吸油烟机在额定电压、额定频率下，以正常工作时的最高转速档运转，其空气性能指标的具体要求见表2。

表2 空气性能指标值

指标名称	指标值
风量/(m^3/min) ≥	10
风压(规定风量时的静压)/Pa ≥	200
全压效率/% ≥	23

5.3.2 风量实测值与明示值的允差不应超过明示值的－10%，且实测值不应低于本标准的限值。

5.4 噪声

5.4.1 按6.4方法试验，吸油烟机在额定电压、额定频率下，以最高转速档运转，其噪声要求见表3。

表3 噪声上限值(A声功率级)

风量/(m^3/min)	噪声(A声功率级)/ dB
＜12	71
≥ 12	72

5.4.2 产品的噪声值应标注在产品的铭牌或说明书上，且仅允许标注A声功率级。

5.4.3 噪声实测值与明示值的允差不应超过+3dB，且最高不应超过本标准的上限值。

5.5 调速

5.5.1 设置有调速装置的吸油烟机在额定电压、额定频率下运行，其最低转速档的转速与最高转速档的转速之比应不大于80%。

5.5.2 调速装置各调速档位应接触可靠，换档灵活，不得发生两档或两档以上同时接通。

5.5.3 各转速档应有共同的电源断开档。

5.6 照明

5.6.1 吸油烟机照明灯发光正常，灯罩无开裂、变形，且透光良好。

5.6.2 吸油烟机照明用的灯座应符合GB 1312、GB 17935和GB 17936的规定。

5.6.3 吸油烟机灯罩的耐热性和耐燃性应符合GB 4706.28-2008的规定。

5.7 结构要求

5.7.1 电动机

5.7.1.1 吸油烟机电动机处于油污环境部分的外壳防护等级应不低于IP4X。

5.7.1.2 吸油烟机电动机的基本技术要求应符合GB 755和GB/T 5171的规定。

5.7.1.3 吸油烟机电动机的安全性能应符合GB 12350的规定。

5.7.2 电容器

吸油烟机电动机所选用的电容器应符合GB/T 3667.1的规定。

5.7.3 叶轮

吸油烟机的叶轮应安装牢固可靠，平衡良好，运行时无明显的偏摆和振动，不应与相关的零部件相摩擦。

5.7.4 电源线和插头

5.7.4.1 吸油烟机电源线插头的型式、基本参数和尺寸应符合GB 1002的规定，基本技术要求应符合GB 2099.1的规定。

5.7.4.2 供电软线外露部分总长(不含插头)应不短于1m。

5.7.4.3 电源连接和外部软线及外部导线用接线端子的其他电气安全要求应符合GB 4706.28－2008的规定。

5.7.5 开关

5.7.5.1 开关应有明显的操作标志，且照明开关应能独立控制。

5.7.5.2 开关应符合GB 15092.1的规定。

5.7.6 专用控制器

专用控制器应能在规定的油烟气体环境中控制吸油烟机工作并发出提示。具体要求依据GB/T 17713—2011附录A。

5.8 外观

5.8.1 产品的外观质量

5.8.1.1 产品易触及的零部件毛刺应≤0.1mm，并不得有割手等伤害人体的缺陷。

5.8.1.2 产品的整体外观应无明显的划痕、压痕、弯瘪、裂纹和其他磕碰伤；接口平整、拼缝均匀。

5.8.1.3 产品焊接件焊缝应均匀、美观，无明显的变形、塌角、色差等缺陷。

5.8.2 涂敷件的质量

5.8.2.1 涂敷件表面的涂膜必须色泽均匀，表面无明显的流痕、皱纹和脱落等缺陷。

5.8.2.2 按6.8.2.2的方法试验，涂敷件经96h恒定湿热试验后，涂敷层的气泡不多8个/平方分米，气泡直径不大于1mm；边缘、角落、小孔处不应出现严重的涂敷层脱落现象。

5.8.2.3 按6.8.2.3的方法进行涂层的附着力试验，涂层脱落不大于2级。

5.8.3　不锈钢制件的表面质量

5.8.3.1　不锈钢制件表面不应有明显的毛刺、划痕、压痕、弯瘪和其他的磕碰伤。

5.8.3.2　按6.8.3.2方法试验，不锈钢制件经24h的盐雾试验后，锈点和锈迹不多于8个/平方分米；每个锈点、锈迹的面积均不得大于$1mm^2$。

5.8.4　电镀件的质量

5.8.4.1　电镀件的镀层应色泽均匀，不应有明显的斑点、针孔、气泡和脱落等缺陷。

5.8.4.2　按6.8.4.2的方法试验，电镀件经24h的盐雾试验后，金属锈点和锈迹不多于4个/平方分米，每个锈点、锈迹的面积不大于$1mm^2$；当试件表面面积小于$1dm^2$时，则不允许出现锈点、锈迹。

5.8.5　塑料件的质量

5.8.5.1　塑料件的外露表面应光滑细密，不应有明显的斑痕、划痕、裂纹和凹缩。

5.8.5.2　按6.8.5.2的方法试验，有耐热、耐燃要求的塑料件，其性能应符合GB 4706.28—2008的规定。

5.8.6　玻璃制件的质量

除照明用的灯头及组合在灯具上的玻璃灯罩外，吸油烟机上长度或直径大于75mm，且未进行有效防爆处理的玻璃，应为钢化玻璃，其安全性能要求应符合GB 15763.2的规定。

5.9　寿命

5.9.1　按6.9.1试验后，调速开关和照明开关不应损坏或控制失灵。

5.9.2　按6.9.2试验后，吸油烟机在正常的工作条件下，应仍能正常运转。

5.10　气味降低度

按6.10方法试验，外排式吸油烟机的常态气味降低度应≥95%，且瞬时气味降低度应≥70%。

5.11　油脂分离度

按6.11方法试验，外排式吸油烟机的油脂分离度应≥90%。

5.12　不沾油涂层

标明不沾油涂层的吸油烟机，其涂层的性能依据GB/T 17713-2011附录B的要求。

5.13　包装性能

5.13.1　吸油烟机包装应按照GB 1019要求的防振包装进行包装箱的设计和定型。按6.13.1对包装好的吸油烟机进行跌落试验后，其结果应符合GB 1019中的相关要求。

5.13.2　按6.13.2对包装好的吸油烟机进行堆码试验后，其结果应符合GB 1019中的相关要求。

5.13.3　按6.13.3对包装好的吸油烟机进行振动试验后，其结果应符合GB 1019中的相关要求。

5.14　能耗水平

5.14.1　待机功率

按6.14方法试验，吸油烟机的待机功率应满足以下要求：

a）本标准实施之日起至2017年8月1日之前，吸油烟机的待机功率应≤2.0W；

b）2017年8月1日之后，吸油烟机的待机功率应≤1.0W。

5.14.2　关机功率

按6.14方法试验，吸油烟机的关机功率应满足以下要求：

a）本标准实施之日起至2017年8月1日之前，吸油烟机的关机功率应≤1.0W；

b）2017年8月1日之后，吸油烟机的关机功率应≤0.5W。

6　试验方法

6.1　试验的基本要求

6.1.1　一般试验条件

6.1.1.1　除对试验条件已作具体规定外，其余试验应在符合下面环境要求的室内进行。

a)环境温度：20℃±5℃；

b）相对湿度：≤90%；

c）大气压力：86kPa～106kPa

6.1.1.2　在进行气味降低度和油脂分离度试验时，吸油烟机应按说明书明示的工作状态进行。

6.1.2　试验用的仪器、仪表

除具体试验有特别规定，试验用的仪器、仪表应符合如下规定：

a）频率表、电压表、电流表、功率表：用于型式试验，精度不低于0.5级；用于出厂检验，精度不低1.0级。

b）温度测量仪表：允许误差为±0.5℃。

c）湿度测量仪表：准确度为1%。

d）时间测量仪表：精度为0.1s。

e）转速测量仪器：采用非接触式，精度为±1r/min。

f）环境气压测量仪表：精度为±200Pa。

g）压力测量仪表：误差不得超过有效压力的1%或1.5Pa，取较大值。

h）噪声测量仪器：采用I级或I级以上的精确级声级计，或相同精度等级的噪声测试、分析系统。

i）长度测量工具：允许误差为0.5mm以内。

j）材料厚度测量工具：允许误差为0.01mm以内。

6.2 安全性能试验

吸油烟机安全性能试验应按GB 4706.28—2008规定的试验方法进行，试验结果应符合5.2的规定。

6.3 空气性能试验

6.3.1 外排式吸油烟机按GB/T 17713—2011附录C的要求进行试验，试验结果应符合5.3 的规定。

6.3.2 循环式吸油烟机按GB/T 17713—2011附录D的要求进行试验。

6.4 噪声试验

按GB/T 17713—2011附录E的要求进行试验，试验结果应符合5.4的规定。

6.5 调速功能检查

6.5.1 在额定电压、额定频率和相同测试状态下，吸油烟机在最高转速档运转1h后测出叶轮转速，然后在最低转速档运转1h后测出叶轮转速，双电机和多电机应取各叶轮转速的平均值，然后按式（1）计算出调速比，调速比应符合 5.5.1 的规定。

$$i\ (\%) = \frac{n_{\min}}{n_{\max}} \times 100\% \tag{1}$$

式中：i——调速比，%；

$n_{\min}$——最低转速档转速，单位为转/分钟（r/min）；

$n_{\max}$——最高转速档转速，单位为转/分钟（r/min）。

6.5.2 用视检和通电操作检查，调速功能应符合5.5.2和5.5.3的规定。

6.6 照明功能试验

6.6.1 用视检和通电操作进行照明灯及灯罩的检查，应符合5.6.1的规定。

6.6.2 按GB 1312、GB 17935和GB 17936规定的方法对照明用的灯座进行试验，试验结果应符合5.6.2的规定。

6.6.3 按GB 4706.28—2008的方法进行照明灯罩的耐热性和耐燃性试验，试验结果应符合5.6.3的规定。

6.7 结构要求的检查

6.7.1 电动机的检查

6.7.7.1 按GB 4208的方法检查电动机的外壳防护，应符合5.7.1.1的规定。

6.7.7.2 电动机性能检查按GB 755和GB/T 5171的规定进行。

6.7.7.3 电动机的安全性能检查按GB 12350的规定进行。

6.7.2 电容器的检测

电动机所选用的电容器的检查按GB/T 3667.1的规定进行。

6.7.3 叶轮的检测

用视检和通电运转检查叶轮应符合5.7.3的规定。

6.7.4 电源线和插头的检查

6.7.4.1 电源线插头的检查按GB 1002和GB 2099.1的规定进行。

6.7.4.2 用长度量具对供电软线进行检查,应符合5.7.4.2的规定。

6.7.4.3 电源连接和外部软线及外部导线用接线端子的其他电气安全要求检验按 GB 4706.28—2008的方法进行。

6.7.5 开关的检查

6.7.5.1 用视检进行开关标志的检查,并通过操作检查照明开关的独立控制功能,应符合5.7.5.1的规定。

6.7.5.2 开关的性能检查按GB 15092.1的规定进行。

6.7.6 专用控制器的检查

按 GB/T 17713—2011附录A进行试验。

6.8 外观检查

6.8.1 产品外观质量的检查

6.8.1.1 用千分尺或相同精度等级的尺寸测量仪器对毛刺高度进行测量,并同时配合手感的方法检查,应符合应5.8.1.1的规定。

6.8.1.2 用手感和视检的方法检查,应符合5.8.1.2的规定。

6.8.1.3 用手感和视检的方法检查,应符合5.8.1.3的规定。

6.8.2 涂敷件质量的检查

6.8.2.1 用手感和视检的方法检查,应符合5.8.2.1的规定。

6.8.2.2 按GB/T 2423.3的方法进行恒定湿热试验,应符合5.8.2.2的规定。

6.8.2.3 按GB/T 9286的方法进行涂层附着力性能试验,涂层应符合5.8.2.3的规定。

6.8.3 不锈钢制件表面质量的检查

6.8.3.1 用手感和视检的方法检查,应符合5.8.3.1的规定。

6.8.3.2 按GB/T 2423.17的方法进行盐雾试验,应符合5.8.3.2的规定。

6.8.4 电镀件质量的检查

6.8.4.1 用手感、视检的方法检查,应符合5.8.4.1的规定。

6.8.4.2 按GB/T 2423.17的方法进行盐雾试验,应符合5.8.4.2的规定。

6.8.5 塑料件质量的检查

6.8.5.1 用手感和视检的方法检查,应符合5.8.5.1的规定。

6.8.5.2 按GB 4706.28—2008第30章的方法进行试验,应符合5.8.5.2规定。

6.8.6　钢化玻璃制件质量的检查

按GB 15763.2的方法进行试验，其安全性能要求应符合5.8.6规定。

6.9　寿命试验

6.9.1　调速开关和照明开关的寿命试验可在吸油烟机实际工作状态下进行，也可在模拟等效电路中进行。操作频率为12次/分钟，累计试验10000次，应符合5.9.1的规定。

6.9.2　整机寿命试验应在吸油烟机正常试验条件下进行。吸油烟机处在最高转速档，每运行4h，间歇0.5h，累计运行5000h，试验结果应符合5.9.2的规定。

6.10　气味降低度试验

按GB/T 17713—2011附录F的要求进行试验，试验结果应符合5.10的规定。

6.11　油脂分离度试验

按GB/T 17713—2011附录G的要求进行试验，试验结果应符合5.11的规定。

6.12　不沾油涂层的性能试验

按GB/T 17713—2011附录B进行试验。

6.13　包装性能试验

6.13.1　包装好的吸油烟机应按GB 1019中"不能倒置产品"的类别和"流通条件2"的要求进行跌落试验，试验结果应符合5.13.1的规定。

6.13.2　包装好的吸油烟机应按GB 1019中相应的方法进行堆码试验，试验结果应符合5.13.2的规定。

6.13.3　包装好的吸油烟机应按GB 1019中相应的方法进行振动试验，试验结果应符合5.13.3的规定。

6.14　能耗水平试验

按GB 29539—2013附录A的要求进行试验，试验结果应符合5.14的规定。

7　检验规则

7.1　检验分类

吸油烟机检验一般分为出厂检验和型式检验。

7.2　出厂检验

7.2.1　每台产品须经出厂检验合格后方能出厂。

7.2.2　出厂检验的必检项目、技术要求和试验方法按表4的规定。

表4 出厂检验的必检项目、技术要求和试验方法

序号	必检项目	本标准		GB 4706.28—2008	
		技术要求	试验方法	安全要求	试验方法
1	外观 (感观检验部分)	5.8.1 5.8.2.1,5.8.3.1 5.8.4.1,5.8.5.1	6.8.1 6.8.2.1,6.8.3.1 6.8.4.1,6.8.5.1	—	—
2	泄漏电流	—	—	13	13
3	电气强度	—	—	附录A	附录A
4	接地	—	—	27	27
5	调速功能	5.5.2,5.5.3	6.5.2	—	—
6	照明装置	5.6.1	6.6.1	—	—
7	输入功率和电流	—	—	10	10
8	开关	5.7.5.1	6.7.5.1	—	—
9	叶轮	5.7.3	6.7.3	—	—
10	标志	8.1.2,8.1.3 8.1.4,8.1.5	视检	—	—
11	包装	8.2	视检	—	—

7.3 抽查检验

抽查检验项目的抽样可按GB/T 2828.1进行,逐批检验的抽检项目、批量、抽样方案、检查水平及合格质量水平等可由制造商质量检验部门自行决定。

7.4 型式检验

7.4.1 在下列情况之一时,应进行型式检验;

a) 新产品或老产品转厂生产的试制定型鉴定;

b) 正式生产后,如结构、材料、工艺有较大改变,可能影响产品性能时;

c) 批量生产时进行周期检验,每年至少一次;

d) 停产半年以上恢复生产时;

e) 出厂检验结果与上次型式检验结果有较大差异时;

f) 国家质量监督机构提出进行型式检验要求时。

7.4.2 型式检验项目为本标准和GB 4706.28—2008的全部项目,试验项目、技术要求和不合格类别按表5的规定。

表5 型式检验项目、技术要求和不合格类别

序号	试验项目	本标准		GB 4706.28—2008	不合格类别
		技术要求	试验方法		
1	包装标志	8.1.4,8.1.5	视检	—	C
2	包装性能	5.13	6.13	—	B
3	包装	8.2	视检	—	C
4	产品标志	—	—	7	A
		8.1.2,8.1.3	视检		C
5	外观	5.8.1.1	6.8.1.1	—	B
		5.8.1.2,5.8.1.3 5.8.2.1,5.8.3.1 5.8.4.1,5.8.5.1	6.8.1.2,6.8.1.3 6.8.2.1,6.8.3.1 6.8.4.1,6.8.5.1	—	C
6	对触及带电部件的防护	—	—	8	A
7	输入功率和电流	—	—	10	A
8	发热	—	—	11	A
9	工作温度下的泄漏电流和电气强度	—	—	13	A
10	瞬态过电压	—	—	14	A
11	耐潮湿	—	—	15	A
12	泄漏电流和电气强度	—	—	16	A
13	调速	5.5	6.5	—	C
14	照明	5.6	6.6	—	C
15	空气性能	5.3	6.3	—	A
16	噪声	5.4	6.4	—	A
17	变压器和相关电路的过载保护	—	—	17	A
18	非正常工作	—	—	19	A
19	稳定性和机械危险	—	—	20	A
20	机械强度	—	—	21	A
21	结构	—	—	22	A
22	内部布线	—	—	23	A
23	元件	5.7.1,5.7.2, 5.7.3 5.7.4,5.7.5	6.7.1,6.7.2, 6.7.3 6.7.4,6.7.5	24	A

表　续

序号	试验项目	本标准		GB 4706.28—2008	不合格类别
		技术要求	试验方法		
24	电源连接和外部软线	—	—	25	A
25	外部导线用接线端子	—	—	26	A
26	接地措施	—	—	27	A
27	螺钉和连接	—	—	28	A
28	电气间隙、爬电距离和固体绝缘 距离	—	—	29	A
29	耐热和耐燃	5.6.3,5.8.5.2	6.6.3,6.8.5.2	30	A
30	防锈	—	—	31	A
31	辐射、毒性和类似危险	—	—	32	A
32	开关寿命试验	5.9.1	6.9.1	—	B
33	整机寿命试验	5.9.2	6.9.2	—	C
34	涂敷件涂层湿热、附着力试验、不锈钢件盐雾试验、电镀件盐雾试验、钢化玻璃性能试验	5.8.2.2,5.8.2.3,5.8.3.2,5.8.4.2,5.8.6	6.8.2.2,6.8.2.3,6.8.3.2,6.8.4.2,6.8.6	—	C
35	气味降低度	5.10	6.10		B
36	油脂分离度	5.11	6.11		B
37	能耗水平	5.14	6.14	—	B

注1:产品型式检验按表5的顺序进行,如果某些试验项目和试验结果与进行该项试验的先后次序无关,则表5所列的试验顺序可以更改;

注2:表中序号20机械强度,序号29耐热和耐燃,序号 34 涂敷件涂层湿热、附着力试验、不锈钢件盐雾试验、电镀件盐雾试验、钢化玻璃性能试验允许用零件进行试验。

7.4.3　型式检验采用GB/T 2829中判别水平Ⅰ的二次抽样方案、其样本大小、不合格质量水平及判定数组见表6。其中第一样本中的2台兼做(或另抽2台做)安全要求试验。对于A类、B类不合格项,有一台项不合格,即判本次型式检验为不合格。

表6　二次抽样方案的样本大小、不合格质量水平及其判定数组

二次样本	样本大小	不合格质量水平(RQL)
		C类不合格 65
第一样本	4	1　3
第二样本	4	4　5

8 标志、包装、运输和贮存

8.1 标志

8.1.1 吸油烟机产品有关部位上，应有GB 4706.28—2008中第7章规定的标志内容，并按符合GB 4706.28—2008第7章规定的检查方法检查，标志应清晰，经久耐用。

8.1.2 吸油烟机产品上的标志应标出以下各项：

a）产品名称和型号；

b）制造商名称及商标；

c）额定电压、额定频率；

d）主电机额定输入功率、整机额定输入功率和可更换的照明灯的最大输入功率；

e）生产日期或出厂编号。

8.1.3 用户使用说明书

随产品所附的用户使用说明书应符合GB 5296.1和GB 5296.2的规定，并至少应包括以下的资料和说明：

a）产品名称、型号；

b）风量、最大静压；

c）风压（规定风量时的静压）；

d）噪声；

e）主电机额定输入功率、整机额定输入功率；

f）可更换的照明灯的最大输入功率；

g）气味降低度；

h）油脂分离度；

i）外形和安装尺寸；

j）供电方式及安装方法；

k）使用、维护、保养方法和注意事项；

l）产品附件的名称、数量、规格；

m）售后服务事项；

n）制造商名称和地址；

o）GB 4706.28—2008第7章规定的警告提示。

8.1.4 包装标志

8.1.4.1 包装箱上的标志包括以下内容：

a）产品名称、型号；

b）制造商名称；

c）商标；

d）生产日期或出厂编号；

e）质量(毛质量)，单位为千克(kg)；

f）包装箱外形尺寸：长×宽×高，单位为毫米(mm；g)包装储运图示标志。

8.1.4.2 包装储运图示标志应符合GB/T 191的有关规定。

8.1.5 包装上应注明产品执行的标准。

8.2 包装

包装箱内应有随机文件(至少包括用户使用说明书、产品质量合格证、保修单)和附件。

8.3 运输

8.3.1 吸油烟机在运输和贮存过程中，应防止剧烈震动、挤压、雨雪淋袭及化学品侵蚀。

8.3.2 搬运必须轻拿轻放、堆码整齐，严禁翻滚和抛掷。

8.4 贮存

8.4.1 产品应贮存在干燥、通风、周围无腐蚀性及无有害气体的仓库中。

8.4.2 吸油烟机应按型号分类存放，堆码高度应考虑包装箱承受强度，并便于取放，不得超过堆码极限，防止挤压和倒垛损坏。